中国资产评估丛书之三
资产评估专业教学参考用书

中国资产评估国际交流与借鉴

主　　编　贺邦靖
执行主编　刘　萍

中国财政经济出版社

图书在版编目（CIP）数据

中国资产评估国际交流与借鉴／贺邦靖主编．—北京：中国财政经济出版社，2013.10

（中国资产评估丛书；3）

资产评估专业教学参考用书

ISBN 978－7－5095－4787－8

Ⅰ.①中…　Ⅱ.①贺…　Ⅲ.①资产评估－国际交流－中国　Ⅳ.①F123.7

中国版本图书馆CIP数据核字（2013）第212244号

责任编辑：孙　琛　　　　责任校对：黄亚青

封面设计：潘馨怡　　　　版式设计：录文通

中国财政经济出版社出版

URL：http：//www.cfeph.cn

E－mail：cfeph@cfeph.cn

社址：北京市海淀区阜成路甲28号　邮政编码：100142

营销中心电话：88190406　北京财经书店电话：64033436　84041336

北京富生印刷厂印刷　各地新华书店经销

787×1092毫米　16开　17.5印张　431 000字

2013年9月第1版　2013年9月北京第1次印刷

定价：46.00元

ISBN 978－7－5095－4787－8/F·3873

（图书出现印装问题，本社负责调换）

本社质量投诉电话：010－88190744

反盗版举报热线：88190492　88190446

中国资产评估丛书

编 委 会

序　言

中国的资产评估行业萌生于20世纪80年代末、90年代初，伴随着改革开放，特别是维护国有资产权益的需要创立并发展，在市场经济体制建立完善过程中迅速成长壮大。随着市场经济体制的不断完善，资产评估除为国有经济布局战略性调整和产权交易、各类所有制企业资本运营等传统领域提供专业服务外，在更广泛范围、更深层次上服务于我国经济建设、政治建设、文化建设、社会建设和生态文明建设等领域，对支持国有企业改革、促进资本市场发展、维护市场秩序、防范金融风险，维护社会公共利益和国家经济安全、推动建设高效廉洁的现代政府、保护社会公平正义发挥了十分重要的作用。

伴随着中国经济社会的快速发展，资产评估行业取得了骄人业绩，成为市场经济体系不可或缺的有机组成部分。资产评估行业发展得益于改革开放，汇聚了多方智慧力量。党中央国务院的重视和扶持，确定了行业发展的方向和基调。财政部等政府部门对资产评估倍加关注和支持，制定政策发挥评估专业服务优势，营造了良好的执业环境。中国资产评估协会审时度势，以引领和服务行业发展为己任，充分发挥了政府与会员、专业与市场、国内与国际之间的桥梁和枢纽作用，地方财政部门和协会恪尽职守，积极推进各地评估工作，形成了行政管理和行业自律有机结合的良好局面。广大评估工作者潜心笃志，孜孜以求，坚持独立、客观、公正的立场，以诚信赢得信赖，以专业赢得市场，共同谱写了行业发展的华美乐章。

经过二十余年的发展，资产评估行业走出了一条适合中国市场经济的评估服务专业之路，创立了一套服务于中国经济社会的评估理论体系和部分领域国际领行的执业规范标准，培养了一支讲道德、有能力的专业服务队伍。同时，构建了有力的行业监管体系，搭建了科学有效的会员管理与服务模式，推动了信息化水平的不断提升，赢得了在世界评估界的重要话语权。资产评估业务规模和范围不断扩大，机构品牌影响力和核心竞争力不断提升，行业建设取得了长足进步，得到了政府、企业和市场的充分认可，为推进市场经济发展，加快改革开放进程，发挥了保驾护航的作用。

财政部部长楼继伟长期重视和关心资产评估工作，对行业发展寄予厚望。他近期指出，市场经济发展需要资产评估，资产评估前景广阔，要进一步发挥资产评估在市场经济及财政管理中的基础作用。财政部部长助理刘红薇精心指导资产评估工作，指出资产评估行业要“以德为先、树立诚信”，充分发挥服务经济社会的专业功能。资产评估行业要将贯彻落实十八大精神作为重大使命，立足于服务经济社会发展，努力实现评估行业转型升级，由单纯为经济发展服务转变为为“五位一体”建设全面服务；由单纯为产权交易服务转变为为产权交易和价值管理并重服务；由单纯鉴证为主转变为鉴证和咨询并重；由单纯为国有经济服务转变为为多种所有制经济服务；由为一般资产服务转变为为一般和特殊资产全方位服务。

值此中国资产评估协会诞生二十年之际，中国资产评估协会组织编写了《中国资产评估理论与实践》、《中国资产评估制度与准则》、《中国资产评估国际交流与借鉴》丛书，首次回顾了二十多年来资产评估行业的建设与发展，全面总结了资产评估的基本理论和方法，系统揭示了中国资产评估的发展规律；科学梳理了资产评估有关的制度和准则体系，充分展示了资产评估行业制度化、专业化的发展成果；以国际视野全面总结了中国资产评估行业国际交流与借鉴的历史和经验，分析比较了中外资产评估的特点。

这套丛书是资产评估管理者、执业者、理论研究者等集体智慧的结晶，是对资产评估行业二十多年发展成果的提炼和升华，是为推进中国资产评估事业健康、有序发展所做的一项扎实的基础建设工作，为指导评估执业和管理实践提供有益的参考，对资产评估行业转型升级、科学发展具有重大的现实意义和深远的历史意义。

新时期新阶段，中国资产评估行业迎来了新的发展机遇。党中央、国务院提出深化经济体制改革、加强文化强国建设、生态文明建设和城镇化建设等一系列治国方略，为资产评估现代服务业提供了广阔的发展空间。我国加快政府职能转变，更加重视发挥市场和社会的作用，为资产评估行业组织服务社会管理和创新提供了施展才华的平台。广大资产评估工作者要高举中国特色社会主义伟大旗帜，以邓小平理论、“三个代表”重要思想和科学发展观为指导，开拓创新，携手共进，全面贯彻党的十八大精神，发挥政府宏观调控、市场资源配置两个作用，抓住传统、新兴、潜在三个市场，推进行业优质发展、协会优质管理、机构优质服务、评估师优质执业，加强法制准则、管理体系、人才队伍、诚信道德、行业文化五项建设，共同创造资产评估行业美好的明天，为实现中国资产评估行业的中国梦，为建设中国特色社会主义作出新的、更大的贡献！

中国资产评估协会会长　贺邦靖

二〇一三年八月八日

目　录

第一章　中国资产评估国际交流

第一节　中国资产评估国际交流发展综述

中国资产评估国际交流，包括从资产评估在中国产生至今，中国政府、行业协会、评估机构开展的一系列与资产评估有关的学习、来访接待、人才培养、举办会议等涉外活动，目的是服务于中国经济发展的大局，促进资产评估在中国健康发展、推动中国资产评估走向世界。

为了使资产评估更好地服务于经济发展需要，中国资产评估创建伊始就积极参与国际交流与合作。作为中国资产评估行业发展的内在要求，中国资产评估的国际交流也是贯穿行业发展历程的重要轨迹，并且在发展的过程中成功探索出了一条“中国模式”的行业发展之路。中国资产评估行业充分学习和借鉴国际评估同行的先进经验，同时结合中国经济社会发展的国情国策特点，尝试性开创了有中国特色的行业发展和专业建设模式，并且补充丰富了国际评估行业的理论和实践内容。在与国际评估同行广泛而密切的交流中，中国资产评估不仅提升了评估专业理论和应用水平，而且逐渐提高了中国资产评估的国际地位和国际话语权。

在英美等市场经济较为发达的国家，资产评估行业已具有百年以上的发展历史，不仅具有相当的规模和影响，而且积累了丰富经验，成为经济活动中不可或缺的专业服务行业，为市场经济的有效运转发挥着积极的作用。这些国家成立的资产评估行业组织，如美国评估师协会（American Society of Appraisers，ASA）、英国皇家特许测量师学会（The Royal Institution of Chartered Surveyors，RICS），对国际资产评估行业的发展发挥着举足轻重的作用。在国际上，资产评估也已经形成了一些具有影响力的国际组织，如国际评估准则理事会（International Valuation Standards Council，IVSC）、世界评估组织联合会（World Association of Valuation Organisations，WAVO）、国际企业价值评估分析师协会（The International Association of Consultants，Valuators and Analysts，IACVA）、国际企业价值评估学会（The International Institute of Business Valuers，IIBV）、国际财产税学会（The International Property Tax Institute，IPTI）、国际估税官协会（The International Association of Assessing Officers，IAAO）、欧洲评估师协会联合会（The European Group of Valuers' Associations，TEGoVA）等。

与资产评估发展较早的国家相比，中国的资产评估行业仍是一个较为年轻的行业。20 世纪 80 年代末，在改革开放的浪潮下，中国资产评估由于服务对象、服务市场聚焦在国有企业改制，关系国家经济命脉而有了丰富的实践机会，同时学习和借鉴发达国家资产评估上百年的发展经验和成果，使得中国资产评估从一开始就具有较高的起点。在与国外评估行业进行交流的过程中，中国将学习借鉴的资产评估经验和成果直接运用到社会经济改革的发展当中，使得中国资产评估在改革开放的实践中很快进入角色，促进了社会主义市场经济的发展，凸显了资产评估高度的实用性和专业性。

随着经济转型的深入和对外开放程度的扩大，资产评估行业初步发展。这一时期，从国有企业改制到以资本市场为标志的各类市场的建立再到我国加入世界贸易组织，资产评估行业发展的基础条件发生着日新月异的变化，不断产生许多新的需求和问题。资产评估如何服务于市场经济，并按照市场经济规律运作就成为这一时期资产评估行业发展的主题和工作重点，因此，探索、交流、借鉴和创新是这一阶段的重要内容。

当中国资产评估行业步入稳步发展阶段，创立符合中国国情的管理体制、执业准则体系，以及如何保持中国特色并与国际趋同，就成为新时期评估行业的工作重心。

中国资产评估行业在其发展的不同时期和阶段都会遇到许多其他国家评估行业发展过程中未曾遇到的问题，这需要我国评估人探索解决。中国资产评估与国际评估行业的交流经历了从初始交流到双向交流，进而深入交流的发展阶段，其交流主要通过以下方式和渠道：首先，在财政部（原国家国有资产管理局）和中国资产评估协会的带领下，中国资产评估行业通过积极参与国际评估组织事务、参加国际评估会议、派遣考察团出访学习、举办和承办各种国际评估会议、与来访的国际评估同行交流等方式，与国际评估行业开展了广泛的交流；其次，中国资产评估行业通过选派人员参与国际培训项目活动、邀请国外行业专家讲授课程和引进国际评估分析师资格认证课程等方式，大力推进中国资产评估培训和人才培养的国际化；再者，中国资产评估行业通过开展课题研究、翻译评估准则以及资产评估相关专著等方式，引入和借鉴国际先进的评估专业理论；不仅如此，中国地方资产评估协会也通过邀请国外专家授课、组织研讨会、出国考察学习等多种形式积极开展国际交流与合作，一些大型评估机构也通过在境外设立分支机构、开拓海外评估市场、承接离岸服务外包的评估业务等多种形式开展国际评估业务。

通过与国际评估行业广泛而密切的交流，中国资产评估行业不仅逐渐提高了自身的国际地位和话语权，而且提升了评估专业及其理论水平，从而更好地服务于中国经济社会建设。此外，中国资产评估行业通过国际交流培养了一大批评估专业人才，为社会主义市场经济的发展注入了活力，同时也为中国资产评估行业与国外评估行业进行深入交流奠定了基础。中国资产评估行业通过运用国际评估语言，参与国际评估理论研究和国际评估组织事务管理，实现了在国际交流中推动中国资产评估与国际接轨，谋求与国际评估界的共同发展。

第二节　中国资产评估业国际交流开启（1988—1995年）

国际交流的开启阶段，是中国资产评估向国际上评估行业发展成熟的国家和组织学习取经的重要时期。这一阶段，在经济全球化的浪潮中，中国作为发展中社会主义国家，国有资产在社会总资产中占有绝对比重。这一时期我国积极引进国外的先进技术、设备和管理技能；同时中外合资合作、对外长期投资和对外出售产权等行为不断增多。为了在交易中合理确定中外双方的交易底价，以及维护国家和人民的权益，出于交易过程中的实际需求，资产评估在中国产生。

1988年，在大连、厦门等中外合资、合作项目中，资产评估的运用有效防止了国有资产损失。这种情况引起了当时国家体制改革委员会的重视，并于当年9月委托中国企业管理协会与美国评估师协会在北京联合举办企业资产评估研讨班。由此开始，资产评估国际交流正式启动。

1990—1991年，原国家国有资产管理局连续两年在联合国开发计划署（UNDP）的支持下，举办了资产评估国际讲习班，邀请澳大利亚和美国的评估专家授课。这些学习和交流在我国国有资产管理、中外合资、合作、对外长期投资和对外出售产权等经济体制改革实践中，为防止国有资产流失发挥了重大作用。

1993 年 9 月，中国资产评估协会正式成立后，代表中国资产评估行业开展国际交流，进一步奠定了中国资产评估行业对外交流的组织基础。交流方式从仅将国外评估专家“请进来”举办培训班和召开研讨会拓展到同时“走出去”与其他国家开展资产评估理论方法与实践等方面的交流考察。

一、赴中国香港、美国等地区和国家考察

中国资产评估行业发展之初，迫切需要学习境外评估行业发展的成熟经验。1994 年 7 月，中国资产评估协会组织人员赴中国香港进行资产评估交流。通过与香港测量师学会进行深入的交流会谈，了解到香港评估行业非常注重对评估人员的管理，遵循管人不管机构的管理原则。评估人员的职业道德、专业水平都是由学会进行自律管理和规定，政府不直接进行行政干预。考察团对香港测量师学会的章程、任务和工作重点等也都有了更加全面的认识，为以后更好地推进中国资产评估行业的建设和发展提供了有益参考。1995 年 7 月至 8 月，中国资产评估协会组织人员对美国评估行业进行考察。考察团对美国评估师协会、安达信会计公司洛杉矶总部、大洛杉矶地区政府不动产税基评估管理部门进行了考察，了解了美国国会对评估行业的相关立法以及国会所认可的评估行业的评估标准。这是中国资产评估协会首次走出去开展与西方国家评估行业的考察交流，通过学习和借鉴美国对评估行业的立法和管理实践，为我国制定评估行业的相关规章制度提供了可参考的经验。

为了全面学习国外评估组织的机构建设、管理模式和行业发展经验，中国资产评估协会组团先后考察了英国皇家特许测量师学会、美国联邦金融机构监察委员会评估分会、美国评估促进会、

美国评估师协会、加拿大评估学会、德国公共测量师协会、德国联邦公共专家协会等组织，通过与这些在国际上颇具影响的评估行业协会组织进行交流会谈，了解了这些协会的基本情况、主要职责、协会专业委员会的设置、行业管理以及有关评估的法律规定、准则制定等情况。同时，通过交流发现，国外评估行业协会的发展已经不仅仅是发挥对行业进行内部自我管理的作用，而是逐渐扩大评估行业的影响，发挥评估行业专家团队的作用，积极参与政府的宏观决策和法规制定过程。这些交流为行业发展及中国资产评估协会的建设提供了有益的参考。

二、加入国际评估准则委员会

1995 年 3 月，中国资产评估协会出席了国际评估准则委员会（2008 年更名为国际评估准则理事会）在南非开普敦召开的第 14 届年会。经大会主席提议并经代表表决，一致同意接纳中国资产评估协会为该组织的正式成员。经报外交部和财政部批准，中国资产评估协会正式加入国际评估准则委员会，从此开启了中国资产评估协会与国际评估准则委员会交流的大幕，表明我国评估行业对外交流已初见成效，为中国资产评估行业参与国际间交流与合作搭建了平台，标志着中国资产评估行业与国际资产评估行业的交流进入了一个新阶段。此后，中国资产评估协会每年派代表参加国际评估准则委员会会议，及时了解国际评估准则的发展动态，学习交流有益的评估理论和经验。

三、地方协会和评估机构国际交流启动

1993 年开始，辽宁、山西、四川、北京、天津、重庆等省市率先成立了地方资产评估协会。之后，全国绝大多数省份都建立了地

方资产评估协会，部分计划单列市也建立了评估协会，资产评估自律管理的组织体系框架逐渐建立。为了加快协会的组织建设，开阔眼界并提升自身的专业化管理和服务水平，一些地方协会也通过邀请国外专家授课、组织研讨会、出国考察学习等多种形式，积极展开与国外评估组织和评估机构的交流与合作。

1995 年以后，伴随着企业“走出去”的步伐，一些大型评估机构逐渐开始在海外开展业务拓展，提供“跟随服务”，中国评估师开始迈出国门执业，从事境外跨国公司资产、境外金融资产、中国企业海外资产的评估业务。

四、交流特点和成果

在中国资产评估行业国际交流的开启阶段，交流方式以邀请国际评估专家来中国开展培训、授课活动为主，中国资产评估行业以此培养了专业人才，为中国资产评估行业的建立奠定了初步的人才基础。中国资产评估协会成立并加入国际评估准则委员会以后，国际交流从“偶发式、个体式”的学习交流逐步向“有计划、有组织”的多样化交流升级，交流方式包括外出访问、积极参与国际评估准则委员会举办的会议、评估机构开始涉足国际市场等。

通过赴境外学习考察和参加国际评估准则委员会举办的会议，中国资产评估行业了解了国际评估业发展的最新进展和成果，为中国资产评估行业管理体制的建立和完善提供了经验，为中国资产评估行业准则体系的建立积累了基础资料，为中国资产评估协会的建设和发展提供了参考。

根据国际交流经验，原国家国有资产管理局、财政部以及中国资产评估协会结合我国经济发展状况、市场条件、行业特点等制定了一系列合乎国情的资产评估行业法规制度，为规范中国资产评估行业、促进行业有序健康发展奠定了制度基础。

在积极学习国际先进经验的同时，中国资产评估行业在与国际评估行业交流的过程中，宣传了我国评估行业发展取得的阶段性成果，使国际评估界对中国评估行业开始有了认识和了解，为中国资产评估行业进一步开展国际交流奠定了初始基础。

第三节 评估行业双向交流加强（1996—2003 年）

经过十年的发展，中国资产评估行业国际交流机制逐步建立。1997 年 6 月，“中国资产评估标准国际研讨会”在北京成功举办，这标志着中国资产评估国际交流从“走出去”拓展到了“请进来”，从而进入“走出去、请进来”的双向交流阶段。这一阶段，中国资产评估行业与国际评估行业以多种形式全面开展双向交流。

一、举办评估标准国际研讨会

1997 年 6 月，中国资产评估协会、联合国开发计划署、中国国际技术交流中心在北京联合举办“中国资产评估标准国际研讨会”。中国资产评估行业专业人员，美国、法国、澳大利亚、丹麦及中国香港地区的评估专业人士，国务院有关部、委、局，各新闻单位近 300 人参加了会议。这是资产评估行业举办的一次参与范围广、影响力大的国际会议，也是国际评估准则委员会主席首次到中国参会，增进了中国资产评估行业对相关国家及国际组织的了解和联系，促进了中国资产评估行业同国际评估行业的业务交流。

二、举办中美资产评估国际研讨会

为了加强资产评估的国际交流，借鉴国际经验，开阔中国资产评估相关人员和企业管理人员的眼界，1998 年 11 月，中国资产评估协会和美国高级评估师联合会共同主办了“’98 中美资产评估国际研讨会”，中美资产评估专家、学者以及部分企业代表 130 余人出席了这次研讨会。会上，中外专家学者进行了精彩的演讲。会议围绕美国在企业评估、无形资产评估方面的理论、资产的价值、资产评估方法及其前提条件、制度性问题对资产评估的影响等问题进行了演讲、讨论与交流。通过深入交流，中美评估行业加强了相互了解，美国高级评估师联合会主席雷斯先生对中国资产评估行业的发展和评估师的专业水准予以了高度评价。

三、举办’99 北京国际评估论坛

1999 年 10 月，中国资产评估协会与国际评估准则委员会在北京共同举办“’99 北京国际评估论坛”，来自 23 个国家与地区的资产评估机构及组织的代表出席了此次论坛。财政部、国家计委等 7 个部委的代表，各省、自治区、直辖市、计划单列市资产评估协会代表及 58 个评估机构的代表与会。时任国务院副总理李岚清致信祝贺，指出“资产评估作为维护经济秩序，推动经济发展，促进经济合作的一个重要中介行业，越来越受到社会各界的广泛关注和重视。中国资产评估业在改革开放中得到了长足发展，在中外经济合作与交流、国有企业改革、国民经济结构调整等领域发挥着重要的作用。在新的千年到来之际，中国政府将继续坚定不移地奉行改革开放的路线，继续支持资产评估事业的成长和发展”。时任财政部部长项怀诚出席开幕式并致辞，财政部主管领导做主题演讲。这次论坛规格高，规模大，国内外会议代表广泛，会议议题丰富，是资产评估史上具有里程碑意义的大会，使国际同行对快速发展的中国资产评估行业有了较为全面的了解，为中国评估行业与国际同行间的相互交流打开了一扇友谊的窗口，也为中国资产评估行业的快速发展奠定了坚实的基础。

四、当选国际评估准则委员会常务理事

’99北京国际评估论坛期间，国际评估准则委员会在北京召开了年会。在这次会议上，中国资产评估协会成功当选国际评估准则委员会常务理事，为中国资产评估行业扩大国际交流、参与国际事务提供了平台，奠定了基础。此后，中评协每年组团参加国际评估准则委员会理事会会议和年会，在学习借鉴和参与的同时，也逐渐与国际同行建立了广泛的联系。

五、赴澳举办专业培训

1999年11月，中国资产评估协会组织培训团赴澳大利亚进行学习和考察。在澳期间，访问了澳大利亚资产学会和地方分会，并对评估公司及相关大学物业管理等进行了考察。培训团主要对澳大利亚资产评估管理体制、资产评估与财政的关系、资产评估机构、评估业务、财产税评估、教育等方面进行了考察和培训，为中国资产评估管理体系和体制建设及业务发展提供了借鉴和参考。

六、友好来访增多

本阶段，国际同行组织的来访也逐年增加。中国资产评估协会分别接待了越南、韩国、挪威等国家评估组织代表团的来访，就各自国家评估行业发展和建设等情况进行交流，建立了相互间的友好关系并持续保持往来和交流。越南代表团还访问了部分在京评估机构并进行了座谈，强化了相互间的了解。

七、机构国际交流活跃

1996 年，3 名中国资产评估师负责了中国地质工程集团整合巴基斯坦世界银行的相关业务。通过采取在境外设立分支机构、开拓海外评估市场、承接离岸服务外包的评估业务等多种形式，中国评估机构积极拓展境外评估业务，同时积极开展与国际评估机构的业务合作，发挥了资产评估在国际资本流动中的重要作用。

1998 年，非洲开发银行为了解肯尼亚 KIAMBERE 电厂情况，进行国际招标并选择了中国评估师作为独立专业咨询师进行咨询工作。1999 年，近 20 名中国资产评估师参与了中国石油化工集团公司整合国际业务项目，涉及美国、日本、英国、德国、中国香港、新加坡等国家和地区的资产，为我国的评估师在境外执业积累了经验。

八、交流特点和成果

在本阶段，中国资产评估行业通过积极参加和举办国际评估会议、出访学习、接待不同国家和国际组织来访代表团组等方式开展双向交流，同时注重评估理论引进和交流，使国际交流渐渐呈现出“常规化、多元化”的特点。

1999 年，中国资产评估协会首次组织翻译《国际评估准则》，并开展了对国外资产评估相关专著和报告的翻译工作，形成了诸多理论交流成果，如《价值评估——公司价值的衡量和管理》、《专业评估执业统一准则》、《金融资产评估》、《收益性不动产评估技术》、《监管计划——加强不动产评估业监管的机会》等著作，为中国资产评估行业的理论建设提供了有益借鉴。

此外，通过翻译评估准则以及资产评估方面的专著，使中国资产评估能够更深入、更全面地了解国际资产评估行业，学习和借鉴国际资产评估行业发展的先进经验和专业知识，同时也向国际评估同行推荐、介绍中国资产评估行业的制度和专业发展理论成果，提升中国资产评估行业的国际地位。综上所述，通过与国际、有关国家和地区行业协会及国外资产评估机构开展交流，通过“走出去”、“请进来”，吸收各方面的先进经验，推动了专业领域评估理论及实践的进一步发展。

第四节 评估行业交流走向深入（2004 年至今）

随着中国资产评估行业对国际评估事务的参与度和与国际同行交流的不断深入，国际交流逐渐成为中国资产评估行业建设的重要内容之一，国际交流形式多样化，交流内容更具专业性，交流成果对行业的借鉴和支持作用不断呈现，中国资产评估行业的国际影响力和话语权不断提升。

一、国际话语权提升

中国资产评估协会代表行业积极参加国际组织和国际同行会议，学习吸收国际经验，把握交流合作机遇，逐渐赢得更多的机会宣传中国评估行业并为国际评估行业的发展提出我们的建议。

作为国际评估准则委员会的常务理事，中国资产评估协会定期组团参加国际评估准则委员会相关会议，及时了解国际上评估准则的发展动态，学习交流有益的评估理论和实践经验。2004 年 4 月，中国资产评估协会派团参加了国际评估准则委员会在加拿大召开的春季理事会会议和准则技术委员会会议。通过此次会议了解到以财务报告为目的的评估业务已经在西方各国开展，而中国在这方面的实践尚未起步，理论研究也极其缺乏，为此，中国资产评估协会启动了对以财务报告为目的的评估研究工作。国外特别是美国会计准则从严格的历史成本原则转向公允价值模式后，国际评估行业同行所进行的探索，对于中国资产评估行业开展以财务报告为目的的评估业务有直接的借鉴意义。

2004 年 7 月，中国资产评估协会秘书长刘萍应美国评估师协会的邀请，率团出席了美国评估师协会在堪萨斯城举办的 2004 年年会。在此次会议上，刘萍秘书长被授予美国公认高级评估师资格，这是美国评估师协会历史上第一次向国外评估组织的代表授予此专业资格，彰显了中国资产评估行业的国际地位和影响力。

2005 年 6 月，中国资产评估协会受邀参加美国注册评估师分析师协会第 12 届年会。在本次年会上，刘萍秘书长与国际企业价值评估分析师协会副主席罗伯特·卡斯特罗先生就双方在企业价值评估等相关领域的合作进行了友好会谈，并在如何建立长期业务合作关系，共同推动企业价值评估的发展，以及在中国大陆联合开展企业价值评估、财务分析等领域的培训和课程教材开发等方面达成了共识，并签署了合作意向书。

2005 年 11 月，中国资产评估协会受邀参加第四届国际机器设备评估大会，此次会议由美国评估师协会（ASA）、英国皇家特许测量师学会（RICS）和澳大利亚资产学会（API）共同发起。会议主题涉及了与机器设备评估有关的主要领域，包括评估准则、机器租赁评估、机器设备减值评估、抵押评估及巴塞尔协议Ⅱ对评估的影响、为清算进行的评估、国际财务报告准则下的公允价值、以保险为目的的机器设备评估、飞行器评估等。

2010 年 6 月，贺邦靖会长应邀率团出席国际企业价值评估分析师协会在美国迈阿密召开的 2010 年度会议并应邀在大会上发表了题为“面向未来，精诚合作，共同创造资产评估行业美好明天”的演讲。贺邦靖会长介绍了在中国经济快速发展的大背景下，中国资产评估行业在评估立法及评估准则体系建设、服务领域拓展、专业人才及队伍培养等方面取得的成就，展望了在全球经济一体化的背景下，评估行业强化交流及共同发展的前景。会议期间，贺邦靖会长与国际企业价值评估分析师协会董事会主席及成员进行了会谈，并接受当地新闻媒体的专访。贺会长从中国经济发展的高度指出：在当今复杂的金融危机背景下，中国已经做得很好，作为一个有10多亿人口的大国，把中国自己的事情做好就是对全球经济的最大贡献。贺会长的介绍受到了高度评价和赞誉。

2011年7月，中国资产评估协会受邀出席英国皇家特许测量师学会2011年会，贺邦靖会长在会上发表了主题为“评估行业的可持续发展”的演讲，贺会长指出中英两国双边经贸与合作日益增强、评估行业的可持续发展日益重要评估行业国际交流与合作日益加深。会议期间，贺会长向英国皇家特许测量师学会管理层介绍了中国评估行业在促进经济建设、政治建设、社会建设和文化建设中发挥的积极作用，得到了英国皇家特许测量师学会管理层的高度赞同。贺会长还咨询了英国皇家特许测量师学会在文化艺术品评估和生态环境评估领域的准则建设、评估实践以及师资培养等相关情况。这些高层次的出访，大大增强了我国评估行业的国际影响力，为我国评估行业的战略发展提供了宝贵经验。

2011年8月，受美国评估师协会的邀请，刘红薇部长助理率团出席了2011国际评估师大会。刘红薇部长助理应邀在大会开幕式上作了“进一步加强交流与合作，促进评估行业共同发展”的致辞并受到与会人员高度认同，她表示中国财政部一直非常重视和支持中国资产评估行业发展，特别是在体制建设、机制建设、标准建设、队伍建设、执业质量提高等方面创造条件，使资产评估行业有了长足发展。近年来，中国资产评估协会与美国评估师协会及国际评估同行保持了良好交流与合作关系。加强中美及全球资产评估行业交流与合作是增强国际经济市场服务能力，推动评估服务全球经济发展的有力保障，各国评估协会需要适应新形势新任务的要求，积极应对市场对评估的变革需求，不断提升评估专业水平，提高评估在资本市场等领域的专业地位，赢得市场各方的信任和尊重，更好地服务于全球经济发展。

年会期间，中国资产评估协会与美国评估师协会签署了合作备忘录，双方都是在公共服务领域中代表着各国资产评估行业的非营利性组织，在企业价值、机器设备、动产及不动产等多项评估专业领域有着紧密的业务联系，双方此次签署合作备忘录标志着中美两国资产评估行业在评估准则、会员交流、教育培训、项目研究、出版物共享等方面的合作将提升至更高层面，为各自会员提供更佳的服务。

刘红薇部长助理一行还专门访问了美国评估促进会，在文化艺术品评估领域进行了专项探讨；并且了解了美国评估行业的最新前沿热点情况。此次受邀访问为我国资产评估行业继续完善专业综合化发展战略、建立我国文化艺术品评估管理体系、探索评估行业管理体制、无形资产评估理论和实践等方面予以启示。

二、境外考察学习形成常态

为了适应中国资产评估行业理论建设和实践发展的需要，中国资产评估协会组织代表团对国外进行了多次专题考察。

2005 年 11 月，中国资产评估协会组团赴美国和加拿大，对两国财产税制度及税基评估体系进行考察。考察团分别由财政部企业司、厦门大学评估研究中心和中评协人员组成。考察期间，考察团先后访问了加拿大大不列颠哥伦比亚省税基评估公司、安大略省市政财产评估公司和国际估税官协会、美国评估促进会、美国评值公司总部等，通过交流与实地考察，从税基评估机构、估税官协会、税基评估人员、纳税人和社会独立的评估专业人士等不同角度，较为系统地了解了美国、加拿大的财产税制度和税基评估体系及其运作情况，并获取了大量有关税基评估的研究资料。通过学习考察和对国外税基评估方面的理论、实践经验及相关政策规定研究，提出了“征评分离”，即税基评估、税率制定和税款征收等职能分别由不同部门行使，避免征评不分情况下带来的独立性问题，以保证评估的专业性的观点，形成了有价值的研究报告。

2006 年 12 月，为了解欧盟执行国际会计准则后有关公允价值评估业务的开展情况，中国资产评估协会组织了包括财政部会计司、财政部财政科学研究所、评估机构等在内的考察团组到德国、英国进行了考察学习。考察团先后访问了苏格兰特许会计师公会、戴德梁测量师行（德国）、普华永道公司（德国）和英国伦敦 Haysmacintyre 咨询公司等有关机构，就会计公允价值计量的实施现状及存在的问题、公允价值评估的方法及规范、公允价值确定中独立评估师的作用、公允价值的运用对会计信息质量和公司经营业绩的影响以及公允价值评估的发展前景等问题，与英国、德国的同行进行了交流和讨论。通过考察学习获得了大量第一手资料，对欧盟执行国际会计准则以后，服务于会计目的的评估业务开展情况有了系统全面的了解和认识。考察成果对我国开展以财务报告为目的的评估以及评估行业如何服务于会计公允价值计量起到重要的借鉴作用。

2008 年 3 月，为了更好地开展资产评估与金融风险防范问题的研究，中国资产评估协会组团赴西班牙和俄罗斯进行考察，就金融风险防范与管理、资产评估在金融风险防范中所发挥的作用、不动产抵押贷款中的资产评估、巴塞尔协议及其对评估业的影响以及金融资产评估相关准则等问题进行了学习考察，了解了这两个国家的资产评估对防范金融风险所发挥的作用，通过考察学习形成的研究成果，为我国金融评估的制度完善和使中国资产评估服务于金融风险管理提供了借鉴。

三、国际评估事务参与度提升

在担任常务理事的几个主要国际评估组织中，中国资产评估协会认真履行职责，充分发挥作用，对国际评估事务的参与度不断提升。

（一）积极参与国际评估准则理事会事务

自1995年加入国际评估准则委员会，到1999年成为其常务理事，中国资产评估协会积极参与相关事务。从2006年底提出改组动议到2008年10月成功改组为国际评估准则理事会，中国资产评估协会一直参与其整个改组过程并对其给予有力支持，包括积极参与其战略决策讨论、反馈中国资产评估行业的意见建议、推荐管委会及专业委员会、准则委员会委员，金融工具研究组成员等。中国资产评估协会秘书长刘萍成功当选改组后的国际评估准则理事会管委会9名委员之一；中国资产评估协会推荐的行业专家当选其准则委员会9名委员之一。中国资产评估行业对国际评估事务的参与度日益增强。2011年11月，国际评估准则理事会2011年管理委员会秋季会议及年会上，中国资产评估协会秘书长刘萍就相关议题做了重点发言，表示国际评估准则理事会加入非政府类金融行业监管组织专责小组，以研究报告形式为G20峰会“加强国际金融监管”提供专业咨询及政策建议，有利于促进全球资本市场的稳定发展；中国资产评估协会积极参与国际评估准则理事会专责小组相关工作，结合中国评估行业发展经验，反映中国评估准则与国际评估准则的趋同状况，共同促进评估行业在全球经济发展中的积极作用，提升评估行业在服务全球经济稳定中的影响力；中国已基本建立了内容完整、层次清晰的资产评估准则体系，在某些新兴领域，也已及时颁布、修订了具体准则或指导意见；中国资产评估积极参与国际评估事务、加强国际交流与合作，也是实现中国评估行业“做优做强做大”的重要途径。其发言得到管委会主席及其他与会委员的高度认同，管委会主席普拉达先生表示，中国评估行业对国际评估准则理事会的各项工作给予了大力支持，作出了重要贡献，在某些关系国际评估行业发展的重大问题上，中国资产评估协会发挥了积极影响，起到了示范作用。普拉达主席对刘萍秘书长代表中国评估行业对国际评估行业所做的工作表示感谢。通过参与国际评估准则理事会举办的相关评估会议，中国资产评估行业积极参与了国际评估事务，对宣传中国资产评估发挥了积极作用。

（二）中国资产评估协会正式加入世界评估组织联合会并进入管理层

2005 年中国资产评估协会正式加入世界评估组织联合会，这是继 1999 年当选国际评估准则委员会常务理事后，中国资产评估协会出任又一国际性评估组织的常务理事。加入世界评估组织联合会并成为其常务理事，在国际事务中行使常务理事的权利，是我国资产评估行业走向国际，进一步参与国际评估事务的一个重要举措。同时，也为中国资产评估协会更广泛地参与国际评估事务、积极开展与国际评估界的交流与合作和提高会员执业水平提供了更多的机会。其后，中国资产评估协会每年都组团参加世界评估组织联合会的理事会会议和其他相关会议及活动。

2012 年 10 月，世界评估组织联合会秋季理事会会议在澳大利亚墨尔本召开，会议顺利通过了本年 5 月世界评估组织联合会春季理事会会议推举中国资产评估协会副会长、秘书长刘萍当选其副主席的提议。这是中国资产评估协会副会长、秘书长刘萍代表中国资产评估行业积极参与国际事务、在国际组织中充分发挥作用，使中国资产评估协会和我国评估行业国际地位和影响力得到进一步提升的又一重要标志，为中国资产评估协会在更深层次上参与国际评估事务和增强话语权奠定了更加坚实的基础。

（三）中国资产评估协会当选国际财产税学会常务理事

为配合国家财产税征收评估研究，中国资产评估协会承担了财政部关于“税基评估课题研究”，开展了税基评估方面的国际交流考察工作，并与国际财产税学会建立了友好合作关系。2009 年，中国资产评估协会当选国际财产税学会常务理事。这一方面使得中国资产评估行业参与国际评估事务、发挥积极影响的平台和渠道不断拓展；另一方面也表明国际评估行业充分认可中国资产评估行业在推动国际评估界交流合作、促进各国评估行业共同发展方面作出的重要贡献。

四、专业性国际会议交流活跃有效

（一）承办“2006 昆明国际评估论坛”

2006 年 9 月，中国资产评估协会承办“2006 昆明国际评估论坛”，来自国内社会各界和十多个国家及地区的国际评估界代表共 380 人参加了论坛，此次评估论坛的成功举办彰显了中国资产评估行业的快速发展和国际影响力的极大提升。论坛以“资产评估与市场经济发展”为主题，紧紧围绕国际和国内资产评估行业在市场经济发展中所遇到的热点和前沿问题展开讨论，设有国际评估准则最新发展与中国资产评估准则建设、资产评估与金融风险防范、评估立法国际研究、以财务报告为目的的评估、税基评估理论及实务、企业价值评估国内外最新发展六个研讨专题。以全新的视角、从不同侧面、多个层次对论坛专题进行交流，推出了一批评估理论研究最新成果。通过多个专题的深入研讨，使理论更加深化、更加联系实际。这次论坛规模大、层次高，主题鲜明、讨论深入，搭建了与国际评估同行深入交流的平台，架设了评估与会计、税务、金融等行业间沟通的桥梁，促进了国内外评估行业的发展与创新，并获得了国际评估准则委员会和各国评估界的高度评价，是我国评估行业发展中具有里程碑意义的盛事，是行业对外交流合作的里程碑。

会议期间，全国人大财经委与部分出席会议的国际代表举行了评估立法研讨会，为中国的评估立法提供咨询意见。

（二）国际会计师审计师联合会（INAA）会议演讲

2007 年 5 月，国际会计师审计师联合会春季会议在北京召开，刘萍秘书长应邀出席会议并以“会计、审计与评估”为题发表演讲。刘秘书长重点分析了三者在市场经济中的作用和相互联系，指出了在中国会计准则和国际会计准则趋同的环境下，评估作为确定资产价值的专业手段，与会计、审计的相互联系及其作用日趋增强。刘秘书长的演讲的观点得到与会嘉宾的一致认同，不仅让更多的会计、审计专业人士加强了对评估、会计、审计关系的了解，也进一步促进了评估界与会计和审计界的交流和联系。会后，国际企业价值评估分析师协会将刘秘书长的演讲稿译成英文发表在其年报上。

（三）在京举办中澳资产评估国际论坛

2008 年 4 月，中国资产评估协会与澳大利亚资产学会联合举办的“中澳资产评估国际论坛”在京成功举行。国际评估准则委员会前主席、澳大利亚资深评估专家麦克纳马拉先生率澳大利亚资产学会的管理层和行业专家来京参会，与我国相关政府部门的官员、学科院校专家、在京部分评估机构负责人及行业专家等人，就资产评估行业发展中共同关心的专业问题进行探讨和交流。

此次论坛的主题为“不动产—计量和税收体系的基础”。澳大利亚专家重点介绍了不动产评估中有关财务文件的记录、有效税收体系中的财产数据、不动产税收体系的市场价值与土地价值等，中方专家重点就我国资产评估、评估管理、不动产购买与开发的监管框架、不动产产权结构及中国不动产投资机会等进行了介绍。来自两个国家的评估机构专家还就各自机构的发展情况及业务范围等进行了交流。论坛结束后，中国资产评估协会与澳大利亚资产学会就进一步加强合作签署谅解备忘录，为今后强化交流与合作、共同促进两国资产评估行业的发展开启了新的一页。在中国期间，澳大利亚资产学会代表团还与部分地方协会和评估机构共同举行专业研讨及交流活动。

（四）中俄资产评估研讨会在京举办

2008 年 9 月，中国资产评估协会与俄罗斯评估师协会联合举办了“中俄资产评估研讨会”。俄罗斯评估师协会主席斯维特拉娜女士率团参会，与我国评估机构专家、学科院校专家、在京部分评估机构负责人就资产评估行业发展中共同关心的专业问题进行探讨和交流。

俄罗斯专家重点介绍了俄罗斯评估行业、市场、协会、机构、准则以及以税收为目的的评估的情况；中方专家重点就我国评估行业的监管、土地评估和相关法律、司法评估等进行了介绍。论坛结束后，双方就加强进一步的交流与合作签署了合作备忘录，为共同促进两国资产评估行业的发展迈出了新的一步。

（五）与国际财产税学会共同举办国际论坛

2008 年 10 月，我会与国际财产税学会在北京共同举办“资产评估与财政税收—国际经验与中国改革”国际论坛，本次会议是一次高水平的资产评估与财税改革国际研讨会。国际财产税学会主席杰瑞·格雷德和来自全球 30 多个国家、地区、国际组织的官员、专家、学者，以及中国财政部、国家税务总局、地方协会、机构负责人共计200余人出席了本次会议，共同探讨资产评估与财税改革热门话题。来自于不同国家和地区的28位演讲嘉宾分别就“财产税与经济发展”、“财产税征收与管理程序”、“中国财产税改革实践”、“财产税批量评估应用”以及“财产税改革展望”等八个相关专题展开了演讲与讨论。

（六）与世界评估组织联合会共同举办国际评估师大会

2009年11月，世界评估组织联合会和中国资产评估协会在广西桂林共同举办“世界评估组织联合会第四届评估师大会”，会议主题是“金融市场安全与资产评估”。中国资产评估协会会长贺邦靖出席了会议并发表题为“加强合作、防范风险，促进金融市场安全”的主题演讲，贺会长指出了“资产评估作为专业化中介服务，是防范金融风险、维护金融市场稳定与安全的重要工具”，也希望中国的金融业及其监管者进一步关注资产评估行业，更广泛、更深入地充分利用和发挥资产评估在构建金融风险防范体系中的积极作用。此次大会受到了来自不同国家评估同行的高度赞誉，进一步提升了中国资产评估协会国内和国际影响力。

（七）承办国际机器设备评估大会

2011年9月，第七届国际机器设备评估大会在北京开幕，大会由中国资产评估协会、美国评估师协会、英国皇家特许测量师学会和澳大利亚资产学会联合举办，中国资产评估协会承办。该会议得到多个国家评估行业组织的积极支持，受到众多国内外评估机构以及各界人士的广泛参与和关注。大会紧扣机器设备评估领域的最新学术发展和评估实践，聚集国际和国内经济发展过程中机器设备评估所遇到的热点和前沿问题，展开多层次、多角度的深入探讨，使理论认识更加深化，与实践的结合度更加紧密。这次大会的成功举办，进一步增进了交流与合作，对国际机器设备评估理论及实践发展意义重大。

（八）与国际企业价值评估分析师协会共同举办国际企业价值评估大会

2012 年 9 月，我会与国际企业价值评估分析师协会共同举办了国际企业价值评估大会，会议就企业价值评估领域内的最新发展动态及相关热点问题、《国际财务报告准则》最新评估动向、风险与价值的关系、价值评估技术、经济损失案件所涉及的评估以及如何打造成功的评估机构等议题进行深入探讨，并围绕评估操作实务中的常见和突出问题展开研讨，内容包括以财务报告为目的的评估案例分析；上市公司公允价值计量信息披露；企业风险控制和价值的关系；国外评估师执业情况介绍；国外评估业务参数的寻找途径；企业价值评估师业务拓展的思路探讨；商誉减值测试等。本届大会吸引了来自美国、加拿大、德国、加纳、法国、印度、韩国、中国香港特区、中国台湾地区的评估专业人士，以及国内各地资产评估协会负责人、评估从业人员等 200 多人参会。

贺邦靖会长为大会致以“把握机遇 精诚合作 共创评估行业美好明天”贺词。刘萍秘书长在大会上又一次以论述会计、审计与评估的关系为主要内容发表了题为：“全球经济发展要求专业服务者联合起来”的主题演讲，从评估专业服务的合作、评估专业服务与会计、审计等相关专业服务的合作，以及中国专业服务合作已有的联动效应三个方面，以全球化视野和资产评估专业发展为立足点，以开放创新的战略思维和互利共赢的合作精神，阐述了全球一体化进程中专业服务合作的需求、路径和前景，分享了她对中国资产评估行业多年来在促进专业配合与合作方面的经验做法和思考见解，强调了加强专业合作的重要意义。使大家对资产评估在全球经济中的作用与地位有了更深刻的理解。会议取得圆满成功，国际同行对中国的资产评估行业发展情况有了更深入的了解。会后，还举办了中外评估机构交流会，为中外评估同行提供交流与合作的平台。

五、国际和国家评估组织来访频现

自2004年以来，先后有波兰、英国、越南、美国、日本、澳大利亚等国家的不同组织机构对中国资产评估协会进行了交流访问。在与这些组织机构交流的同时，中国资产评估协会与相关国家评估行业组织建立了长期友好联系，达成了进一步交流与合作的共识。2004年8月，波兰评估师协会联合会的ZdzislawBiczkowski先生率团访问了中国资产评估协会，刘萍秘书长向到访人员介绍了中国评估行业的发展状况、中国注册资产评估师执业体系、执业准则的制定等情况，ZdzislawBiczkowski先生表达了波兰评估师协会联合会与中国资产评估协会建立友好关系及合作的意向，并介绍了波兰评估行业的发展及管理体系，双方还就进一步合作事宜交换了意见。2005年，两会签订了合作备忘录，为双方加强交流合作奠定了基础。

自2006年起，中国资产评估协会陆续与来访的国际评估准则理事会、世界评估组织联合会、国际财产税学会、国际企业价值评估分析师协会等国际组织的代表团进行了交流。

2006年9月21日，应中国资产评估协会秘书长刘萍邀请，国际评估准则委员会主席维拉先生来中国进行了访问。刘萍秘书长重点介绍了中国资产评估行业发展现状、准则制定情况，并就中国评估立法等情况与维拉先生交换了意见。维拉先生在访问中充分肯定了中国资产评估协会在国际评估准则委员会和准则技术委员会中的作用，并就国际评估准则的发展趋势、不同评估领域的关系、评估立法等内容发表了看法。维拉先生就国际评估准则的新发展，以及国际评估准则与国际会计准则关系等问题举办了讲座，使与会人员深受启发。

世界评估组织联合会主席林兰源博士、国际企业价值评估分析师协会主席威廉·汉林先生、国际财产税学会主席杰瑞·格瑞得先生等相继率团对中国资产评估协会进行了访问。访问团考察了中国资产评估行业的发展情况，就相关议题展开了深入的讨论，包括评估教育培训、评估师的评估行为对经济的影响、以及评估业务如何服务于财务报告和税收等。

2009 年 11 月，英国皇家特许测量师学会全球首席执行官路易斯·阿姆斯壮拜访了中国资产评估协会，并与协会签署谅解备忘录。英国皇家特许测量师学会与中国资产评估协会达成共识，将在执业范围、理论研究、会员发展、准则制定、后续教育等业务领域开展一系列合作探讨及尝试，充分发挥双方的优势和特长，共同关注服务于金融、税务、证券、跨国企业并购等新兴领域的评估业务。该备忘录的签署为拓展双方在各个层面的交流与合作奠定了基础。

2013 年 3 月，国际评估准则理事会管委会主席、苏格兰会计师公会主席戴维·泰迪爵士与苏格兰会计师公会秘书长柯安彤先生一行 2 人访问中国资产评估协会。管委会主席泰迪爵士介绍了目前国际评估准则理事会围绕未来战略的制定、消除金融工具评估中的不同以及打造国际性的评估师行业三大主题所开展的工作，并在成立专门工作组，针对金融工具评估开展研究，力争国际准则趋同以及资格认证规范化等方面与中评协达成共识。中国资产评估协会会长贺邦靖就中国资产评估行业发展及准则制定情况与戴维·泰迪爵士一行进行了交流，并提出了关于国际评估准则制定原则、评估准则合理定位、充分发挥各国和各地区评估行业组织的积极作用等方面的建议。刘萍秘书长就中评协与国际评估准则理事会今后如何加强进一步合作等问题与泰迪爵士进行了交流。本次会谈进一步坚实了双方的合作和相互支持，推动了国际评估业的共同发展。

六、人才交流及理论成果显现

培养中国资产评估的高端人才既是贯彻落实评估行业“做优做大做强”战略的一项具体实践，也是中国资产评估行业国际化发展战略的重要措施。为此，中国资产评估行业大力推进资产评估培训和人才培养的国际交流。通过选派人员参与国际培训项目活动、邀请国外行业专家教授课程和引进国际分析师资格认证课程等方式，借鉴了国际经验，提高了评估师的理论水平和专业胜任能力，开拓了新视野，开启了新境界，为中国资产评估行业走向国际培养储备了专业人才队伍。

（一）选派人员参与国际培训项目

2005 年 11 月，中国资产评估协会组织地方协会秘书长赴比利时进行欧盟资产评估专业培训，先后与欧洲评估师协会联合会、美国评值公司欧洲分公司、比利时布鲁塞尔自由大学等单位进行了欧洲资产评估行业的探讨与交流。双方就我国资产评估行业管理中存在的挑战、对企业整体价值评估的认识、资产评估自律管理工作的发展方向等问题进行了广泛的研讨。

2005 年 12 月，中国资产评估协会组织地方协会秘书长赴德国进行培训。本次培训主要包括德国公共测量师协会介绍、德国经济审计师管理以及德国企业价值评估业务和方法等主要内容。通过培训，了解到世界各国都十分重视和加强对资产评估专业人员与行业的管理；德国的经济审计师管理体制是较典型的政府干预行业管理体制，对经济审计师行业管理方面，采取在充分发挥经济审计师协会的自律作用的基础上，由政府进行较大范围和程度的干预等等方式，为完善我国资产评估行业体制管理提供了借鉴作用。

2010 年 7 月 24 日至 8 月 12 日，中国资产评估协会组织行业资深会员及专家赴美国进行了为期21天的培训。培训采取专家授课、研讨和考察相结合的方式，主要针对企业价值评估、以财务报告为目的的评估、无形资产评估，以及美国评估行业的新兴业务和评估机构内部控制等内容进行了系统培训和深入研讨。培训的内容丰富而有针对性，培训效果显著。

（二）邀请国外专家教授课程

近几年，中国资产评估协会举办了多次国际研修班，2007年12月7日至16日，中国资产评估协会在北京举办“企业价值评估国际研修班”，系统引进了美国评估师协会企业价值评估BV202（收益法）和BV203（市场法）培训课程，并邀请美国评估师协会的专家进行授课。中国资产评估协会部分资深会员及大型评估机构业务负责人共50余人参加了培训。学员们通过此次研修班学习，深入讨论、广泛交流，使评估的观念及思维方式得到了更新，实际工作中的疑难得到了解决。之后，中国资产评估协会还分别举办了不动产评估、税基评估、无形资产评估等高级研讨班。

（三）引进国际分析师资格认证课程

为促进资产评估人才培养工作，中国资产评估协会引进了国际企业价值评估分析师协会（IACVA）的注册企业价值评估分析师（CVA）资格认证课程。通过引入该资格认证，加大了在企业价值和知识产权评估等领域的国际评估理论与实务的专业培训，促进了中国资产评估行业参与国际竞争的人才储备工作。

从2008年开始，中国资产评估协会与国际企业价值评估分析师协会一共联合举办了4期注册企业价值评估分析师资格认证培训班。培训班讲师为来自于国际企业价值评估分析师协会的资深讲师，授课内容主要为企业价值评估和无形资产评估，包含评估步骤、价值水平、价值标准、价值类型、财务报表分析、财务报表标准化、无形资产评估中的特别因素和评估方法的选择、资本化率和折现率、案例分析等内容。通过培训，不仅使学员了解并掌握了世界其他国家和地区在企业价值评估领域的最新理论及实践经验，同时也发现了我国与国外评估理论及实践之异同，为中国资产评估行业更好地服务于企业价值评估中的各种需求和挑战起到了有益的借鉴作用。培训后共有100余人通过考试取得了注册企业价值评估分析师资格，标志着中国资产评估行业的国际化人才交流和培养迈出了一大步。

（四）理论交流成果

在这一阶段，为了能够全面了解国际资产评估的情况，中国资产评估行业还开展了对国外资产评估相关专著和报告的翻译工作，形成了诸多理论交流成果，如《商业价值评估与知识产权分析手册》、《英国评估准则》、《以财务报告为目的的公允价值评估》、《国际评估准则》、《美国评估准则》、《经济资料译丛》、《价值评估》、《价值评估指南：来自顶级咨询公司及从业者的价值评估技术》、《财务经理公允价值指南》、《知识产权价值评估、开发与侵权赔偿（增补本）》等著作，并对2008年以前发布的中国评估准则进行了翻译。

除了翻译出版的理论交流，中国资产评估行业还与国外资产评估行业进行相关专业理论研究交流。2012年，黑龙江省资产评估协会多次组织评估行业管理人员、评估师及业内专家赴韩国进行访问，就物业税税基评估、行政事业资产评估、企业价值评估、评估机构内部治理以及专门委员会运行情况等多项专题进行考察及学术交流，形成了《韩国物业税税基评估研究报告》、《韩国财产税及其税基评估制度研究汇报》、《韩国资产评估行业考察情况报告》和《感受韩国鉴定评价士注册登记和后续教育》等研究成果。

七、推动地方协会国际交流

随着行业发展和国际交流的不断加深，地方资产评估协会和评估机构也根据其发展需要不同程度地开展了国际交流与合作活动。

（一）地方协会国际交流

近年来，北京注册会计师协会每年都安排评估机构负责人与业务骨干赴境外与国外同行进行交流，通过培训交流，学习国外好的评估理论与实践，并把中国的理论与实践经验与国外同行分享。

为了加强理论基础和实务操作技能，深圳市注册资产评估师协会分别在2007年和2008年邀请美国企业财务顾问公司管理董事理查德·博鲁、迈克尔百斯特律师事务所合伙人唐纳德·百斯特等人到深圳给评估师进行实务和案例方面的培训。通过国际交流培训，使评估师全面了解到国外相关领域的先进理论和方法。

江苏省资产评估协会、上海市资产评估协会等一些地方协会也分别开展了国际交流活动。

（二）评估机构国际交流

2012年，中国资产评估协会对国内评估机构国际交流情况进行了调查。调查结果显示，从评估业务在境内、境外的执行看，评估机构走出去在境外执行的业务较多，如2005年，中国石油天然气集团公司整合国际业务，涉及阿尔及利亚、哈萨克斯坦、俄罗斯等13个国家和地区的资产；也有一些评估机构接受境外公司委托在境内执行的业务，如2006年韩国斗山株式会社拟在中国境内并购德州德工机械有限公司及其母公司，由韩国公司Samjong KPMG FAS Inc委托中方评估机构，并且合作参与德州德工机械有限公司及其母公司全部股东权益价值的评估。2011年，五矿发展进行内部重组，资产涉及到澳大利亚、智利、老挝、日本及欧美等国家和地区；也包括委托境外评估机构在境外执行的业务。2011年，上海电气（集团）总公司拟转让所持有的美国高斯国际有限公司100%股权，资产涉及中国、美国及欧洲等地9个国家，中方评估机构与普华永道（美国）合作完成了全部股权价值的评估。

从合作方式来看，有少部分项目采取中外评估机构合作的方式，如与美国、韩国、澳大利亚、法国等国家的评估机构合作；从项目的参与人员特点看，每个项目都有多名评估师的参与，其中有些项目的执业评估师具备特许公认会计师公会（The Association of Chartered Certified Accountants，ACCA）、注册评估分析师等国际资质；此外，项目分布范围广，所涉及的资产分布在全球51个国家和地区。

八、交流特点和成果

在本阶段，中国资产评估的国际交流方式多样，交流与合作不断深入，在举办专题国际会议、组团赴境外培训的同时也接待不同国家和国际组织来访的代表团组、积极参与国际组织评估事务等方式开展深入交流，呈现出“共同探讨式”的国际交流特点。

通过积极举办和承办各种国际评估会议，宣传中国资产评估行业，展示行业良好形象，宣传中国的改革开放政策和投资环境、中国资产评估行业发展状况，帮助境外人士加深了对我国改革开放和发展形势的认识与理解。评估机构通过国际化交流与合作，不仅拓展了生存空间，同时学习和了解了国际评估机构的信息、技术和专业技能。一方面，通过“走出去”的资产评估实践积累，评估机构加强了自身的建设，提升了为企业“走出去”的综合服务能力；另一方面，通过“引进来”的资产评估实践积累，与国际评估机构的交流合作越来越密切，我国评估机构执业水平逐渐得到国际同行的认可和信任，提升了我国资产评估行业的社会诚信度、公信力和国际影响力，为进一步加强国际合作和拓展国际业务奠定了基础。

人才交流与培养的国际交流与合作，使中国资产评估人员更加广泛地了解国际和国外评估行业相关政策和法律，熟悉国际评估业的执业环境和执业理念，掌握国际先进、前沿的评估理论和技术，汲取国际同行丰富的评估实践经验，促进培养中国资产评估行业的国际化人才，为评估机构“做大做强做优”提供高层次人才保障，为我国评估行业走向国际创造条件。

此外，通过评估准则的互译交流实现准则的双语化，为我国评估准则与国际评估准则间的趋同起到桥梁作用。通过翻译出版国际上具有影响力的专业研究著作，以及对国外评估经验的研究，中国资产评估行业不断积累和提升专业建设的知识水平和综合能力。

综上，中国资产评估行业发展至今，其国际交流的开展已经深入到行业发展的各个领域，通过专业建设、市场开拓、国际化人才培养和国际业务合作等各方面的发展创新，为增强行业综合实力和国际竞争力提供了支持和参考，也让更多的国际同行了解和认识了中国资产评估行业的快速发展。同时，通过积极参与国际评估组织事务，中国资产评估行业代表已经进入相关国际评估组织的决策层，为进一步深度参与国际评估事务、强化在国际评估组织的影响力和话语权夯实了基础。

第五节　国际交流前景展望

一、总体目标

中国资产评估行业国际交流是行业发展的内在要求，也是贯穿行业发展历程的重要轨迹。短短20年间，中国资产评估行业跨越了发达国家上百年的发展历程，现已发展成为具有一定规模和综合实力的现代服务行业。在此期间，中国资产评估积极开展资产评估行业对外交流和经验借鉴，成功探索出了一条国际视野——中国模式的行业发展之路，在增进行业对外交流中有效实现了行业发展水平的提升。

今后，中国资产评估行业国际交流的总体目标是：不断拓展和深化国际交流与合作领域，积极参与国际评估组织事务并发挥作用，持续增强中国资产评估行业的国际话语权；不断加强与国际同行的专业交流与合作，有效推进在准则建设、专业研究、业务发展等领域取得深层次专业成果；同时，积极适应国际化评估市场对中国资产评估行业的需求，加快国际化人才交流与培养，提升中国资产评估师参与国际评估市场的竞争能力和专业胜任能力。

二、前景展望

围绕总体目标，中国资产评估行业的国际交流要进一步发挥好以下三个作用：一是服务于行业专业提升。通过与国际评估组织、相关国家评估组织及国际评估机构之间的深层次专业交流，全方位、高效提升中国资产评估行业的专业水准和国际化服务能力；二是服务于国家经济与政治建设。通过行业发展和在国际评估事务中参与度、影响力和话语权的持续提升，紧密跟进服务我国经济建设和发展；三是不断提升行业人才能力。加大人才国际交流，促使中国资产评估师开阔眼界、转变思维方式，加速国际化人才培养的进程。

为了有效发挥上述作用，中国资产评估行业国际交流的未来重点发展领域有以下三方面：首先，加大国际交流与合作的广度和深度，积极参与国际评估组织事务，发挥并不断增强中国资产评估行业在国际评估行业的作用和话语权，为加快实施行业“走出去”的战略创造有利条件；其次，研究和探索国际业务领域和行业“走出去”的分阶段发展模式，鼓励中国资产评估机构通过与境外评估机构联盟等方式，为境内外企业提供全过程的国际化高端服务和支持，参与引进外资服务和境外重点投资项目或中资企业财务巡查工作等；最后，有计划、有步骤、多渠道地培养人才，为行业打造一批能够承担国际化业务和提供高质量服务的国际化人才。

三、具体措施

（一）加强组织交流，提升国际话语权

中国资产评估行业要继续巩固和发展与国际评估组织的交流与合作，使国际交流范围更广泛、交流程度更深入、交流效果更显著，积极推进和扶持中国资产评估行业向国际化发展。

1. 拓展交流平台

中国资产评估行业要利用现有的国际交流合作网络，加强与各国际同行的双边、多边交流，通过参与国际评估组织事务、参加相关领域国际会议等途径积极寻求机会，进一步拓展交流平台，开展更广泛、更全面、更有效的国际交流。近年来，国际评估准则理事会（IVSC）与国际会计师联合会（IFAC）、特许金融分析师协会（CFA Institute）、国际金融研究所（IIF）、国际精算师协会（IAA）、国际保险学会（IIS）等8个国际组织共同参与了20国集团（G20）非政府类金融行业监管组织专责小组的相关工作，我国评估行业在继续参与IVSC专责小组工作并发挥积极作用的同时，要积极与上述国际组织建立和发展联系，逐步深入开展交流与合作，为更好地促进自身发展和服务于全球金融监管扩大国际交流基础。

2. 深化交流程度

中国资产评估行业要在现有国际友好合作备忘录的内容框架基础上，与相关国际、国家组织加强联系，密切合作，深入落实教育培训、会员管理、市场开拓、准则制定、课题研究等方面的国际交流合作计划和项目，同时要加强与其他国家、国际组织的深入交流，继续扩大深度合作的组织范围，深化国际交流与合作程度，进一步夯实中国资产评估行业管理和专业建设交流基础。

3. 提升交流效果

首先，加大国际交流的成果产出并促进其在我国的转化和应用。在行业管理、专业建设、市场开拓等方面继续参考和借鉴国际组织行业建设的先进经验和优秀成果，为我国评估行业的法制建设、准则建设和业务拓展等领域提供有益的经验参考。如在海外并购等评估业务领域，积极开展国际交流与合作，学习、参考和借鉴相关评估理论与技术，提升我国评估行业服务国际市场的能力和水平；在我国评估法出台后的配套制度建设方面，要加强对国际评估法律制度的深入调研和参考借鉴。

其次，在国际评估舞台积极有效地发挥作用，不断提升国际规则制定的话语权。国际评估组织十分重视参考和吸收中国资产评估行业的发展经验，中国资产评估行业充分利用其在国际评估准则理事会、世界评估组织联合会、国际财产税学会的作用。例如，继续推荐并增加相关专家参与国际评估准则的制定和修订，深入参与到国际评估准则理事会正在推进的准则项目中，从准则的初始定位与立项讨论、过程讨论及最终定稿各个环节中，结合中国评估实践、代表中国评估业对国际评估准则体系的更新及完善提出专业意见，起到影响甚至引导作用，使国际评估准则日益充分地反映出我国经济和评估行业的需求。

（二）加强专业交流，促进专业建设与发展

中国资产评估行业要有效统筹国内、国际资源优势，以专

业提升为核心，以专业交流为重点，全方位、多层次地开展评估新领域、新业务、新方法的国际交流与合作，进一步推进国际交流取得的实质性成果，努力提升我国评估行业的服务质量和国际竞争力。

1. 准则建设交流与借鉴

中国评估准则与国际评估准则的互动交流，是完善中国评估准则建设和促进行业规范发展的重要举措，也是促进评估准则国际趋同的重要途径。

一方面，中国评估准则要继续保持与国际评估准则在基本原则、理论及方法上的一致性和连贯性，合理借鉴和吸收国际评估准则建设的先进经验和最新成果，为中国评估行业提供一个具备国际通用专业语言的执业平台。同时，中国评估准则的制定要积极发挥国际咨询委员的重要作用，重视其对中国准则建设方向和规划的可行性建议，广泛参考和借鉴全球多个国家和地区准则建设的先进经验。另一方面，中国资产评估行业要积极参与国际评估准则的制定和修订，充分发挥我国评估准则的影响力，同时推荐专家参与准则制定与修订工作，促进国际评估准则的发展与完善，推进中国准则与国际准则的实质趋同。中国评估准则在无形资产评估体系、珠宝评估等新兴领域具有国际领先地位，对国际评估准则的制定具有重要的参考意义；中国资产评估行业正在研究制定的生态环境评估准则和文化艺术品评估准则，对国际评估准则的发展也将起到经验参考和补充完善的作用。

2. 专业研究交流与合作

中国资产评估行业要坚持以专业研究促进行业发展，以国际出访和来访、国际专业研讨会议等活动为契机，开展理论建设、教育培训等领域专业交流与合作，就准则建设、市场开拓、评估技术等专业共性课题与国际同行进行广泛交流与深入探讨，共同研究服务于金融、税务、证券、跨国企业并购等新兴领域的评估业务，共同应对新兴科学技术等对评估行业的影响，挖掘国际交流的深层次成果，提升我国评估行业的专业能力，进一步推动专业技术领域评估理论及实践的发展。

3. 业务领域交流与合作

随着我国对外开放的进一步扩大，中国企业“走出去”，积极参与国际分工与合作、国际资本并购和全球资源配置，为中国评估服务走向国际提供了发展契机。《财政部关于推动评估机构做大做强做优的指导意见》（财企［2009］453号）鼓励评估机构开拓海外评估市场、承接离岸服务外包的评估业务。

中国资产评估行业要积极研究国际业务领域和探索行业“走出去”的发展模式，加强与国际评估机构的直接联系和对话，鼓励我国评估机构与国际评估机构开展形式多样的双边、多边专业交流与业务合作，扶持和培养能够提供跨国经营综合服务的特大型资产评估机构，例如，鼓励境内外评估机构通过联盟等方式开展国际业务合作，相互利用本国的资源优势和服务网络，为境内外企业提供国际化高端服务和全过程支持，参与引进外资服务和境外重点投资项目工作等。在为国际资本市场提供专业评估服务的同时，使我国评估行业逐步了解和掌握国外的执业理念、执业环境和评估方法，在培养国际化人才、提升行业国际竞争力等方面积累经验，从而最终实现中国资产评估行业的国际化。

（三）加强人才交流，打造国际化服务队伍

作为智力密集型的现代服务业，中国资产评估行业要重视和大力推进国际化人才队伍建设，加强国际化人才培养，促进国际交流与合作，采取积极有效措施，打造能够承担国际化业务、提供高质量国际服务的评估人才，为行业国际化发展提供有力的人才保障，增强行业的国际竞争力。

1. 加快国际化人才培养

首先，扩大国际资格培训。加强与国际同行的培训交流与合作，借助境外评估行业相对成熟和完善的教育培训资源，引进国外先进的评估理念、核心课程和从业资质，开展类别多样、形式多样的国际资格培训课程，鼓励我国评估师考取国际上具有良好声誉的注册企业价值评估分析师、美国评估师、英国皇家特许测量师等境外会员资格，丰富我国评估师具备的国际评估资格种类，扩大具有国际评估资格的评估师数量，提升评估师开展国际业务专业知识和综合能力。

其次，优化后续教育培训。加强与国际同行之间的国际评估业务理论及实务交流，参考借鉴国际先进的国际化人才培养经验，引进熟悉海外相关政策和法律、熟悉国际评估执业环境、掌握前沿评估理论和丰富实践经验的优秀师资，引进海外优质教材，科学制定符合我国国情、适应国际服务需求的培训计划、培训课程和培训教材，有计划、有重点地实施相关专项培训，确保评估师具备执行国际评估业务所需的法律、经济和外语等专业胜任能力，全面提升国际化评估人才的专业素质。同时，适时选拔具备一定条件的评估师参与境外培训、考察，为中国资产评估师走向国际舞台、参与国际评估业务，开阔视野、积累经验。

2. 增进海内外会员交流

根据《中国资产评估协会会员管理办法》（中评协［2012］63号），发展中国资产评估协会海外名誉会员、联系团体会员和联系个人会员，为海内外会员提供交流渠道和平台，促进国际会员之间的专业学习、业务交流和能力提升。特别是要重视海外名誉会员对中国资产评估行业发展作出的重要贡献，并继续充分发挥其“智囊团”作用，参考借鉴其在国际化人才培养方面的意见和建议，为我国国际化的资产评估人才队伍建设提供有益参考。

3. 加大国际化人才宣传

通过加强与国际评估组织、国际评估机构的及时有效交流，了解和掌握国际评估业务领域动态，积极宣传国际、国内优秀国际化评估人才及其主持或参与的重大国际评估项目，宣传评估服务对国际社会的积极作用和突出贡献，扩大评估行业在全球的影响力和号召力，为中国资产评估行业吸引、留住人才，打造精英人才创造良好的职业环境和职业前景。

总体而言，在未来发展的道路上，中国资产评估行业将继续与国际资产评估行业进行更深层次、更广泛的国际交流与合作，建立稳固的长期战略合作伙伴关系，以期共同促进中国资产评估行业和国际资产评估行业的发展壮大。

第二章　中国资产评估国际借鉴

第一节　中国资产评估国际借鉴综述

在经济转型和市场经济不断深入发展背景下发展起来的中国资产评估行业，借鉴市场经济成熟国家及国际评估行业发展的成熟经验的重要性是不言而喻的。中国资产评估行业发展的二十几年历史，既是评估行业不断探索总结经验的发展史，也是国际评估行业发展经验“洋为中用”的历史。尤其是在中国资产评估行业发展的起步阶段和初步发展阶段，国际经验借鉴确实起到了事半功倍的效果。国际经验借鉴大大减少中国评估行业发展过程中的“弯路”，成功的国际借鉴是中国评估行业快速发展的重要助推力之一。

一、中国资产评估行业发展国际借鉴的必要性

20世纪80年代后期，随着中国对外开放和国有资产管理体制改革的发展，国有资产产权发生变动过程中出现的国有资产流失问题，促使政府提出了国有资产产权变动中的合理定价要求。在市场经济和国有企业产权主体缺位的社会背景下，为合理地确定国有资产转让价格，维护国有资产所有者合法权益，防止国有资产流失，

资产评估在政府的推动下发展起来，成为了加强国有资产管理、维护国有资产权益的一种重要手段。由于计划经济背景和政府的推动，使得中国资产评估一经产生就带有明显的服务国有资产管理特色。

由于缺乏市场经济运行的背景和普遍的市场定价过程，处于起步阶段的中国资产评估，在评估理念、评估技术、评估业务领域、评估行业管理、评估法规建设和评估机构建设等方面几乎都是“国产货”，许多做法和规定还都或多或少带有计划经济色彩。学习和借鉴市场经济下的资产评估理念、评估技术与管理就成为中国评估行业起步阶段急需解决的问题。国际借鉴从中国资产评估的兴起就一路伴随，随着中国社会经济运行机制的不断完善，资产评估实践和资产评估行业的不断发展，国际借鉴内容和形式也在不断变化。中国成功实施经济体制改革之后，资产评估的社会经济运行机制与条件发生了很大的变化，市场的迅速发展和不断细化，又给中国资产评估行业的发展提出了新要求。因此，如何在市场经济条件下进行资产评估和行业管理以及建立与之相适应的评估人员准入制度、职业道德和执业标准、建立评估业务和评估机构管理体制等，又成为处于初步发展阶段的中国资产评估行业新的工作需求和管理内容。面对经济形势变化的新要求和市场经济发展带来的资产评估新需求，中国资产评估行业认识到，在积极探索新形势下中国评估及其行业发展规律的基础上，广泛开展国际交流，积极学习市场经济成熟国家评估行业在人员管理、机构管理、职业道德建设和评估准则建设等方面的成功经验和有效做法，能够促进中国评估行业对市场经济条件下资产评估发展规律的认识，节省中国评估行业摸索总结市场经济条件下评估行业发展规律的时间，有效解决中国评估行业发展过程中遇到的新问题和困难。2004 年以后，中国市场经济的迅速发展扩大了资产评估的服务领域和服务对象，市场细化带来的新的资产评估需求和新兴资产评估业务越来越多。资本市场、房地产市场等的迅速发展，也对中国传统评估业务评估技术的深化和细化提出了更高的要求，如何从技术层面上满足新兴资产评估业务的技术需求，以及在技术细节上满足现代市场对传统评估业务评估技术的深化和细化的要求，就成为这个时期评估行业急需解决的问题，借鉴市场经济发达国家在此方面的成熟经验也是这一时期进行国际借鉴的目的之一。

二、中国资产评估行业发展过程中的国际借鉴内容

中国资产评估行业相对于英国、美国等国家的资产评估行业来讲起步较晚，而且产生的社会背景和经济基础也有着较大的差异。为了加快中国评估行业的发展，在中国资产评估行业发展的整个过程中自始至终坚持中国资产评估行业发展特色与国际趋同相结合，自主创新与国际借鉴相结合。当然，由于中国评估行业在其发展的不同时期和发展阶段都遇到了一些突出问题和困难，在评估行业的每一个发展时期和阶段都有相对集中和明确的国际借鉴内容，这些国际借鉴内容大都是围绕着不同发展时期需要解决的问题而设定和选择。

（一）市场经济条件下的资产评估理念和适用的评估技术方法的借鉴

在中国资产评估起步阶段，评估人员的评估理念、评估方式和评估技术运用带有较为明显的非市场化和非规范化特征，这是在非市场经济条件下依靠政府推动所进行的资产评估的真实情况反映。关于市场经济条件下的资产评估理念和适用的评估技术方法就是中国资产评估兴起时期开展国际借鉴最主要的内容。1988年，原国家体改委委托中国企业管理协会在北京举办了企业资产评估研讨班，邀请美国评估专家到中国讲授资产评估理论和实务。1990年和1991

年，原国家国有资产管理局在北京举办了两期中外资产评估讲习班，聘请外国评估专家讲授资产评估理论和技术方法。在中国资产评估起步阶段，借鉴国际评估行业的评估理念和评估技术运用对中国评估行业的发展起到了积极的作用。

（二）评估业务创新经验的借鉴

在资产评估适应市场经济发展需要方面，美国、英国、加拿大和澳大利亚等国的评估行业紧跟市场需求不断创新评估业务的经验，也为中国在市场经济不断深入发展的情况下，适时地创新评估业务提供了很好的借鉴。例如，为适应会计制度改革积极开展了以财务报告为目的的评估，为了适应税基评估需要研究批量评估技术及其应用等新的评估领域。这些举措已经给进入市场经济迅速发展阶段的中国市场经济提供了有力的支持。

（三）行业管理经验的借鉴

20 世纪中期，美国政府针对储蓄和贷款危机建立了联邦政府有限度干预评估行业管理的制度；美国众多分散的评估行业自律管理组织共同发起成立了美国评估促进会，并发布了《专业评估执业统一准则》。这种美国政府有限监管与评估行业自律管理相结合的体制，为中国提供了很好的借鉴。美国评估师协会、英国皇家特许测量师学会等行业自律管理组织的会员管理办法和人员培训经验，以及评估行业相对较高的执业水准，为中国抓好评估人才培养、提升行业专业水平提供了好的经验。国际评估行业通行的评估师注册制度、评估机构非挂靠及独立执业机制和评估行业人员管理与机构管理制度等也成为中国开展国际借鉴的主要内容之一。借鉴国际通行的做法和经验，中国资产评估行业逐步建立起了评估师注册制度和资产评估机构独立执业制度。

（四）评估准则制定经验的借鉴

当中国资产评估行业发展到了一个相当的阶段，执业规范问题被提到议事日程上。在我们探索评估执业规范的过程中，国际评估准则、美国的《专业评估执业统一准则》和英国皇家特许测量师学会的“红皮书”等在国际评估行业具有影响力的评估准则就成为了中国评估准则制定过程中最重要的借鉴对象。例如，在中国资产评估准则制定过程中，充分借鉴了国际评估准则和美国评估准则中的原则导向思想、准则体系结构和准则内容更新等经验。美国评估准则的包容性和综合性特点也给我国评估准则的制定提供了很好的借鉴。国际借鉴大大加快了中国评估准则的制定步伐。

客观地讲，借鉴市场经济发展成熟国家的资产评估发展经验极大地开阔了中国的视野，减少了中国探索在市场经济条件下开展资产评估工作的摸索时间。当然，经过十几年评估实践的不断探索、国际经验借鉴和理论总结，中国资产评估活动更加规范，资产评估对社会经济生活的影响也越来越大，中国资产评估行业现已经进入到了相对成熟的发展阶段：资产评估行业对在中国社会主义市场经济条件下的行业发展规律有了较为深刻的认识，形成了较为完整的评估准则体系和行业管理体制，在国际经验借鉴的基础上结合中国国情实现了评估行业又好又快的发展，总结出了经济转型国家开展资产评估活动与管理的经验，实现了评估准则和评估实践的部分创新，中国经验也开始了向国际评估行业输出和交流，中国资产评估行业也有力地推动了世界评估行业的发展。

三、中国资产评估国际借鉴成果

中国资产评估行业发展二十年来取得的成果与借鉴国际评估行业的成功经验是分不开的。尤其是在中国评估发展的起步阶段和初期，国际借鉴对评估行业健康发展起到的作用更为明显。但是，中国资产评估行业发展二十年来取得的成果更是全体评估人共同努力探索、虚心学习和勇于创新的结晶。所以，国际借鉴取得的成果与中国评估行业的自主创新取得的成果是难以分开的，或者说国际借鉴的成果并不是独立存在的。国际借鉴的成果大都表现为对中国评估行业和人员理念技术等的潜移默化的影响，以及对评估相关制度建设的推动。

（一）评估理念和技术应用的国际借鉴影响积极深远

中国评估发展的起步阶段，由于缺乏市场经济理念，在资产评估技术方法应用方面带有较为浓重的会计色彩和管理色彩。为了了解市场经济条件下成熟的资产评估的理念和技术应用，在中国资产评估起步之初，就通过聘请国外专家讲学等多种方式，将市场经济条件下的评估理念和技术方法引入中国，为中国评估行业骨干力量的形成和评估技术方法的初步统一起到了积极的推动作用。市场经济条件下的评估理念和评估技术对中国资产评估行业后续发展的影响也是比较明显的，从对评估价值多样性的理解，到价值类型划分等，市场经济条件下的价值和评估价值理念一直在影响着中国的评估行业。从对传统的三大评估技术方法的直观理解及其简单应用，到对三大基本评估方法构成的评估方法体系的全面理解及其系统应用和具体应用，资产评估成熟国家的经验做法一直起着影响和引导中国资产评估行业的作用。

（二）评估准则的国际借鉴为中国评估准则体系建设提供了良好的参照

在规范评估人员和评估机构执业行为，建立符合中国国情的评估技术规范和职业道德规范方面，国际借鉴发挥了非常明显的参照作用。因为市场经济发达国家悠久的评估实践经历和经验总结，已经通过相对成熟的评估执业规范体现出来，因此国际评估准则、美国《专业评估执业统一准则》和英国的“红皮书”等的制定原则、内容和结构的相对合理性、实用性等为中国评估准则体系的建立与完善提供了非常宝贵的经验和参照，使得中国评估行业在较短的时间里建立起较为完善的评估准则体系成为可能。

（三）评估业务领域拓展的国际借鉴为中国评估行业的业务开拓提供了指引

市场经济发达国家资产评估行业的先发优势，特别是在适应市场不断细化的需求下拓展评估业务领域方面，如适应资本市场深入发展的企业股权收购重组评估业务，适应公允价值计量广泛应用的以财务报告为目的的评估业务，适应财产税广泛开展的税基评估及其批量评估技术的应用等，为中国评估行业满足市场经济发展需要开展相关评估业务提供了很好的指引和示范，间接地促进了中国评估行业业务领域的拓展。

（四）评估管理体制的国际借鉴提供了完善中国评估管理体制的路径

资产评估行业比较发达的国家，在其上百年的资产评估发展历史进程中，总结出了适应本国政治、经济、法律条件的评估行业管理体制。通过对世界各国评估行业管理体制的比较研究，总结出许多值得学习和借鉴的经验。特别是美国的政府监管与行业自律相结合的管理体制及该管理体制形成的历史经验，为在中国现有政治、经济、法律体制下完善资产评估行业管理体制提供了宝贵的经验。中国评估行业步入初步发展阶段之后，借鉴国际评估行业评估人员执业准入制度和评估机构独立运作的做法和经验，结合中国的实际情况，建立实施了注册资产评估师制度和评估机构独立执业制度，逐步形成了基本符合市场经济运行要求的评估师准入制度、注册制度、后续教育制度，以及评估机构合伙制和有限责任制的转变，逐步完善了评估行业执业人员和执业机构的相关管理和运营机制。评估相关制度的国际借鉴对中国评估行业相关制度的建立与完善起到了积极的促进作用。

四、中国资产评估国际借鉴经验总结

中国资产评估行业二十多年的发展历史是一部自主创新和国际借鉴的历史，就经验总结的角度，中国资产评估行业在借鉴国际评估行业发展经验方面可以概括为：正确的借鉴态度，恰当的借鉴方式，借鉴与交流并重。

（一）正确的借鉴态度

伴随着中国资产评估活动的兴起，就开始了资产评估的国际借鉴。由于中国资产评估是在特殊的条件下开展起来的，在许多方面几乎都是空白。在1997年之前，资产评估的国际借鉴基本上是一种单方向的国外做法与经验的引进，这包括评估理念与评估技术方法方面的，也包括评估行业管理制度方面的，如评估师考试制度、注册制度等的借鉴等。随着中国市场经济体制的不断完善，资产评估国际借鉴的内容和重点也在发生着变化。但不论国际借鉴内容有什么变化，中国资产评估的国际借鉴自始至终坚持虚心学习他国资产评估经验，坚持结合本国国情进行资产评估国际借鉴，而不是简单地照抄照搬。正是在对国际经验不盲从的借鉴态度下，即坚持“洋为中用”的国际经验借鉴理念与态度，才使得中国资产评估行业的国际借鉴取得了非常好的效果，使之成为有力促进中国资产评估行业快速发展的重要助推器。

（二）恰当的借鉴方式

总结中国资产评估行业国际经验借鉴的实践经验，不论是从中国资产评估起步阶段的单方向的国际学习与借鉴，还是初步发展阶段的双向交流阶段。中国评估行业都采取了国际借鉴不拘泥于某个国家和某个国际评估组织的经验，只要是有利于中国资产评估行业发展并具有成熟的发展经验的，都成为中国资产评估行业学习和借鉴的对象，并采取了授课、实地考察、理论研讨与实务座谈等灵活的"请进来"与"走出去"相结合的学习与借鉴交流方式。这大大提高了中国资产评估行业国际借鉴的效率和针对性，也为中国在借鉴国际评估行业成熟经验的基础上逐步总结评估行业自己的实践经验奠定了良好的基础，表现出一个经济转型国家探索适合本国国情资产评估发展规律和实践规律的专业素养和能力。

（三）借鉴与交流并重

中国资产评估行业发展的国际借鉴从未间断过，中国资产评估行业的创新活动也一直在进行着。在中国资产评估行业进行国际经验借鉴的同时，也通过各种交流方式不断地将中国的评估经验传输给国际评估行业。特别是从2005年以后，中国资产评估行业已经步入了稳定发展阶段，资产评估准则体系基本成型，评估人员管理和机构管理基本到位，评估业务覆盖了社会发展的各个领域和市场的主要方面。经过不懈努力与探索，中国资产评估行业对于经济转型国家的资产评估行业发展总结出了许多独到的经验，例如，对无形资产评估准则和评估技术的细化，对以财务报告为目的的评估的细化，对实物期权评估技术的规范，对涉及国有资产评估的评估报告和信息披露制度方面的创新管理，对评估师独立性方面的强化等等。中国资产评估协会通过评估准则和评估行业管理制度将中国评估行业的自主创新形成了中国评估经验，并借助于国际评估准则理事会、世界评估组织联合会、国际财产税学会，以及其他国际评估组织和国家评估组织等国际交流平台，将中国评估行业发展经验介绍给了国际评估行业，对国际评估事业的发展作出了中国的贡献。

第二节 中国资产评估理念和技术方法的国际借鉴

中国资产评估的产生和发展与世界其他国家的评估活动和评估行业的发展起因、路径有所不同。世界各国的评估活动和评估行业都是随着市场经济的发展、完善而逐步发展起来的。而中国的资产评估却是在有计划的商品经济基础上主要依靠国家行政法规强制推行发展起来的。不同的发展起因和路径，也使得中国在资产评估及其行业发展国际趋同的发展道路上有不断吸取他国有益经验之必要。特别是中国资产评估发展初期，吸收和借鉴国际市场经济发达国家的评估理念和评估技术，对中国资产评估行业的不断发展壮大起到了积极的推动作用。

一、中国资产评估行业国际交流开启阶段国际借鉴(1988—1995年)

(一)国际交流开启阶段的评估理念与评估技术方法应用特点

由于历史的原因和有计划的商品经济背景，使得中国资产评估行业发展之初，评估理念相对模糊，在评估技术应用方面没有形成统一认识。突出表现在以下几个方面:

1. 市场观念相对模糊。中国资产评估起步于有计划的商品经济背景，整个社会对在中国如何进行市场经济仍处于摸索当中。此时所进行的资产评估更多地是出于维护国有资产完整和国家权益的目的，还没有上升到资产评估是维护市场经济秩序重要手段的意识层面。因此，在资产评估起步阶段既没有市场参照，评估人员也没有明确的市场意识。

2. 评估概念相对模糊。中国的改革开放引发了国有企业的产权变动，在非市场经济条件下希望按照市场规则进行产权变动，又引发了国有资产流失，中国资产评估一经产生就被打上深深的维护国有资产的烙印，评估行业及其从业人员也认为自己所从事的工作仅是在维护国家权益。但由于受到行政立法的强力支持，评估从业人员并不十分清楚资产评估活动的本质其实是一种市场需求推动和市场筛选提升的社会中介经济活动。

3. 评估技术应用处于摸索阶段。从 1988 年到 1991 年之前，中国的资产评估活动基本上处于“遍地开花”之势，各个地方在评估技术运用上更是“百花齐放”。由于市场发育滞后的原因，资产评估从业人员基本上没有成型的市场观念，需要利用市场参数的评估技术方法的运用也受到局限，在评估技术的应用方面体现出了“摸着石头过河”的探索性和“条条大路通罗马”的非统一性的双重特点。

（二）国际交流开启阶段的国际借鉴

1. 国际评估理念和技术应用基本评价

20 世纪 80 年代末 90 年代初，北美、欧洲和大洋洲的评估行业已经进入了成熟的发展阶段。像美国的企业价值评估、无形资产评估、机器设备评估、珠宝首饰评估、税基评估，英国的不动产评估、以财务报告为目的的评估等的发展已经达到了很高的水平。在评估理念和技术应用上，以服务于市场经济运行和满足市场经济发展需要为基本目标，以市场定价理论为依据，采用反映市场定价机制的市场法、收益法和成本法等传统评估技术方法相当成熟。

2. 国际借鉴内容

中国资产评估起步阶段在评估技术方法运用方面还处于摸索阶段。学习和借鉴国外评估技术方法已经成为当时规范中国评估活动的当务之急。从 1988 年开始，通过聘请美国、澳大利亚等国评估专家来华的系列讲学和人员培训，系统地介绍了市场经济发达国家的评估理念、评估技术方法和评估实践案例，使得处于起步阶段的中国资产评估行业直接接受到了国外资产评估理念和相对完整的评估方法体系，并对中国评估行业初步发展阶段的发展产生了较好的借鉴效果。

3. 国际借鉴成果

（1）较为完整地认识了国际通行的资产评估技术方法。通过一系列的外国专家评估技术方法的培训，中国评估人员对资产评估中的市场法、收益法和成本法有了初步的认识，较为全面地了解到了国外资产评估通常采用的主要技术方法。全新的国际评估理念和评估技术方法的引进，对中国后来的资产评估活动开展，以及对国有资产评估立法中关于对评估方法的规定的形成都起到了积极的作用。

（2）评估技术方法的初步统一。通过对国外资产评估理念和评估技术方法的引进，通过对评估实践经验的不断总结，具有中国特点的资产评估方法体系雏形逐渐形成。1991 年 11 月 16 日，国务院颁布的《国有资产评估管理办法》（91 号令）明确规定了现行市价法、重置成本法、收益现值法和清算价格法是国有资产评估应当采用的评估方法。它标志着中国资产评估方法体系雏形初步形成，也标志着资产评估兴起阶段评估技术方法运用上的百花齐放已经向着统一的方向发展。

（3）评估理念与技术的“物质转化”。中国相关部门借助于国际评估理念和技术方法的引进，以及中国统一的国有资产评估方法体系初步形成的契机，通过大范围培训来普及先进的评估理念、技术方法和评估技术方法应用。这些举措为中国资产评估行业培养了一批技术骨干力量，也使得资产评估起步阶段的国际借鉴与吸收形成了“物质转化”。事实证明，这些评估技术骨干成为了中国迅猛发展的资产评估行业的中坚力量。

4. 国际借鉴总结

总结中国资产评估行业发展初期的国际借鉴有以下两个明显的特点：

（1）评估理念、技术方法以单向引进为主。中国资产评估行业发展起步阶段，资产评估对于我国的评估人员来讲，还是一个比较陌生的社会经济活动。无论在评估理念，还是在评估技术选择和应用方面都还处于摸索阶段。所以，此时的资产评估国际交流，基本上是对国际评估理念和技术方法的单向引进为主。

（2）模仿加改造式的学习。由于中国开展资产评估的社会经济背景与国际上市场经济发达国家开展资产评估的社会经济背景有着较大差异，中国评估行业对市场经济条件下的评估理念和技术方法体系的接受程度受到了很大的局限。在中国资产评估行业发展起步阶段的国际借鉴中更多地是以模仿学习国外较为成熟的评估技术方法为主，并以适合当时国内的社会经济条件为依据做适当的改造，以便能在市场发育并不充分的情况下应用。

二、中国资产评估行业双向交流阶段的特点与国际借鉴（1996—2003年）

（一）双向交流阶段评估行业的评估理念及技术应用的特点

由于评估实践的迅速发展，评估实践中出现的困难和问题也越来越多。这些问题突出表现在两个方面。其一，是与计划经济相关的旧有理念与快速发展的资产评估需求不相适应；其二，是评估理念和评估理论研究的相对滞后与评估实践中出现的新情况和新问题的冲突表面化。这一时期资产评估实践的快速发展，使得按照计划经济相关的理念、思想和手段来看待和处理评估行业发展中出现的问题，已经变得不协调。面对评估实践中不断出现的“价格”、“价值”、“评估价值属性”、“评估价值多样性”、“资产贬值”与“折旧”、“资产评估途径”与“具体评估方法”、“企业价值评估对象”与“企业价值评估范围”等一系列理论与实践问题，简单地运用行政手段加以规定的做法，无法照顾到这些评估理论与实践问题之间的联系。中国资产评估协会意识到评估理论研究先行的重要性，一方面通过进一步扩大国际交流的空间，最大程度地借鉴国际评估行业的先进理念、技术和管理经验，不断扩大资产评估执业人员的视野，借鉴国际评估行业的成功经验；另一方面，加大中国评估行业自主探索总结实践经验的力度，逐步形成符合中国国情的评估经验和理论。通过“外引内修”，在评估理论研究方面，对在中国的市场环境下的评估方法应用、企业价值评估对象与范围界定、评估价值定义和类型等基本理论问题有了实质性的进展。在评估实践方面，针对国有资产评估报告预期使用者的特殊性和特殊要求，实施了一系列有针对性的评估程序和评估手段。这一期间，中国评估行业在继续坚持借鉴他国经验的同时，也尝试着把中国资产评估实践经验介绍给全世界，初步形成了国际交流的新局面。

（二）双向交流阶段的国际借鉴

1. 借鉴概况

中国资产评估协会成为国际评估准则委员会成员之后，为中国评估行业进一步了解和学习国际评估先进理念与技术以及与他国评估行业深入交往创造了良好的组织基础和外部环境。在此后的十年时间里，中国资产评估协会除了继续保持与国际评估同行的学术交流和经验交流外，还相继引入了国际评估准则、美国评估准则和英国“红皮书”等具有国际水准的评估准则和技术规范。通过对这些高水平的评估准则和技术规范（各年修订版本）的连续跟踪、翻译和学习，使中国资产评估行业较为全面地了解了国际评估理念、理论、技术方法体系和与各国国情相适应的各国评估规范的特点与差异。

2. 借鉴的具体内容和发展趋势

从1996年到2003年，中国评估行业的国际借鉴与消化吸收创新经历了几个重要的历史阶段。在每一个历史阶段中，国际借鉴与消化吸收创新的重点内容各有突出，概括起来主要有以下几个方面：

（1）评估理念的借鉴。1996年之后，中国资产评估行业通过学习国际评估准则、美国评估准则和英国“红皮书”等具有国际水准的评估准则和技术规范，较为全面地理解了市场经济环境下资产评估的定位、作用和执业理念。从而对此前一直较为模糊的评估方法的称谓及其内涵、价格与价值、折旧与贬值、评估前提与假设、评估基准日与评估报告日、市场价值与市场价值以外的价值、评估方法与评估途径等一系列评估基础概念和理念有了逐步清晰的认识。通过对评估基本概念和理念的学习和理解，不仅开阔了中国对资产评估认识的视野，也使得中国能够对本国评估行业起步阶段的国际借鉴的具体做法作出客观的分析，为国际借鉴的进一步深入以及在此基础上探索适合我国评估行业发展的评估理论和技术方法打下了很好的基础。

（2）评估技术方法借鉴。1996年之后，通过国际交流和对国际评估准则、美国评估准则等的学习与借鉴，从市场法、成本法和收益法在我国资产评估中的实质性应用，到中国评估准则的全面采纳，体现了中国评估行业对评估方法体系及其各类评估方法理解的全面升级。另外，中国也逐步对企业价值评估的整体性、评估对象和评估范围的差异性、多种技术方法在企业价值评估中的配合使用等有了较为明确的认识。结合中国的企业价值评估实践经验，逐步探索出了运用多种评估途径与方法评估企业价值的一些规律，改变了过去企业价值评估中成本法（资产基础法）一统天下的局面，使得中国的企业价值评估逐步规范化，并在此基础上逐步形成了一套适合自身企业价值评估的技术标准。

3. 借鉴与提升

1996年以后，中国资产评估行业对国际评估行业的学习和借鉴，无论在内容方面还是在目标方面都在逐步发生改变。在借鉴内容方面，从单纯学习国外的评估技术方法逐步转向全面学习与借鉴包括市场经济条件下评估理念在内的资产评估运行规律。在借鉴的目标方面，从单纯的国际借鉴与跟进逐步转向吸收消化国际经验与必要的创新相结合。

三、中国资产评估行业深入交流阶段国际借鉴的深化与创新（2004年至今）

（一）中国资产评估行业深入交流阶段的特点

从2004年开始，中国评估行业已经从以国有资产管理为主要服务领域的时代进入到了服务于国有资产管理与服务于市场并重的时代。资产评估对象和服务的领域进一步拓宽，评估服务水平和质量稳步提升，中国资产评估行业已经进入到了稳步发展阶段。在这一发展阶段呈现出以下特点。

1. 社会对资产评估的认识不断提高

随着市场经济的不断深入，资产评估在市场经济中的作用的逐步显现，资产评估的服务领域扩展到了国有经济和非国有经济的产权变动、财产抵质押融资、财产保险、财产纳税、会计核算和会计信息披露、环境保护和经济诉讼等等。社会对资产评估在社会经济发展中起到的专业支持，以及发挥着市场经济润滑剂作用的认识也在不断提高。

2. 评估市场需求不断增加

市场经济的不断发展和细化，也对资产评估提出了新的需求和要求，具体表现为对资产评估的传统业务领域专业技术应用提出了更高的要求，不断细化的市场对资产评估不断拓展技术服务领域提出新的需求。例如，日益发展的资本市场和产权交易市场对于传统的以国有资产保值增值为目标的企业价值评估提出了更高的要求，特别是在评估理念和评估技术应用方面的要求更为明显。再如，市场经济的深入发展呈现出经济业务复杂化和市场不断细化的局面，不但是企业的厂房、场地成为了融资的抵押品，居民住宅成为了交易品和抵押品，企业的知识产权也成为了质押品。评估市场的不断细化，评估行业中的专业细化和专门化趋势和需求日渐明显。

3. 新的评估业务对评估人才和技术规范的需求越来越高

评估市场的不断细化和评估对象的复杂化，对资产评估行业的要求越来越高，特别是对资产评估专门人才和执业规范提出了更高的要求。面对新的形势和新的要求，中国资产评估行业一如既往，在不断总结本国评估实践经验和理论研究的基础上，积极探索新领域新业务的内在规律与技术规范。通过后续教育不断培养能够胜任新兴评估业务的评估人才，通过学历教育不断培养资产评估储备人才。中国资产评估协会在充分动员国内资源的基础上，通过继续开展国际交流与合作，坚持请进来与走出去相结合方式，借鉴与吸收市场经济发达国家在传统评估领域深化方面以及评估新领域中的好经验和好做法。

（二）深入交流阶段的国际借鉴

在中国资产评估行业深入交流阶段，在评估理念和评估方法方面的国际借鉴更多地体现在市场经济新形势下评估行业的发展思路，传统评估业务深化中的具体技术细节和评估技术参数应用，以及新兴评估业务的评估理念和评估经验等方面。

1. 评估行业多元化发展与专业化分工并重理念的借鉴

当今世界，市场领域的多元化与专业化发展趋势越来越明显，市场经济发达国家的评估行业已经在多元化发展与专业化分工兼顾的发展道路上探索了多年，逐步形成了行之有效的发展模式。以美国评估师协会为例，该组织的服务领域在尽可能覆盖评估市场需求的基础上，保持了各个评估专业分支的较高技术水平和较高评估质量。美国评估师协会的经验告诉人们，满足市场对资产评估的需求既是评估行业发展的动力，也是评估行业发展的责任。评估行业的发展首先应当满足市场发展的需要。既然市场的多元化发展是一种历史趋势，评估行业的多元化发展也应当是一种趋势。当然，评估行业的多元化发展是建立在各个评估领域专业化的基础之上的。市场经济发达国家的成功经验，为中国评估行业多元化发展与专业精细化分工提供了很好的借鉴。

2. 传统评估业务技术应用细化的借鉴

现代资本市场对企业价值评估的需求，现代金融对不动产和无形资产抵质押评估的需求，现代税收制度对税基评估的需要，已经远远超出了简单地给出一个评估结论的范围。市场经济发达国家在传统评估业务领域中的技术细化、模型应用等的成功经验，如企业价值评估中现金流量折现模型、折现率估算模型、流动性折扣估算模型、资产剩余经济寿命评价模型等，成为这一期间中国评估行业国际借鉴的重点。伴随着市场对资产评估的需求的增加和需求的细化，中国资产评估行业评估理念与方法的国际借鉴，重点已经从“面”转到了“点”。例如，聘请国外专家专门介绍和讲解企业价值评估方法以及企业价值评估中重要参数的把握等具体应用技术；聘请国际专项评估组织和国外专家介绍财产税税基评估的具体做法和成功经验；聘请国际专项评估组织和国外专家介绍机器设备评估要点等。另一方面，中国也充分注意到，某些市场经济发达国家评估行业在某些传统评估领域中的工作疏忽给国民经济和社会造成了很大的损失的事实，并从中加深了自身对资产评估工作质量重要性的理解。市场经济发达国家资产评估行业在传统业务发展过程中的正反方面的经验教训，给中国评估行业的发展提供了很好的借鉴。

3. 新兴评估领域经验的借鉴

从市场经济发达国家的社会发展过程来看，不动产保有税的税基评估业务，为会计公允价值计量服务的以财务报告为目的的评估业务，以及为金融工具计量服务的评估业务等，都有了一段或长或短的发展历程，都有一套相对成熟的评估技术规程和技术手段。然而，这些评估领域和评估业务对于中国评估行业而言却是全新的领域。2004 年以后，努力学习和借鉴市场经济发达国家新兴领域评估技术成为中国评估行业国际借鉴的主要内容。

（三）国际借鉴与创新

在继续学习国际评估同行在传统评估领域以及新兴评估领域的先进技术与理念的基础上，中国资产评估行业不断总结符合本国国情的评估行业发展规律。在这一时期，坚持根据中国国情进行创新和健全中国资产评估制度的特征是非常明显的。经过前期的资产评估实践积淀和理论研究积淀，也包括从国际同行中吸取的经验，从 2004 年起，中国资产评估行业开始了资产评估准则的集中研究制定工作。2005 年，中国资产评估协会发布的《金融不良资产评估指导意见（试行）》中针对金融不良资产的特点，提出了价值评估要求和价值分析要求两种评估技术方式，以及假设清算法、现金流偿债法、交易案例比较法、专家打分法等针对金融不良资产的具体评估方法。2007 年，伴随着中国评估准则体系的基本完成，中国资产评估行业大规模单方向借鉴国际经验的时期告一段落。中国资产评估行业进入到了国际借鉴与创新的新的历史发展时期。

2007 年以后，中国资产评估行业仍在继续推进与市场需求匹配的评估技术方法和评估规范的研究。截至 2012 年 12 月，中国资产评估行业已经形成了由 26 项评估准则组成的准则体系。准则体系中体现出的评估理念和技术方法，包含有国际借鉴与消化吸收的成分，更有中国资产评估行业自主创新的智慧与汗水。在中国资产评估行业稳步发展阶段的国际借鉴与创新主要体现以下几个方面。

1. 评估理念的深化与完善

中国资产评估协会根据本国市场发育时间较短，评估人员对市场在资产评估中的作用的认识还不够深入，以及对市场、细分市场及其市场价值和其他价值的认识很模糊的情况，借鉴了《国际评估准则》中关于评估价值基础和价值类型的思想，结合本国的具体情况，制定了规范评估结论价值类型的《资产评估价值类型指导意见》。对于处于市场经济初级阶段的中国评估行业而言，《资产评估价值类型指导意见》不仅是一项资产评估的技术规范，而且是普及市场理念和价值理念的教材。它的颁布极大地提高了中国资产评估行业整体对市场、价值及其评估参数之间联系的认识，促进了中国资产评估水平的提高。

2. 评估技术细化

从2007年开始，中国资产评估行业已经把国际借鉴与自主创新推向到另一高度。在国际借鉴方面，对于市场经济发达国家各类市场的不断细化与深入，以及新的评估领域与评估业务不断涌出所引发的一系列新的评估技术思路和技术方法给予了极大的关注，像以财务报告为目的的评估和以利用计算机技术为特征的批量评估等。在充分借鉴他国经验和具体做法的同时，进行了很好的消化吸收。例如在借鉴了国际上各国以财务报告为目的的评估技术与经验的基础上，中国资产评估协会在较短的时间内，结合会计准则引入公允价值计量属性的需求，迅速制定出适合中国会计制度环境的服务于财务报告目的的评估技术规范——《以财务报告为目的的评估指南（试行）》（2007）和《投资性房地产评估指导意见（试行）》（2009）。

中国资产评估协会根据税收制度改革的长期性和复杂性的客观需要，在借鉴国际税基评估经验和批量评估技术的基础上，正在逐步加大力度研究符合中国税收法律环境特点的为纳税服务的评估理论与技术方法。

在国际借鉴基础上的创新方面，中国资产评估协会根据资产产权变动评估业务在很多情况下可能要面对评估对象未来的各种机会和不确定因素的评估需求，在借鉴了国际上各国实物期权评估技术的基础上，对评估未来机会等不确定性因素的实物期权制定出适合中国经济环境和市场环境的实物期权评估技术规范——《实物期权评估指导意见（试行）》(2011)。

中国资产评估协会根据中国市场发育时间较短，评估人员对市场、细分市场及其市场价值的认识还不深入的特点，制定了细化的各种无形资产评估技术标准和应用技术规范。像《专利资产评估指导意见》(2008)、《著作权评估指导意见》（2010）和《商标权评估指导意见》(2011）等。

中国资产评估协会根据中国国有资产评估报告使用者的特殊性，在借鉴国际上评估报告披露的基本要求以及涉及政府权益评估业务的相应规范，制定了《企业国有资产评估报告指南》（2008）和《金融企业国有资产评估报告指南》（2011）等满足政府监管国有资产评估的评估报告规范。

四、中国资产评估理念与技术的国际借鉴与创新总结

在中国资产评估行业发展的整个过程中，借鉴国际评估行业发展经验是持续进行的。从大的方面讲，评估理念与技术的国际借鉴经历了三个阶段：模仿学习阶段、借鉴与双向交流阶段和借鉴与创新阶段。

（一）模仿学习阶段

在中国资产评估的起步阶段，对于国外较为成熟的评估理念和技术方法基本上采取了全面引进的做法，分别在1989年、1990年

和1991年聘请外方专家来华全面介绍资产评估方法。虽然当时还不能完全理解重视市场对资产评估的影响等评估理念的作用，但作为评估的技术手段的评估方法的引进对于起步阶段的中国评估行业而言作用还是非常明显的。到1997年以前，对于国外较为成熟的评估理念和技术方法的借鉴基本上属于模仿学习阶段。而从1997年起，中国资产评估行业就已经开始了具有中国特色的评估行业发展规律的探索。在1997年的“中国资产评估标准国际研讨会”和1999年的“北京国际评估论坛”上，探索中国资产评估行业发展规律和技术方法的理论研究成果和实践经验就已经出现。评估理念和技术方法的国际借鉴开始从单纯的模仿学习阶段逐步转向国际借鉴与双向交流的阶段。

（二）国际借鉴与双向交流

1999年之后，由于中国资产评估协会已经跃升为国际评估准则委员会的常务理事国，中国资产评估协会参与国际评估行业事务的机会大大增加。在国际评估准则委员会的这个舞台上，中国资产评估协会除了继续向国际同行学习成熟的评估理念和评估技术以外，也在这个平台上不断表达作为发展中国家在开展资产评估过程中遇到的困难和问题以及中国的解决方案，这就直接和间接地将中国资产评估实践经验传达给了国际评估界。

（三）借鉴与创新阶段

2006年的“中国昆明国际评估论坛”，中国资产评估行业在继续吸收借鉴国际评估理念与技术方法的同时，开始参与国际评估行业发展趋势和热点问题的研讨，并开始成体系地输出中国资产评估的做法和评估思想。以2007年中国评估准则体系初步建立为标志，中国资产评估行业大规模单向引进、吸收与借鉴国际评估理念和技术方法的时代告一段落。

随着中国评估实践的广泛开展与经验积累，以及中国资产评估行业的不断成熟，在国际借鉴与创新的过程中，形成了许多具有中国资产评估行业特点的技术经验和管理经验。中国资产评估行业在继续学习吸收借鉴国际评估经验并进行创新的同时，也在不断地输出具有经济转型国家与新兴市场经济国家特色的资产评估经验。中国资产评估协会通过评估准则交流、评估学术会议交流、评估学术刊物交流，参与国际评估组织会议，以及参与制定国际评估技术规范等形式，毫无保留地将中国资产评估经验传递给国际评估行业，像前面提及的无形资产细化技术标准、价值类型应用技术指引、实物期权评估技术标准和国有资产评估报告披露规范等，既是中国评估行业多年来不断借鉴国际评估经验的成果，也是中国评估行业根据中国国情不断创新的结晶，更是中国评估行业为国际评估事业的发展作的贡献。

第三节　中国资产评估业务领域的国际借鉴

一、中国资产评估行业发展初期的业务领域概况

20 世纪 80 年代后期，随着中国国有资产管理体制改革的发展，政府对国有资产的管理方式已经从过去的无偿行政划拨逐步转向有偿转让，因此对国有资产价值的合理确定提出了要求。在这种时代背景下，根据当时经济体制改革和国有资产管理体制改革的需要，为合理地确定国有资产转让价格，维护国有资产所有者合法权益，防止国有资产流失，资产评估在政府的推动下应运而生，成为了加强国有资产管理、维护国有资产权益的一种重要手段。

基于中国资产评估产生的特殊背景，中国资产评估行业发展初

期的业务主要是国有资产管理方面的评估。根据《国有资产评估管理办法》以及《国有资产评估管理办法施行细则》的规定，资产评估业务包括以交易为目的的资产评估业务、以融资为目的的资产评估业务、以及满足政府需要的评估和评估咨询业务，主要是针对国有资产占有单位经济行为涉及到的评估业务。其中，以交易为目的的资产评估业务包括：（1）资产拍卖、转让；（2）企业兼并、出售、联营、股份经营；（3）与外国公司、企业和其他经济组织或者个人开办中外合资经营企业或者中外合作经营企业；（4）企业清算；（5）依照国家有关规定需要进行资产评估的其他情形。以融资为目的的资产评估业务包括：（1）资产抵押及其他担保；（2）企业租赁；（3）需要进行资产评估的其他情形。

二、中国资产评估行业业务拓展时期的国际借鉴

2004 年以后，中国市场经济的迅速发展扩大了资产评估的服务领域和服务对象，市场细化带来的新的资产评估需求和新兴资产评估业务越来越多。资本市场、房地产市场等的迅速发展，也对中国传统评估业务评估技术的深化和细化提出了更高的要求。如何从技术的层面上满足新兴资产评估业务的技术需求，以及在技术细节上满足现代市场对传统评估业务评估技术的深化和细化的要求，成为这个时期评估行业面临的一个难题。借鉴美国、英国、澳大利亚等市场经济发达国家在此方面的成熟经验是中国资产评估行业在此发展阶段解决该问题的方法之一。

（一）以交易、融资为目的的评估的借鉴

以交易、融资为目的的评估是美国评估服务的一个传统领域。此类评估主要包括：不动产、机器设备、无形资产、股票、股权等的转让，企业购并、拆分，拯救经营不善的金融机构以及破产清

算，企业股票发行上市（IPO），融资租赁、抵押贷款和经营性租赁。

英国评估业务的专业人员主要从事房地产、机器设备、矿物、艺术品和古董方面的评估业务。民间的资产评估机构也接受委托从事房地产买卖、销售、出租、承租及投资等评估业务。近年来，英国评估业务也在向综合性评估业务方向发展，并且，政府要求公司上市时需要进行资产评估。

马来西亚评估业提供的财产服务也属于以交易、融资为目的的评估，主要是政府部门向私人或私营企业转让土地、动用财政资金向私人购买土地及其他资产、国有企业进行公司化改组时，由评估署确定资产的市场价值。

在中国，公司设立、企业改组、兼并、资产的转让、租赁经营、抵押、质押等交易、融资的经济行为均涉及到对相关资产的评估。例如企业改组为股份公司和上市公司并购重组等经济行为，必须由有证券业务资格的资产评估机构出具资产评估报告，这一方面有利于投资者了解上市公司的技术经济状况和经营状况，另一方面资产评估结果也为资产交易提供了重要依据。

（二）价值评估类的咨询业务借鉴

美国评估业也提供大量跟交易、企业内部管理和投资、重组等有关的价值评估类咨询服务，主要包括：公允意见、清偿能力意见、可行性研究、内部规划以及其他财务咨询等。英国民间的资产评估机构大都以咨询、顾问的身份开展相关业务。马来西亚评估为公共财产的处理提供咨询建议，包括土地和建筑物评估的可行性研究等。

目前，中国也已开展价值评估咨询业务，例如通过项目数据的科学分析来评估项目的可行性，从而为金融机构、企业、银行以至政府的决策提供价值评估咨询报告。

（三）以财务报告为目的的评估借鉴

2003年，《欧洲评估准则》中增加了以财务报告为目的的评估准则。2005年1月欧盟采用国际会计准则，从实务上大大推动以财务报告为目的的评估的发展。在20世纪70年代，英国面对改革压力，伦敦交易所首先提出了企业可以选择在财务报告中披露一些资产的现行价值，将现行价值列入财务报告要求，这对评估行业产生了极大影响，从此以财务报告为目的的评估在英国得到很大发展。

随着美国会计标准的改革和对财务信息披露要求的不断提高，越来越多的会计标准允许以其他价值标准来替代财务报告中的历史成本。以财务报告为目的的评估主要包括购置价的分摊和商誉的减值测试。基于税收和财务规则的有关要求，企业需要将在并购和重组过程中购买企业或股票的价格分摊到相应的资产科目中，包括土地、房屋建筑物、机器设备等有形资产和商标等无形资产，该业务中涉及企业价值评估和有关各类资产的评估，采用的价值类型是持续经营前提下的公允市场价值。在过去的会计标准中，并购过程中形成的商誉可以每年进行摊销，但新的会计标准要求商誉不得摊销，但要每年进行评估，以确认其是否减值；财务报告中对资产重置成本信息的需要。1991年发布的FASB157要求某些公司在其财务报告中不仅要报告资产的历史成本，还要在会计报表附注中说明其资产的现行重置成本。

2005年，澳大利亚宣布采用国际会计准则，以财务报告为目的的评估得到很大发展。同年，香港全面采用国际会计准则，此后快速制定了自己的会计准则，但香港会计准则与国际会计准则在几乎所有重大方面保持了一致，以财务报告为目的的评估业务快速发展。根据美国评值公司2006年的非正式统计，香港业务部全年以财务报告为目的的评估业务收入占全部收入的比例达到50%以上。

在中国，随着新会计准则与国际会计准则的趋同，会计界已引入了“公允价值”概念。资产评估行业在价值发现与价值评估方面的专业优势，完全能够提供公允价值的评估业务，有利于中国会计信息质量的提高，因此，中国以财务报告为目的的资产评估业务应该发挥其应有的作用。目前主要包括以下几类业务：

1. 投资性房地产公允价值的评估业务。包括已出租的土地使用权公允价值的评估、持有并准备增值后转让的土地使用权公允价值的评估以及已出租的建筑物公允价值的评估；

2. 资产减值测试涉及的评估业务。可收回金额的计量，涉及到对公允价值及未来现金流量现值的评估问题；

3. 金融工具公允价值的评估业务。包括交易性金融资产、金融负债、持有至到期投资以及可供出售金融资产公允价值的评估；

4. 公允价值的分摊。基于会计准则的有关要求，企业需要将在并购和重组过程中购买企业或股票的价格分摊到相应的资产科目中。

（四）以法律诉讼为目的的评估借鉴

在美国，任何涉及价值纠纷的法律诉讼，都可能会有专业评估师的参与。马来西亚评估为公共财产的处理提供建议和意见，也包括为法庭提起诉讼、仲裁或其他目的进行评估。

自20世纪90年代以来，中国在经济或民事诉讼案中涉及以资产进行赔偿、还债、拍卖、鉴价、债转股等司法裁定事项中，资产评估参与的事项越来越多。目前，在公司、合伙关系解散导致的财产纠纷，以及因毁约导致的财产损失纠纷等方面也有专业评估师参与案件。司法涉诉目的的资产评估已经是人民法院审判活动不可缺少的辅助手段。

三、中国资产评估行业业务领域拓展国际借鉴启示

对比英美等发达国家的评估业务类型，中国资产评估涉及的业

务领域还有待进一步拓展。业务拓展的领域包括但不限于以下方面：

（一）政府管理类的咨询业务

在美国，为满足政府管理需要的咨询业务非常普遍，如反欺诈和法庭诉讼支持如今已经成为美国咨询行业最热门的专业之一。国际企业价值评估分析师协会已经开始了这方面的评估培训，包括最普遍应用的如何侦察检测职员欺诈，供应商欺诈，顾客欺诈。此外，美国政府管制行业费率的确定中，评估师可提供与折旧率有关的专业意见；征用补偿，政府和公用事业公司在征用个人资产时，需要向资产的所有者进行补偿，当相关各方对补偿标准有异议时，可聘请专业评估师提供价值咨询。

（二）以税收为目的的评估

英联邦国家政府管理下的资产评估部门的评估主要业务之一是服务于征税目的。而美国许多税种的课税基数都与资产、企业价值有关，为避税、或满足有关税法的规定，企业或公共部门在许多情况下都可能聘请专业评估师对资产进行以税收为目的的评估。目前，中国的资产评估业务并未开展以税收为目的的评估业务，随着中国社会制度和经济体系的进一步完善和发展，这也可能成为中国资产评估的业务领域之一。

（三）以保险为目的的评估

在美国，以保险为目的的评估业务包括两方面的内容：一是在投保前评估被保险的资产，为投保人确定投保额；二是在损失发生后评估被损毁资产的价值，确定赔偿额。随着中国保险行业的逐步扩大和发展，以保险为目的的评估业务也将进一步扩大。

（四）其他评估业务

在国外，以企业资产管理和公共资产管理需要为目的的资产管理系统的建设，也属于资产评估业务之一。资产管理是评估的延伸服务，企业和公共管理部门可能出于税收、保险、会计、管理等需要，聘请评估师为其建立可靠的资产管理系统。评估师可提供系统设计、实施、转换、资产管理手册编写、资产管理软件开发、更新等服务。在中国的社会经济和资产评估行业发展得更为成熟时，这也是中国资产评估可以拓展的一个业务领域。

第四节 中国资产评估行业管理的国际借鉴

中国资产评估行业在 20 世纪 80 年代末期产生后，在行业管理的诸多方面都处于空白状态，学习和借鉴国际评估行业的成熟经验是必然的选择。目前，经过二十几年的发展，中国资产评估行业在财政部和中国资产评估协会的带领下，以学习借鉴与中国国情有机结合的方式，在国际成熟评估管理模式的基础上，自主创新，探索出了一条适合中国资产评估行业的发展之路，构建了“法律规范、政府监管、协会自律、机构自我完善”的管理体制，行业监管机制日益健全、评估准则体系日臻完善、会员服务方式不断更新、人员准入和后续教育制度日益完备，有中国特色的资产评估行业管理体系逐步形成。

一、国际评估行业管理体制经验

（一）国际资产评估管理模式经验

以美国、欧洲为代表的发达国家的资产评估行业大多采用政府管理和行业自律管理相结合的方式，但多以自律管理为主。发达国家政府一般是通过制定法规、监督行业协会来实现间接宏观管理。行业管理大多以行业协会章程为依据，按照会员的约定而实施自律管理，包括制定行业技术标准、组织考试、审核会员资格、对评估人员进行监督、教育和培训、保持和政府部门的联系，并积极为会员和广大公众提供服务等。

（二）国际评估行业注册评估师制度和监管模式经验

国际评估行业在上百年的发展过程中，逐步形成了注册评估师制度，非常重视评估师的资格认证，但对评估机构的资格并无特殊要求，评估机构的组织形式也十分宽泛，只要评估师具有相应资格，评估业务就可以由注册评估师根据规定进行。

国际上对评估行业的监管模式主要体现为行业自律监管。如美国主要是通过评估协会等非政府性质的评估行业专业组织进行自律性管理。在长期的评估业发展过程中，根据不同目的和不同领域的要求，美国评估界自发形成了为数不少的评估专业协会，这些协会中有综合性较强的协会，其涵盖的专业范围跨越多个评估领域；也有侧重于某一特定资产领域或某一特定评估目的单一协会。这些专业评估协会根据所侧重领域分别制定了职业道德守则和评估执业准则，对所属会员具有约束力，并分别制定了各自领域的专业人员资格标准。

为保证评估业务的质量和客观公正，各国大多通过行业协会对注册评估师加以监督，针对不同专业提出不同的专业能力和资格要求，评估师如违反有关规定，行业协会将按照要求作出相应的处理，各国都有明确的监管和惩戒制度。

（三）国际评估行业会员管理与服务经验

国际上主要的评估协会组织大多实行会员制，对会员实行分级分类管理。以美国评估师协会为例，它的会员分为团体会员和个人会员，对个人会员实行分级分类管理，将个人会员分为无专业资格称号的会员和有专业资格称号的会员，无专业资格称号的会员分为联系会员、学生会员、准会员，有专业资格称号的会员分为公认会员、公认高级评估师和资深会员。与六个专业领域相对应，美国评估师协会将会员按专业分为六类：评估复核与管理、企业价值评估、机器设备和技术评估、不动产评估、珠宝艺术品评估、动产评估等。

另外，像英国皇家特许测量师学会对会员实行等级管理，主要分为学生会员、实习会员、一般会员和资深会员四个等级，根据是否执业的区别，还分为执业会员和名誉会员。而澳大利亚资产学会的会员均为个人会员，分为荣誉会员、终身会员、会员、联系会员、技术联系会员、学生、毕业生等类型。

各国评估协会组织都非常重视为会员服务，把会员服务作为协会首要工作，从提高会员执业水平和职业道德出发，通过多种方式为会员提供支持和帮助，建立了较为完善的会员服务体系，主要包括：教育培训服务、评估专业出版物、信息网络、公共关系、建立会员个人档案、开通电话热线答复会员咨询等。

（四）国际评估行业考试准入制度经验

发达国家资产评估行业经过近百年的发展，在人员准入方面已经形成了较为科学、完备的考试体系，建立了一套规范、行之有效的制度，使各国的资产评估行业都能通过考试遴选合格的评估专业人才，提升行业整体素质和水平，为行业发展储备人力资源。

例如美国，美国评估促进会被国会授权，制定资产评估准则与资产评估人员资格制度。美国的注册评估师考试制度设置了严格的报名条件，其中既有对考生学历背景的要求，也有参加继续教育的要求；在考试内容方面，重视考试试题的科学性和专业性；同时，注重职业能力的考查，将考试内容的设计建立在评估师的职业能力要求之上。避免了考试的盲目性，增强了考试的合理性、针对性和科学性。

在英国，要想成为一名真正的评估师必须通过资格考试、实践经验和执业能力考核三个方面的测试，并将报名资格限制在英国皇家特许测量师学会认可的牛津等 14 所理工学院的相关专业的毕业生。

二、中国资产评估行业管理体制建设与国际借鉴

（一）中国资产评估行业管理模式与国际借鉴

在中国资产评估行业发展初期，基于经济体制改革的实际发展状况，在当时经济的发展水平下只能通过政府行政管理来规范评估行为。当时采取政府直接参与管理的行业管理体制，尽管在实践过程中出现一些问题，但是在当时特定的历史条件下为中国资产评估行业的快速发展起到了巨大的推动作用。

随着中国经济体制改革深化，资产评估行业也逐步发展壮大，政府管理模式的局限性日益显现，同时受到英美等发达国家资产评估行业管理体制的启发，中国资产评估行业的管理体制也逐渐转变。1993 年 12 月，中国资产评估协会正式成立，这是中国资产评估行业管理由政府管理转向行业自律管理的重要标志。根据中国的实际情况，并总结美国金融危机时的经验教训，中国认识到单纯的行业自律管理体制也是不完善的，必须有政府力量适时、适度的指导和监督。目前，中国资产评估行业管理逐渐形成了行业行政管理和自律管理适当分离、合理分工、互相配合、各有侧重的管理体制，为评估行业规范管理发挥了积极的作用。下一步，政府职能将侧重在对评估市场的宏观监督和对行业协会的指导，行业协会职能侧重在强化自律管理。

（二）中国资产评估行业注册管理制度和监管体系建设与国际借鉴

中国资产评估行业在1995年开始实行注册资产评估师制度，这是借鉴国际评估行业评估人员执业准入制度和评估机构独立运作的做法，从过去重视评估机构和评估项目管理向重视评估执业人员管理转变的开始。同时，结合中国的实际情况，中国资产评估协会制定了一系列注册管理制度，主要包括《注册资产评估师注册管理办法（试行）》、《注册资产评估师年检办法》、《注册资产评估师证书与印鉴管理办法》。这一系列制度的发布和运行，明确了注册资产评估师注册条件、程序，规范了注册资产评估师日常管理以及退出机制，是评估行业实行科学合理的注册管理机制的规范性文件。评估相关制度的国际借鉴对中国评估行业注册制度的建立与完善起到了积极的促进作用。

从2004年开始，由中国资产评估协会主导的自律监管制度得到进一步加强，先后制定了《资产评估执业行为自律惩戒办法（试行）》，这是资产评估行业第一个专门的自律惩戒文件，填补了行业自律监管的空白；制定了《资产评估执业质量自律检查办法》，这是资产评估行业第一个规范行业自律检查的文件，为行业日常监管机制的建立提供了制度保障；另外，又发布了《资产评估行业谈话提醒办法》、《中国资产评估协会会员诚信档案管理暂行办法》、《资产评估业务信息报备管理办法》。中国资产评估行业的自律监管体系逐步建成，为行业长期健康发展奠定了坚实的制度基础。

（三）会员服务体系建设与国际借鉴

中国资产评估协会在研究和借鉴国内外相关行业组织会员管理体制的基础上，结合中国资产评估行业会员管理的特点，在2004年提出了创新会员管理体制，建立适应市场经济和行业发展要求的会员管理体系的思路，以“为会员服务”为宗旨，建立并逐步完善了以分级分类会员管理为核心的会员管理模式，不断创新会员管理机制、健全诚信档案管理、构建会员服务平台，会员管理与服务体系日益完善。

目前，在会员管理方面，中国资产评估协会建立了分类管理的会员管理模式，共分为团体会员和个人会员。团体会员分为：当然团体会员、特别团体会员和联系团体会员。个人会员分为：执业会员、非执业会员、见习会员、联系个人会员、资深会员和名誉会员。同时，通过2006年中评协发布《中国资产评估协会会员管理办法》和2012年的修订版的规定，建立了会员晋升制度，实行分级管理；建立会员奖惩制度，健全优胜劣汰的竞争机制；建设会员管理平台，提升会员管理效率。截至2012年底，中国资产评估协会累计发展各类会员3万余人，团体会员2900多家。

在会员服务方面，中国资产评估协会经过向国际评估行业的学习与借鉴，结合中国实际情况，已经基本形成了一个服务于行业、服务于市场、服务于会员的高质量的会员服务平台：一是加强会员交流。积极开展多种活动，扩大行业影响，提升了评估声望；二是提升会员形象。注重弘扬行业资深会员的突出贡献和充分运用其影响力扩大宣传，增强了评估师的职业自豪感和对协会的认同感；三是增强会员归属感。增加服务内容，改善服务手段，使协会真正成为广大会员的信赖之家、温暖之家，增强了会员的归属感和责任感。

（四）考试准入制度建设与国际借鉴

中国注册资产评估师考试制度经过近二十年的发展，通过学习与借鉴国际评估行业考试准入制度的模式，结合中国实际情况，目前已经建立了相对稳定的注册资产评估师考试的制度体系。

1. 注册资产评估师考试基本制度

具体包括以学历、专业、工作年限为约束的报名条件，以相关高级职称为对象的免试条款，形成了以资产评估、经济法、财务会计、机电设备评估基础、建筑工程评估基础为内容的考试科目；实行全国统一大纲、统一命题、统一组织的考试制度；考试周期为一年，成绩实行单科连续三年滚动有效制。

2. 注册资产评估师考试质量保证制度

近年来，中国在注册资产评估师考试内容、试题形式、考试教材、考试命题、合格标准、成绩管理等方面的考试质量保证制度得到不断完善。

3. 注册资产评估师考试组织管理制度

中国的注册资产评估师考试是由人力资源和社会保障部人事考试中心、中国资产评估协会共同组织实施，由各地人事部门会同财政部门共同负责注册资产评估师执业资格考试报名资格审查工作，中国资产评估协会主要负责组织考试大纲的拟定、培训教材编写发行和命题工作。

4. 后续教育制度

近年来，在评估人员后续教育方面，中国根据美国评估师协会、英国皇家特许测量师学会等行业自律管理组织的会员管理办法和人员培训经验，形成了具有中国特色的资产评估师教育培训制度，具体概括为：制度保证和有序推进。

1998 年 12 月财政部印发的《注册资产评估师后续培训制度（试行）》开始将注册资产评估师的后续教育纳入制度化管理。此后，经过 1999 年和 2008 年两次修订，形成了目前执行的《中国注册资产评估师继续教育制度》。现行的教育培训制度丰富了继续教育内涵，突出能力培养和道德教育，引入了培训的考试、考核制度，对考核办法、教育制度具体化，对注册资产评估师继续教育的内容和方式进行了规范。

目前，在教育培训的制度保障下，注册资产评估师培训工作有序推进，扎实开展了分层次分类培训：加强对高端人才的培养，由仅培养资产评估人才转为培养国际化、复合型人才，由仅培养一般评估师转为注重高层次管理人才培养；由单一考试培训转为重视基础后备人才培养，搭建了后备人才培养平台。另外，传统培训方式已经转化为信息化、多样化的培训方式，行业培训资源得到了有效整合，行业各层级的人才培养工作协调推进，为注册资产评估师不断加强学习，加强理论与实践相结合，保持知识储备不断更新，提升执业水平奠定了坚实的基础。

第五节 中国资产评估准则的国际借鉴

中国资产评估行业经历了二十余年的发展历程，评估准则的建设犹如行业发展的一面旗帜，在行业发展中汲取营养，并引领着行业的发展。在中国准则的制定和完善过程中，特别是在评估准则的起步、发展与完善阶段，借鉴并吸收了世界主要评估准则的先进成果和理念。其中对中国评估准则借鉴意义最大的外部准则主要包括国际评估准则、美国评估准则和英国评估准则等。

一、世界主要评估准则的发展与优势

（一）国际评估准则

1. 国际评估准则的发展历史

20 世纪 70 年代末，经济全球化、一体化步伐开始加快，相关经济主体希望建立全球统一的资产评估准则以减少国际并购过程中的制度障碍和交易成本。

1981 年国际资产评估准则委员会（International Assets Valuation Standards Committee）成立，后更名为国际评估准则理事会，该理事会成立之初的主要目的就是协调美英两国资产评估准则，并促进评

估行业准则的一致。在此背景下，经过该委员会对以英国、美国评估准则为主的各国、各地资产评估准则差异的研究，于1985年制定了第一部国际评估准则。截至2013年，已更新到了第九版。从20世纪80年代建立以不动产评估为主的第一部准则，到20世纪90年代市场价值概念和框架下的评估准则，再到21世纪初包含不动产、企业价值、无形资产和机器设备等评估业务在内的比较完善的综合准则体系，经过二十多年的发展，国际评估准则已得到越来越多国家评估行业组织、评估机构和其他财务准则的认可和支持，国际评估准则应用的行业范围和区域范围也在不断扩大。

2. 国际评估准则的优势

国际评估准则经过近二十年的发展，已成为世界范围内高质量评估准则的典范，越来越多的专业机构、行业协会、监管部门开始肯定、认可和采纳国际评估准则。国际评估准则的优势主要体现在以下几个方面：

（1）制定机构和专家独立。国际评估准则理事会在建立之初就是一个不隶属于任何国家和任何机构的独立非营利组织。国际评估准则理事会下属的国际评估准则技术委员会主要负责国际评估准则的制定工作，该委员会由9人组成。9位专家既有来自于发达国家的评估专家，也有来自于新兴经济体国家的评估专家，但是这些专家都具有独立的身份，并不代表某一国家或者某一行业组织。

（2）汇聚全球最新发展成果。国际评估准则理事会的会员和观察员来自54个国家，这些国家基本能够涵盖世界资产评估发展较为活跃的区域。国际评估准则的每一次制定和修改，都会召开会员大会，并在全世界范围内征求意见，也只有国际评估准则能够汇聚全球最新的资产评估发展成果。

（3）与其他国际组织有着充分的合作和交流。国际评估准则理事会十分重视与相关国际组织的交流与合作，尤其是与国际会计准则理事会的合作。双方的交流与合作增进了双方的认识和理解，近年来国际评估准则在服务会计公允价值计量方面的成果显著，制定了一系列相关的准则，并且成为很多国家的参考标准。

（二）美国评估准则

1. 美国评估准则发展历史

美国是评估业高度发达的国家，行业历史可以追溯到一百多年前。美国长期以来一直倡导自由经济和市场化运作，在评估行业发展的过程中一直采取行业自律的发展模式，并形成了许多专业评估自律组织。众多评估专业协会按各自侧重的领域分别制定协会评估准则，评估师只接受其所在的评估专业协会的指导和约束，政府几乎不进行任何干预。20 世纪 80 年代中期，美国国会要求制定全国统一的评估执业准则。各评估协会联合制定了《专业评估执业统一准则》(Uniform Standards of Professional Appraisal Practice，USPAP)，即人们熟悉的美国评估准则。1987 年，新成立的美国评估促进会取得该准则的版权，负责其以后的修订、出版工作。在此后的 25 年中，美国评估准则逐步发展成一部结构完整、框架清晰、内容丰富的综合性评估执业准则，成为各国制定符合本国国情的评估准则的典范。

2. 美国评估准则的优势

美国评估准则是一部典型的高质量专业准则，囊括了不动产、动产、企业价值和无形资产在内的各个评估领域的执业规程。其主要优势体现在以下方面：

一是准则体系的综合性。美国评估业的高度发达和它在国际上巨大的影响力，不仅因为其历史悠长，还得益于它独树一帜的综合性。不同于英国等欧洲国家侧重不动产评估的传统评估思想，美国评估业的发展遍布不动产、动产、企业价值、无形资产等各个领域，各个评估领域术业专攻又互取所长、百花齐放。评估业的这种大包容性反映在准则制定上，就使其成了一部集大成的综合性准则。

二是制定组织的独立性。美国评估准则由评估促进会下设的评估准则委员会编制、修订，而最初的评估促进会是全美几个最具影响力的评估协会为协调统一发展组成的一个“协会中的协会”，它的会员不是评估师个人，而是评估专业协会。因此，避免了某几个人或某一个协会包办评估准则的可能，有效规避了各方面利益关系作用于评估准则制定的风险。同时，评估促进会在发展中拓宽资金渠道，不断降低发起人赞助在资金来源中所占的比重，这也大大提高了评估促进会和评估准则的独立性。

三是准则内容的可操作性。美国评估准则每版都附有咨询意见和常见问题汇编，就特殊情况下的准则理解与运用给出恰当的建议和解答，这就使评估师在具体评估业务中有了可参照的范例。不仅如此，准则委员会还十分注重更新准则，以便把最新的理论、实践成果带进准则之中。因此，时效性、灵活性和可操作性也是这部准则的突出特征。

（三）英国评估准则

1. 英国评估准则发展历史

自1974年英国皇家特许测量师学会发布第一版评估与估价标准（Valuation and Appraisal Standards）以来，该准则成为世界主要的评估准则之一，而且以其在不动产评估领域的先进地位受到世界其他国家和国际评估组织的推崇和借鉴。随后，英国皇家特许测量师学会对其准则又进行了不断的更新和改进。在2003年第五版中，对其结构进行了大幅度的调整，使其更加国际化。从第五版起，只为评估业务定标准，而不涉及评估的技术。到2013年，该标准已经更新到第八版。

2. 英国评估准则的优势

（1）不动产评估准则优势突出。英国皇家特许测量师学会的成立标志着资产评估步入科学评估阶段，该协会成立之初便主要关注不动产评估领域。在其二百多年的发展历程中，英国评估准则始终将规范的重点放置于不动产评估领域。英国评估准则在不动产评估规范方面处于世界领先的地位。

（2）与时俱进。英国皇家特许测量师学会根据不同时期的经济社会发展形势和需要不断改进“红皮书”的内容，使其与社会经济发展和评估需求相适应。从1974年至2013年，“红皮书”先后进行多次修改，并共发布了八版，都体现了英国评估准则与时俱进的风格。近年来，为适应经济发展和知识经济时代而日益增长的企业并购评估业务和包括知识产权在内的无形资产评估发展的社会需要，英国皇家特许测量师学会已开始突破了自评估专业创立时一直坚持的不动产评估范围，开始对企业价值和无形资产评估等新的评估业务领域拓展，2013年发布了《企业价值评估准则》。

二、中国评估准则的发展与国际借鉴

资产评估业产生于市场经济体制改革的大潮中，并随着改革的深入而逐步完善，同样也正是改革的推进催生了资产评估准则。

（一）中国评估准则的发展

由于缺乏市场经济运行的背景和普遍的市场定价过程，处于起步阶段的中国资产评估，无论在评估理念、评估技术、评估业务领域、评估行业管理、评估法规建设和评估机构建设等方面都比较滞后。自此，中国开始了学习和借鉴资产评估发达国家理论与实务的发展之路。在学习和借鉴的基础上，国家发布了一系列的法规对评估行业进行指导和规范。为进一步统一资产评估法规制度，1991年月11月16日，国务院颁布第91号令《国有资产评估管理办法》，对资产评估工作业务范围、组织管理、评估程序、方法及各方的法律责任进行了规定，这是中国颁布的第一个国家级评估法规。1992年7月，原国资局发布《国有资产评估管理办法施行细则》对91号令进行了较为详细的解释，在很长一段时间内，这两项法规对规范评估业的发展起到了基本的规范作用。

1995年后中国市场经济改革进入了加速发展阶段，十四届三中全会确定了“整体推进，重点突破”的战略之后，现代企业制度的建立使国有企业拥有了法人财产权，向真正的市场主体转变。市场体系健全进程的加快，尤其是股票市场的发展和产权交易市场的建立使得国有资产的交易有了竞争性市场。

市场经济的发展也促进了资产评估行业的不断完善与发展。1995年5月，建立了资产评估师资格考试、注册制度，使中国资产评估队伍建设开始与国际惯例接轨，逐步走向制度化、规范化的管理轨道。由于评估理论和实践的缺乏，当时不可能也没有条件系统开展资产评估准则的制定工作，但是原国家国有资产管理局、中国资产评估协会、财政部等先后发布了大量的规范性文件。1996年，在总结几年来资产评估实践经验的基础上，中国资产评估协会制定了《资产评估操作规范意见（试行）》，这是第一份出自评估行业自律组织的执业规范文件，可以看作是执业准则的雏形，它在性质上已经明显地有别于91号令。鉴于当时国内评估行业在理论研究和实践经验方面的不足，中国资产评估协会开始学习和借鉴国外评估发展的先进成果。1996、1997年，先后在北京召开了两次资产评估准则国际研讨会，邀请美国、中国香港、新加坡等国家和地区的资产评估专家就中国如何制定系统的资产评估准则进行了深入的探讨。1998年初，中国资产评估协会提出了中国资产评估准则的框架结构和准则制定计划。在此期间，中评协利用与国际评估界的良好合作关系，组织力量对《国际评估准则》以及欧盟、美国、英国、中国香港、马来西亚、澳大利亚、加拿大等国家和地区的评估准则、规范文件及行业状况进行了比较研究，翻译出版了《国际评估准则》、美国《专业评估执业统一准则》，为全面了解国际评估行业和评估准则发展情况提供了大量第一手的资料。通过这一阶段所做的大量基础性工作，为中国资产评估准则发展与完善奠定了坚实的基础。

随着评估机构成为市场中自担风险的经济主体及资本市场的迅速发展，评估行业的社会责任和法律风险急剧增加，促进了评估准则的出台与准则体系的形成。

由于2000年以来证券市场发生多起因关联交易引发的关于无形资产评估的争议，在中国证监会的限时推出要求下，终于在2001年7月发布了第一个资产评估准则——《无形资产评估准则》。随后，中国在借鉴国际最新发展成果的基础上，结合自身评估实践现状，进入到了评估准则发展“快车道”。2003年发布了《注册资产评估师关注评估对象法律权属指导意见》和《珠宝评估指导意见》。2004年2月，财政部发布了《资产评估准则——基本准则》和《资产评估职业道德准则——基本准则》，确立了资产评估准则体系的基本框架。

此后，随着资本市场的不断发展和法律法规的日趋健全，对评估师法律责任的要求越来越全面，相关准则也陆续出台，以明确行业应负的责任及能够达到的专业程度。到2007年底，评估准则框架体系已初步形成，包括职业道德准则和业务准则两大部分。其中，职业道德准则分为基本准则和具体准则两个层次，业务准则分为基本准则、具体准则、评估指南和指导意见四个层次。到2012年底，已颁布的评估准则已达26项，涵盖企业价值、无形资产、不动产、机器设备、珠宝首饰等主要评估领域，以及评估报告、评估程序、业务约定书、工作底稿和价值类型等主要执业流程，相对完整的评估准则体系已经建成。

（二）中国评估准则的国际借鉴

中国评估准则发展与完善的速度与效率是令世界瞩目的，这些成绩和成就的取得主要是评估行业和评估人共同奋斗和努力的结果，同时也与评估准则的国际借鉴相关。在评估准则的国际借鉴过程中，中国资产评估协会充分利用与国际评估界的良好合作关系，与国际评估准则理事会、美国评估促进会等国际评估组织密切联系交流评估准则制定的经验。并组织力量对《国际评估准则》、美国《专业评估执业统一准则》和英国皇家特许测量师学会发布的评估准则（“红皮书”）等进行了跟踪比较研究，从中吸取了大量有益的经验，为中国评估准则的制定提供了很好的借鉴。

1. 准则理念和内容的借鉴

中国评估准则与国际三大评估准则在准则制定理念上已经基本趋同，这些方面主要体现在评估需要运用客观的专业判断，必须恪守独立与客观性，评估师必须具备专业胜任能力等等。基本概念实质内容基本一致，例如中国完全采用了国际评估准则中的市场价值等概念。国际评估准则的基本准则与中国的程序性准则共同的内容基本一致，如评估程序、评估报告的构成要素基本一致。中国部分具体评估准则借鉴了国际三大评估准则的最新发展成果，尤其是体现在以财务报告为目的的资产评估、无形资产评估、资产评估价值类型、职业道德等方面。

2. 准则体系结构的借鉴

业务准则基本框架相似，都包括程序类、资产类、行为类准则。业务准则规范的基本内容相似，包括资产评估的基本内容、主要资产类准则、主要的行为类准则。

3. 准则规范范围的借鉴

美国评估业的发展涉及社会各个领域，在不动产、动产、企业价值、无形资产等方面全面发展。反映在准则制定上，就使其成了美国评估准则的包容性和综合性的特点。中国资产评估行业的发展也是遍布社会的各个领域，美国评估准则的包容性和综合性特点给中国评估准则的制定提供了很好的借鉴。

4. 准则制定与时俱进

根据不同时期的经济社会发展形势和需要不断改进评估准则的内容，使其与社会经济发展和评估需求相适应是《国际评估准则》、美国《专业评估执业统一准则》和英国“红皮书”的共同特点。中国准则的制定过程中始终坚持与时俱进的态度，根据客观环境的变化不断完善评估准则的内容。例如，对《资产评估准则——无形资产》的修订和对《企业价值评估指导意见（试行）》的及时完善等，都体现了中国评估准则制定的与时俱进。

三、国际评估准则借鉴启示

随着国际一体化步伐的不断加快，各国评估准则的国际趋同趋势也日趋明显。中国评估准则通过借鉴国际评估准则、美国评估准则和英国评估准则等准则的制定理念、准则结构以及准则规范内容等，大大加快了中国评估准则的制定步伐。从资产评估准则制定过程中的国际借鉴，中国资产评估行业深深地体会到坚持“洋为中用”的做法是过去、现在和未来我国评估准则发展和完善的基本思路和基本路径。

中国的国情决定了评估准则不可能与国际上任何一个评估准则完全相同。符合中国国情才使得中国的评估准则具有生命力和可操作性，借鉴国际上成熟的评估准则会使中国减少许多摸索的时间。虽然中国目前在评估准则制定方面已经取得了很大的成绩，在今后的评估准则发展与完善过程中仍然需要不断借鉴世界各国在评估准则内容及其制定方面的经验。

第三章 国际评估组织

第一节 综 述

国际评估组织是指具有国际性或国际化基本特征的非政府评估行业组织。它是世界各国的市场经济发展到一定程度，评估成为经济活动中的一种不可或缺的职业后才出现的，它旨在提高世界范围的评估服务质量，规范跨国执业，服务于行业、服务于市场经济，帮助其会员提高专业技能和职业道德素养，提高评估行业在各国社会公信力的国际性组织。国际评估组织也是随着国际或区域性经济一体化，国际社会对价值评估的需求日益剧增而快速发展起来的。

目前，在资产评估领域有国际影响力的国际评估组织主要有两类。一类是从一开始就以“国际”评估组织命名和定位的，如国际资产评估准则委员会（The International Assets Valuation Standards Committee，TIAVSC），欧洲评估师协会联合会（The European Group of Valuers' Associations，TEGoVA），国际财产税学会（International Property Tax Institute，IPTI），以及进入21世纪以来，为适应国际化和经济一体化的需要，成立的国际性评估组织，如2001年成立的国际企业价值评估分析师协会（The International Association of Consultants，Valuators and Analysts ，IACVA），2004年成立的世界评估组织联合会（World Association of Valuation Organisations, WAVO), 2010 年成立的国际企业价值评估学会(International Institute of Business Valuers, IIBV) 等，这些组织从一开始就以“国际评估组织”进行命名和定位。

另一类是成立时只是一国或地区（下同）的评估组织，在全球经济一体化的背景下，开始走出国门在他国设立分会、吸收他国会员，并开展跨国、跨境服务等，逐步发展成为兼顾国内外的国际性或区域性的评估组织。这一类组织主要是英国、美国等国家国内的一些有较大影响力的评估协会，较典型的有：国际估税官协会(IAAO)、英国皇家特许测量师学会（RICS)、美国评估师协会(ASA)、美国评估学会（AI）等。

在上述主要国际评估组织的推动和引领下，世界各国和地区的许多评估协会积极参与上述国际评估组织的活动，有的直接加入这些国际评估组织成为其会员，如中国资产评估协会、俄罗斯评估师协会、南非评估师协会、澳大利亚资产学会、加拿大评估学会、希腊评估师组织、爱尔兰测量师协会、爱尔兰拍卖师与评估师协会、马来西亚评估协会、墨西哥评估协会、新西兰资产协会、罗马尼亚评估师协会、新加坡测量师与评估师协会、越南评估协会、韩国评估协会、印度评估协会、香港测量师学会等大多是国际评估准则理事会、世界评估组织联合会等国际评估组织的成员。

本章主要介绍国际评估准则理事会、世界评估组织联合会、国际估税官协会、国际财产税学会、国际企业价值评估分析师协会、欧洲评估师协会联合会和国际企业价值评估学会。

第二节　国际评估准则理事会

一、国际评估准则理事会简况

国际评估准则理事会（International Valuation Standards Council,

IVSC）在2008年以前名为国际评估准则委员会（International Valuation Standards Committee，IVSC），是20世纪80年代初在世界各国资产评估专业团体的推动下，逐步发展起来的重要的国际性评估专业组织。该组织是在美国伊利诺斯州注册的一个非营利性的组织，其营运总部设于英国伦敦。该组织刚设立时只有20个团体会员，到目前IVSC已经发展成为拥有来自54个国家和地区的74个成员的国际评估组织，并在国际评估界发挥着主导作用。其制定和努力推广的《国际评估准则》（International Valuation Standards，IVS）是目前最具影响力的国际性评估专业准则之一。从1985年至2011年，IVSC已先后发布了九版国际评估准则。

该组织的主要宗旨是：为公共利益制定和发布资产评估准则和技术性文件，以满足财务报告、国际资本市场和国际经济领域的需要；促使国际评估准则和指南在世界范围内得到认可和遵守；在世界各国之间统一资产评估准则，致力于促进地方或地区性准则规定与国际评估准则之间的协调和统一；促使国际评估准则在国际会计准则及其他相关报告准则中得到认可，促使其他专业理解专业评估和评估师的作用，并教育评估师了解相关专业领域的要求。国际评估准则理事会也与诸如国际会计准则理事会（IASB）、国际会计师联合会（IFAC）、国际证券事务监察委员会组织（IOSCO）等一些准则制定机构保持紧密联系。

二、国际评估准则理事会的起源、宗旨及沿革

20世纪70年代后期，英国和美国职业评估代表们之间的讨论促成了国际资产评估准则委员会（The International Assets Valuation Standards Committee，TIAVSC）于1981年成立，它是联合国的非政府组织成员（NGO），并于1985年获得了联合国经济社会理事会的注册。1994年，国际资产评估准则委员会第一次更名为国际评估准则委员会（International Valuation Standards Committee，IVSC），2008

年国际评估准则委员会改组后更名为国际评估准则理事会（International Valuation Standards Council，IVSC）①。其最初只是一个行业组织的联合，以协调英美两国的准则且促进行业准则的一致。其早期的目标主要包括：与会计行业就财务报告里的评估准则合作、为所有评估原则提供依据、定义和从其他价值种类中区分“市场价值”以及区分准则与指南。

2002 年，国际评估准则委员会准则技术委员会成立。准则技术委员会成员来自广泛的专业组织、机构成员和其他准则制定者，如美国评估促进会和东盟评估师协会联合会（ASEAN Valuers Association，AVA）。2005 年 3 月，国际评估准则委员会在澳大利亚悉尼召开理事会会议和准则技术委员会会议，各理事国代表和准则技术委员会委员参加了会议。此次会议是在欧盟等地区和国家全面采用国际会计准则，以财务报告为目的的评估业务得到迅速发展的背景下召开的。国际评估准则委员会发布了第七版《国际评估准则》，以此推动国际评估界和会计界的合作，促进各成员国对国际评估准则的认同。

为符合不同领域和市场对评估准则的需求，更好地应对国际市场的挑战，进一步扩大国际影响力，国际评估准则委员会于 2006 年 9 月在北京会议上提出改组意向，后经多方征求意见，2007 年 11 月开始启动改组。此次改组旨在改变其只限于专业评估团体的会员模式，扩大会员范围，更好地服务于国际评估准则制定工作和促进全球评估行业发展的目标实现。

2006 年，国际评估准则委员会（IVSC）与美国评估促进会（TAF）签署《国际评估准则委员会与美国评估促进会谅解备忘录》（简称合作趋同备忘录），并成立“麦迪逊计划工作小组”开展该项工作。合作趋同备忘录称：“双方将为形成单一的、可理解的和可执

① 第二次更名后国际评估准则理事会的英文缩写仍然为 IVSC。

行的全球评估准则共同努力。”双方承诺采取措施促进现行评估准则趋于一致，并协调今后的准则计划以促使以后发布的评估准则兼容、一致。这一备忘录对促进评估行业的国际化发展具有重要意义。

2008 年 10 月，国际评估准则委员会改组为国际评估准则理事会，改组主要包括会员范围和组织机构两方面的重大变化。一方面，会员将不再局限于专业评估机构的社团组织，还吸纳了包括评估机构、评估报告使用方和学术界等更为广泛范围内的代表。另一方面，新成立的 3 个委员会，即管理委员会（Board of Trustees，BOT）、国际评估准则委员会（International Valuation Standards Board，IVSB）和国际评估专业委员会（International Valuation Professional Board，IVPB），替代原有的常务理事会和准则技术委员会。

《国际评估准则 2011》（IVS2011）重编项目开始于 2009 年，修订工作历时三年，它是国际评估准则理事会重组后的一项重要工作成果。首先由一个关键事项审阅工作小组对《国际评估准则 2007》进行了审阅，在其建议的基础上，国际评估准则理事会草拟了新的国际评估准则。国际评估准则理事会于 2010 年 6 月发布了新版国际评估准则的征求意见稿，并于 2010 年底在伦敦、香港、纽约分别举行了三次圆桌会议，针对收集到的反馈意见对征求意见稿进行了再次审议。2011 年初，国际评估准则理事会进一步咨询了各利益相关方的意见并对准则草案进行讨论，新版准则于 2011 年 7 月正式发布，于 2012 年 1 月生效。经过 30 多年的发展，国际评估准则从早期的以不动产评估为主的准则，演变为一部综合性的评估准则，在国际上得到广泛认可。

新版《国际评估准则 2011》对《国际评估准则 2007》的结构做了重大的改变，并对其内容进行大量的精简。合并、修改、取消了《国际评估准则 2007》原有的一些内容，使其篇幅大幅下降，并用技术性文件（TIP）替代旧版的指南（GN），新版 IVS 更突出对国际评估业的标准规范，并体现出逐步淡化具体评估技术的趋势。

这与英国皇家特许测量师学会“红皮书”自第五版起“只为评估业务规定标准，而不涉及评估技术”的发展思路很相似。

三、国际评估准则理事会组织机构及会员组织

（一）国际评估准则理事会的组织机构

国际评估准则理事会设管理委员会、准则委员会和专业委员会三个委员会。管理委员会（BOT）由包括主席在内的12名成员组成，主要负责国际评估准则理事会的战略、监管和筹资工作，负责任命其他两个委员会的人选并审议新会员的申请。中国资产评估协会副会长兼秘书长刘萍是首届管理委员会的9名委员之一，也是现任委员之一。

准则委员会由管委会任命的9名委员组成，负责国际评估准则的制定工作。首届评估准则委员会的9名委员中，有一位是中评协派出的委员。

专业委员会由管委会任命的9名委员组成，负责监督全球评估行业的教育培训及资格授予工作，促进评估行业发展。现任委员中，有经中评协推荐的委员。改组前后的机构设置见表3.1。

表3.1 IVSC改组前后机构设置对比表

改组前	改组后
国际评估准则委员会 International Valuation Standards Committee	国际评估准则理事会 International Valuation Standards Council
常务理事会 Management Board of IVSC	管理委员会 Board of Trustee of IVSC
准则技术委员会 International Valuation Standards Committee Standards Board	准则委员会 International Valuation Standards Board
	专业委员会（新增） International Valuation Professional Board

2012年10月27日国际评估准则理事会在意大利米兰召开了年会并进行换届，国际会计准则委员会前主席戴维·泰迪先生当选为新一届国际评估准则理事会管委会主席，刘萍秘书长也再次当选国际评估准则理事会管委会委员。本届国际评估准则理事会管委会共由包括主席在内的12名成员组成。成员主要来自英国、美国、法国等经济发达国家，发展中国家只有来自中国的成员当选国际评估准则理事会管委会委员。

（二）国际评估准则理事会的会员组织

国际评估准则理事会现有来自于54个国家和地区的74个评估组织会员。其会员分为两种形式：国际评估准则理事会评估会员和国际评估准则理事会相关行业会员。

1. 评估会员

国际评估准则理事会评估会员是非营利的国家评估组织、联合会或协会。由法律规定或全国范围内的一致认定的准则制定者也可成为评估会员。

评估会员有两类：正式会员和准会员。成为会员的标准包括以下原则：

正式会员：全国公认的和通过法令或是一致认可的作为一个全国专业团体负责评估行业发展的组织。一致认可的情况下，组织须证明它在全国的范围内有政府和商业团体的支持，在所辖范围内有良好的声望。

准会员：可授予那些还处于发展的早期或在监管和准则制定的框架内经营的评估组织，此种框架对国际评估准则的结合和实施有挑战。

2. 相关行业会员

国际准则理事会相关行业会员是由对评估行业、评估准则感兴趣的实体组成的，这些实体有机会提供信息并通过委员会作为正式会员参与事务。包括以下四种类型：

（1）公司会员：提供评估服务的公司、实体。在同一个名称下运行的分布在国际范围内的公司或者是成员公司彼此之间能被很容易识别，例如通过公司名称中都有的一个共同的元素，这些公司都将被视为作为一个实体参加。

（2）客户会员：以营利为目的的实体，例如信贷机构、会计公司、保险公司、经纪人公司、资产经理、投资银行家以及其他对评估感兴趣的人。

（3）机构会员：非营利性实体和代表评估师、评估使用者的政府机构和非政府机构。

（4）学术会员：向评估师或希望成为职业评估师的个人提供高等教育的学院、大学以及其他以教育为基础的实体或机构。

四、国际评估准则理事会发展目标

国际评估准则理事会的战略发展目标主要有以下几个方面：

（一）成为评估行业的全球准则制定机构

成为评估行业的全球准则制定机构一直是国际评估准则理事会的历史使命和首要任务。这点从国际评估准则理事会于2011年发布的IVS2011就可以得到印证。在IVS2011中，明确体现出新版准则的目标是建立国际公认的适用于各类评估对象的评估准则和要求。

近些年来，国际评估准则理事会在朝着“成为评估行业的全球准则制定机构”战略目标发展的同时，也认为对评估师的监管将由各国和地区相关组织和机构负责。

（二）建立和保持高质量的国际评估准则

虽然国际评估准则理事会并没有权力强迫任何人遵守它的准

则，但由于国际评估准则理事会组织的健全及其所主导的国际评估准则制定工作的连续性和有效性，使其制定发布的国际评估准则能一直保持着高质量和与时俱进，从而使其在世界评估领域体现出权威性和巨大的影响力，成为其他国际评估协会（学会）和各国（地区）评估行业评估准则的重要依据和参考，甚至被直接引用。目前，包括英国皇家特许测量师学会“红皮书”在内的多个评估组织的评估准则也都开始直接采用 IVS2011 的多个条款或部分条款。因此，建立和保持高质量的国际评估准则必然成为国际评估准则理事会的战略发展目标的内容。

（三）为世界评估行业的发展作出贡献并为公众利益服务

国际评估准则理事会作为一个国际评估准则制定和评估最佳实务推广的国际性组织，能够根据需要帮助评估行业建立评估资格标准，并在国际评估准则理事会专业委员会设立一个开发职业道德原则的项目，以帮助新兴国家评估行业的发展。

第三节　世界评估组织联合会

一、世界评估组织联合会简况

世界评估组织联合会（World Association of Valuation Organisations，WAVO）是一个成立于 2004 年的国际性评估组织。目前共有来自 13 个国家和地区的 17 个会员团体，10 个常务理事。在角色定位上，世界评估组织联合会把自己定位为：作为各团体会员、服务提供者、委托客户和相关金融机构等相互交流的推动者。世界评估组织联合会是一个集合各国专业评估协（学）会的国际组织，其宗旨为推动评估实践的发展和进步，评估标准的统一与完善等。世界评估组织联合会共设5个委员会，分别是：管理委员会、职业关系委员会、教育培训委员会、会员管理委员会和交流委员会。与国际评估准则理事会一样，世界评估组织联合会也是国际评估界主要组织之一。2005年6月，在美国旧金山召开的世界评估组织联合会理事会上，中国资产评估协会正式加入世界评估组织联合会，中国资产评估协会副会长兼秘书长刘萍任其常务理事。

二、世界评估组织联合会的起源、宗旨和举办国际会议情况

（一）世界评估组织联合会起源、宗旨

世界评估组织联合会成立于2004年，其宗旨是致力于教育、培训以及评估理论和评估实务的研究与发展，以推动全世界评估行业使用统一的评估准则、评估方法和专业术语，倡导会员在评估实践中执行和遵守国际评估准则，推动全球评估行业的共同发展。

在评估师专业胜任能力方面，世界评估组织联合会认为，随着国际化的深入和跨国发展与投资的逐渐加大，各国在评估执业的一致性和标准化方面都产生了更高的要求，拥有共同的平台势必可以增进各国评估执业者与评估服务使用者间的相互理解。评估行业专业胜任能力指引，是世界评估组织联合会基于全球评估师普遍采纳的国际准则和惯例制定的，希望能向各国评估执业者提倡最优做法，增强评估执业者的专业性。

目前，世界评估组织联合会正在研究进一步的发展战略，拟重点在评估行业专业胜任能力制定、评估资格认证、在线教育课程开发、专家队伍建立等方面加强研究和开展工作，为推动全球评估业的发展积极努力。

（二）世界评估组织联合会举办国际会议情况

世界评估组织联合会第一届大会于2006年11月在新加坡举行，会议由世界评估组织联合会和新加坡测量师与评估师学会（SISV）主办，来自澳大利亚、新西兰、中国、中国香港、中国台湾、韩国、文莱、马来西亚、越南、美国、加拿大、英国、芬兰、尼日利亚、罗马尼亚、俄罗斯和新加坡的代表们出席了大会。来自世界各地的著名专业人士在广泛的评估问题上分享他们的宝贵经验和意见。

世界评估组织联合会第二届大会于2007年10月在中国北京召开，由世界评估组织联合会、中国房地产估价师与房地产经纪人学会、中国资产评估协会联合举办。与会者大部分来自中国大陆和澳大利亚、加拿大、中国香港、韩国、马来西亚、新西兰、俄罗斯、罗马尼亚、新加坡、英国、美国和越南。会议主题是“评估专业的地方化与全球化”。

世界评估组织联合会第三届大会于2008年11月在罗马尼亚首都布加勒斯特举行。会议主题是“多元化和新兴市场经济体估值”。会议由世界评估组织联合会和罗马尼亚评估师协会（ANEVAR）共同主办，为期两天的活动吸引了来自澳大利亚、加拿大、马来西亚、中国、菲律宾、新加坡和欧洲各地的代表。

世界评估组织联合会第四届评估师大会于2009年11月在中国桂林举行。针对当时金融危机动荡下的市场条件，会议选取了“金融市场安全和资产评估”作为其主题。大会吸引了来自澳大利亚、文莱、加拿大、中国香港、韩国、马来西亚、印度尼西亚、俄罗斯、罗马尼亚、新加坡和美国等众多国家和地区的国际同行以及国内代表共计360多人参加。

2010年4月21日至23日，世界评估组织联合会常务理事会暨2010国际不动产研讨会在澳大利亚佩斯召开。来自加拿大、澳大利亚、新西兰、罗马尼亚、中国、中国香港、新加坡等7个国家和地区的常务理事、评估组织代表等参会。本次会议探讨了世界评估组织联合会发展计划，如何提升世界评估组织联合会的国际地位，推动世界各国评估行业健康发展及各会员组织国当前发展所面临的问题，发展新会员，扩大世界评估组织联合会的国际影响力，积极与欧洲评估师联合会等国际组织开展交流合作，更加致力于教育培训，为会员提供专业指导，以及为韩国、越南、印度以及南非和中东等经济转型和发展中国家提供专业支持等内容。

世界评估组织联合会第五届世界评估师大会于2010年11月在新加坡举办，会议主题为“迎接全球化的评估需求”。

三、世界评估组织联合会与中国资产评估行业

2012年10月，世界评估组织联合会秋季理事会会议在澳大利亚墨尔本召开。在这次理事会上，中国资产评估协会秘书长刘萍顺利当选为世界评估组织联合会副主席。刘秘书长的当选为中评协更加积极倡导和推动世界评估组织联合会事业的发展，进而为推进全球评估行业的国际化发展提供了有力保证。同时这也表明中国资产评估行业积极参与国际事务并在国际组织中充分发挥作用，是中国资产评估协会和我国评估行业国际地位和影响力得到进一步提升的又一重要标志，也为中评协在更深层次上参与国际评估事务和增强话语权奠定了更加坚实的基础。

2013年5月，中国资产评估协会与世界评估组织联合会在湖北宜昌共同举办以“评估·创新·发展”为主题的国际研讨会。会议围绕企业价值评估、公允价值评估、不动产评估等领域的评估实践和相关理论等问题开展研讨。涉及的主题包括：控股权和流动性溢折价，企业价值评估过程中相关财务报表的分析和调整，商用、工业用不动产拆迁评估，在建投资性不动产评估，历史性不动产评估，合并对价分摊公允价值评估，公允价值计量，金融工具公允价

值问题等。本次研讨会旨在为国内外评估同行提供沟通学习的平台，强化行业专业研究，促进国内外评估界的交流合作。来自于不同国家和地区的世界评估组织联合会理事会成员组织代表出席本次会议并进行了广泛交流。

第四节 国际估税官协会

一、国际估税官协会简况

国际估税官协会（International Association of Assessing Officers, IAAO）是一个非营利性的教育和研究协会，是一个由政府评估官和对财产税管理感兴趣的人士组成的专业会员组织。国际估税官协会是研究财产税的国际性专业组织，其会员主要为财产税管理部门的官员。国际估税官协会设有专门的教育培训部门，负责财产税评估的理论、技术培训以及资质认定。协会还出版了一系列关于财产税评估的教材以及技术标准，被世界范围内财产税评估管理机构所认可和使用。国际估税官协会每年举办年会，每年有上千会员参加会议。在会议中，来自世界各地的财产税评估与管理领域的官员、学者以及企业采用研讨会、展示会等方式来进行知识和技术的交流，传递新的财产税评估理论与技术信息。

二、国际估税官协会组织的起源、宗旨

国际估税官协会，是当今世界上成立时间最长的国际性评估组织之一，其前身是1934年创建于美国的国家估税官协会（National Association of Assessing Officers, NAAO）。为适应非美国籍会员的增长需要，NAAO于1959年更名为国际估税官协会（IAAO），到

2013年已有79年的发展历史，目前其总部设在位于美国密苏里州的堪萨斯城。国际估税官协会是在美国乃至世界范围内都有着较大影响力的专业性评估协会（财产税的税基评估），它也是美国评估促进会（The Appraisal Foundation，TAF）的发起组织之一。国际估税官协会是一个非营利性的行业协会组织。该协会的章程赋予它的使命是通过财产税基评估职业的发展、教育、研究和技术辅助来推动世界范围内的财产税基评估、财产税政策和管理方面的创新与完善。其致力于支持并推动该职业发展；筹备并提供相应的教育服务；提供技术辅助与咨询服务；扩充会员并鼓励其发展；提供信息和咨询；提供并鼓励研究；增进公众对其的了解等。

国际估税官协会对财产税基评估与财产税政策与管理领域的一个重大贡献在于它很早就开始撰写并颁布各种与该领域相关的准则与标准。1937年担任NAA0主席的Zangerleza在1924年就撰写了关于建立一个标准的批量评估方法的论著（该方法直到20世纪下半叶以后才被采用）。1937年出版的世界范围内的第一本关于税基评估的专业书籍就是来自当时的NAAO。国际估税官协会最早颁布的准则可以追溯到1938年。直至今日，《不动产税基批量评估准则》、《比率研究准则》和《财产税政策准则》等技术标准仍在不断更新。同时，国际估税官协会的许多准则对税基评估的发展有着深远的影响。比如早在1983年，也就是批量评估系统大规模应用之际，国际估税官协会就颁布了有关三种基本方法（成本法、市场法和收益法）在批量评估体系中的应用准则——《1983年批量评估中三种评估方法的应用准则》，这无疑极大地促进了批量评估方法和程序的规范与成熟。目前，国际估税官协会已颁布的技术标准（体系）有：《评估师地理信息系统手册》（城市和区域信息系统协会/国际估税官协会，1999年版）、《税基评估管理准则指南》（2004年更新版）《财产税政策准则》（2010更新版）、《地籍图手册与宗地识别准则》（2004年版）、《自动评估模型准则》（2003年更新版）、《数字化地籍图与宗地识别准则》(2012 年更新版)、《监督管理与尽责准则》(2010 年版)、《财务、计算机、设备和支撑准则》(2003 年更新版)、《税基评估服务合同准则》(2008 年更新版)、《不动产税基批量评估准则》(2012 年更新版)、《税基评估申诉准则》(2001 年版)、《公共关系准则》(2011 年版更新版)、《受环境污染物影响的财产的税基评估准则》(2001 年版)、《专业发展准则》(2000 年版)、《比率研究准则》(2010 年更新版)、《动产税基评估准则》(2005 年更新版)等十几项准则。其中,《检验和销售价格调整准则》、《监督管理与尽责准则》(2010 年版)等都是 2006 年以后新增,《不动产税基批量评估准则》和《数字化地籍图与宗地识别准则》是 2012 年重新修订的。

国际估税官协会在发布行业准则的同时,还出版了对准则进行深入阐述的相关专业论著,以弥补准则言简意赅可能给评估人员带来的理解上的不足。这些论著包括了堪称为批量评估教科书的《不动产批量评估》(1999 年出版)、《评估执业:自我评价指南》(1991 年出版)、《财产评估与估税术语》(1997 年出版)以及《税基评估管理》(2003 年出版)等等。

国际估税官协会于 2001 年发布的《税基评估申诉准则》,对争议提出的时间、复议、申诉、程序以及宽限期限作出了明确的规定,并设立了专门的税基评估争议处理部门。与批量评估系统和比率研究所致力于实现的税基评估总体公允化相比,税基评估申诉制度实现的是前两者遗漏下的个体的公允化,税基评估申诉是纳税人主动争取公允化、评估争议处理机构配合其实现公允化的过程。

三、国际估税官协会成员组织

(一)国际估税官协会的组织机构

为了能够以最大限度、最有效地提高该协会会员的执业能力,国际估税官协会构建了一个较为庞大、健全的组织体系。执行理事会是最高的权力委员会，下设有执行委员会、准会员委员会、稽核委员会、颁奖委员会、预算委员会、通讯委员会、会议内容委员会、顾问与部门委员会（包括计算机辅助评估部门、地理信息系统部门、大城市管辖当局、前任理事长顾问、动产部门、公共服务部门、州和省当局等）、道德委员会、基础设施委员会、法律委员会、地方委员会、会员服务委员会、任命委员会、计划与规则委员会、职业发展委员会、研究委员会、决议委员会、奖学金委员会、技术准则委员会、专业评估执业统一准则委员会以及特别设施委员会，等等。

（二）国际估税官协会的会员

作为一个国际化的税基评估领域的行业协会，国际估税官协会接受任何种族、宗教信仰、性别和国家的人士，只要申请入会者满足其所申请层次的会员资格要求即可加入该协会并成为其会员。目前，国际估税官协会会员分为正式会员、准会员、荣誉会员、代理会员和组织会员等。执行理事会拥有接受或拒绝任何会员资格申请的权力，全部的会员都必须遵守国际估税官协会自身的职业道德守则和专业行为准则，以及美国评估促进会颁布的专业评估执业统一准则（Uniform Standards of Professional Appraisal Practice，USPAP）。1974 年国际估税官协会的会员达 9381 人（会员最多的年份），2004 年该协会全球有 8000 多名会员，这些成员来自政府、企业和学术团体，其中在美国有 80%，在加拿大有 10%，其他国家和地区占 10%。

国际估税官协会为其会员提供了五项国际认可的专业人员资格标准，并规定了应具备何种专业知识和从业经验才能获得这些专业职称。这些认证都代表了在相关领域内的最高成就，具体包括：注册税基评估师（Certified Assessment Evaluator，CAE），税基评估管理专家（Assessment Administration Specialist，AAS），地籍绘图专家（Cadastral Mapping Specialist，CMS），动产专家（Personal Property Specialist，PPS）和住宅估价专家（Residential Evaluation Specialist，RES）。其中，“注册税基评估师”资格颁发给在各种类型财产评估与估税方面、财产税管理方面和财产税政策方面都有着专业胜任能力的会员。“住宅估价专家”颁发给在住宅财产评估和估税方面有着专业胜任能力的国际估税官协会会员。“地籍绘图专家”颁发给在准备、维护和使用地籍绘图系统（用以征收财产税目的对财产价值进行批量评估、财产税管理和财产税政策的辅助）方面有着专业胜任能力的国际估税官协会会员。“动产专家”则颁发给那些有着企业动产批量与单个财产评估专业胜任能力的国际估税官协会会员。那些在财产税和财产税政策管理方面有着专业胜任能力的会员可以获得“税基评估管理专家”资格。值得一提的是，“注册税基评估师”（CAE）是国际估税官协会颁发的最高级别的专业认证资格。历任的国际估税官协会理事长大多拥有 CAE 头衔。以上五种与涉税评估相关的专业人员资格的获取都要经过相应的专业培训和考试。在美国，从事财产税的税基评估人员一般都是国际估税官协会的会员。

四、国际估税官协会的发展方向

国际估税官协会的使命是通过专业发展、教育、研究及技术协助促进财产评估、评估管理及财产税政策的创新和发展。为了推动世界范围的精确财产税基评估，并为财产税收管理和税收政策提供指导，国际估税官协会创办了两份行业期刊：《公允与公平》（月刊）（Fair & Equitable）和《财产税基评估与管理季刊》（Journal of Property Tax Assessment & Administration）。《公允与公平》主要反映财产税基评估领域的动态发展和对评估业有着重大影响的时事，比如"卡特里娜"飓风造成的财产损失给税基评估师工作带来的挑战等。《财产税基评估与管理季刊》主要发表财产税基评估与财产税管理方面的研究性论文。

为了向税基评估人员提供各种知识与技能培训，国际估税官协会从1966年开始向税基评估师提供专业课程培训，比如《不动产评估原理》、《多元回归分析》、《财产税政策》等课程。经过30年的发展，国际估税官协会目前可以为各种从业水平的税基评估师提供超过15门课程和25个讨论会，并配备有150人的主讲教师队伍来讲授所有课程。每年均有来自美国和加拿大各级政府的超过5000位的税基评估人员参加国际估税官协会的课程和研讨会。国际估税官协会结构合理的标准化专业课程与高素质的主讲教师已经成为北美地区传播税基评估相关知识主要力量的源泉。

国际估税官协会每年都举办"税基评估管理国际研讨会"（International Conference on Assessment Administration），并举办税收评估相关方面的其他研讨会，如"顾问与部门委员会研讨会"、"酒店企业价值座谈会"、"地理信息系统与计算机辅助评估系统整合研讨会"、"关于财产税基评估上诉的准备与审判的研讨会"、"法律年度讨论会"等。其中，"税基评估管理国际研讨会"从国际估税官协会创立之初就开始举办，会议在每年9月或者10月举办，是全球税基评估师智慧和经验相互交流的盛会。从1934年在费城举办首届研讨会至2012年已经成功举办了78届，第78届年会在美国密苏里州的堪萨斯城举办，会议期间还专门举行国际估税官协会国际焦点小组会议讨论国际估税官协会国际指导意见稿，旨在促使国际估税官协会的财产税批量评估技术标准更为国际化。中评协也多次派代表参加其年会。

此外，"地理信息系统与计算机辅助评估系统整合研讨会"为国际估税官协会和城市与地区信息系统协会（Urban and Regional Information System Association，URISA）共同举办，并已成功举办了十余届，其探讨的内容主要是如何有效地将地理信息系统技术应用于财产税基评估之中。第十七届“地理信息系统与计算机辅助评估系统整合研讨会”于 2013 年 3 月在美国新墨西哥州的阿尔伯克基举行。

第五节　国际财产税学会

一、国际财产税学会简况

国际财产税学会（International Property Tax Institute，IPTI）是由评估行业专家联合创建的一个不以营利为目的、独立的、非政府的全球财产税及其计税评估实务权威机构，旨在推动和促进国际范围内的财产征税和评估。国际财产税学会年会是全世界财产税政策研究和技术应用领域最权威的会议。

国际财产税学会通过聚集评估和税务领域各方面的国际专家协助政府、组织、企业、纳税人和专业人士更好地理解一些复杂的问题，如地方政府融资，特别是这个过程中有至关重要作用的财产税问题。

二、国际财产税学会组织的起源、宗旨和发展历史

国际财产税学会成立于 1996 年，该机构设在加拿大多伦多市。自成立以来，国际财产税学会一直在倡导全球推广完善财产税及其计税评估实务，承诺将促进全世界范围内所有利益相关者之间不断进行重要信息和经验交流，并致力于开发一个强大的财产税和评估知识平台。

2004 年 9 月，国际财产税学会在墨西哥瓜达拉哈拉举办国际财产税协会第七届年会。本届年会由国际财产税协会与墨西哥公共资产评估技术协会共同承办，会议共分为两大部分，分别是全体正式会议和分组专题研讨会，共有来自加拿大、美国、英国、澳大利亚、巴西、波兰、捷克、中国、中国香港等 26 个国家和地区以及林肯土地基金会、国际估税官协会等国际学术组织的近 200 名代表参加了会议。会上财产税政策和征管领域的专家、学者和政府官员分别作了主题演讲，阐述了当前国际上关于财产税的最新观点以及典型国家和地区财产税改革和管理的经验。

2007 年 6 月，国际财产税学会第 10 届年会在立陶宛的首都维尔纽斯举行，会议的主题是"财产税的作用——地方财政收入筹集"。

2008 年 10 月，国际财产税学会第 11 届国际会议在中国北京举行，会议由国际财产税学会和中国资产评估协会共同主办。会议以"资产评估与财政税收——国际经验与中国改革"为主题，是一次高水平的资产评估与财税改革国际研讨会。国际财产税学会主席杰瑞·格雷德（Jerry Grad）和来自全球 30 多个国家、地区的国际组织的官员、专家、学者，以及中国资产评估行业的中央、地方协会、机构负责人共计 200 余人出席了本次会议，共同探讨资产评估与财税改革热门话题。大会分别就"财产税与经济发展"、"财产税征收与管理程序"、"中国财产税改革实践"、"财产税批量评估应用"以及"财产税改革展望"等八个相关专题展开了演讲与讨论。

2009 年 6 月，国际财产税学会第 12 届国际会议在波兰华沙举行，会议的主题是"城市发展中土地价值的取得——财产税在地方财政的作用"。

2010 年 4 月，国际财产税学会第 13 届国际会议"税收、估税、评估与征税——澳大利亚经验与国际经验"在澳大利亚阿德莱德举行。来自中国、澳大利亚、英国、加拿大、中国香港等多个国家和地区以及相关国际组织的代表参加了本次会议。会议围绕地方政府财政、财产税征收实践、财产税税基评估发展趋势、财产税评估与征收系统的现代化以及各国财产税改革与实践经验等问题进行了广泛而深入的探讨。

2011年5月，国际财产税学会第14届年会在爱尔兰首都都柏林举行，会议的主题是“财产税改革的机遇与挑战”。

2012年8月，国际财产税学会第15届年会在巴西圣保罗举行，该会议的合作伙伴还包括英国皇家特许测量师学会和美国林肯土地政策研究院，会议主题是“财产税对调动地方政府收入可动员的潜力”。该研讨会主要内容有两个，一是“财产税法比较”；二是“现代财产税的计税价值评估系统，即批量评估与地理空间分析”。

除了举办年会，国际财产税学会也多次举办国际性的批量评估技术研讨会（Mass Appraisal Valuation Symposium，MAVS），到2013年，国际财产税学会已先后举办八届批量评估技术研讨会。

国际财产税学会第二届批量评估技术研讨会于2007年5月在加拿大的安大略省举行，本次会议重点讨论非住宅不动产批量评估的程序、系统和技术问题，本届研讨会是由加拿大评估学会、加拿大安大略省市政财产评估公司（MPAC）共同主办。

国际财产税学会第三届批量评估技术研讨会于2008年5月7日在加拿大安大略省的渥太华举办，会议主题是研讨非住宅不动产批量评估问题。

国际财产税学会第四届批量评估技术研讨会于2009年3月在南非比勒陀利亚大学召开，会议主题是“批量评估和财产税：世界发展中国家的挑战与机遇”。

国际财产税学会第五届批量评估技术研讨会于2010年6月在香港理工大学举办。此次大会由香港差饷物业评估署、国际财产税学会及香港理工大学联合主办，主题为“探索全球适用的财产税与批量评估模式”，大会探讨分享了财产税及批量评估技术在国际发展的经验。

2011 年国际财产税学会第六届批量评估技术研讨会在加拿大的不列颠哥伦比亚大学（UBC）举办，会议主题为：“与未来并驾齐驱——数据收集的新方向、知识管理和批量评估”。

2012 年国际财产税学会第七届批量评估技术研讨会在马来西亚吉隆坡马来西亚理工大学（UTM）举行，会议主题为“开发实用和创新是应对 21 世纪财产税评估和管理挑战的需要”。

国际财产税学会第八届批量评估技术研讨会于 2013 年 6 月在南非德班举行。会议主题为“批量评估与财产税在发展中国家的机遇与挑战”，中国资产评估协会副会长兼秘书长刘萍率团参加了会议。会议共有来自 8 个国家和地区的 20 多位演讲嘉宾围绕国际视角下的批量评估与财产税，批量评估与财产税实务，批量评估准则、质量保证与监督，教育、培训与资格评定，计算机辅助批量评估法实际应用问题，财产税发展前瞻，批量评估之时空法研究等发表演讲。会议还举办了以“财产税发展前瞻”为主题的中国专场讨论会，中外代表围绕财产税征收与评估领域的相关问题进行了探讨。

三、国际财产税学会成员及组织机构

（一）理事会

理事会是由国际上受尊重的、在各自专业领域有着丰富经验的专业人员所组成，理事会负责国际财产税学会战略方向和总体规划。

（二）咨询委员会

全球化和人口增长导致了政府财政压力增大，同时商品和服务需求也增加了，企业纳税人面临着与不动产税相关的成本的增加。咨询委员会的成立是为了作为一个共同的声音来表达企业纳税人的需求。咨询委员会为企业会员提供以下支持和帮助：

1. 与其他国际企业交流沟通的机会；
2. 与其他公司和行业专家交流全球财产税收管理策略的机会；
3. 参与企业基准研究的机会；
4. 技术上分享信息和交流经验，特定国家的税收和评估相关事宜；
5. 及时跟踪了解影响公司在未来发展的重要途径和手段；
6. 正式制定或修改立法之前，与政府机构沟通和提供意见的机会。

（三）编辑出版委员会

编辑出版委员会对国际财产税学会出版物的相关性、及时性和准确性进行积极监督，其中包括《财产税管理和评估》杂志。他们负责审阅及审核列入杂志的具有前瞻性的文章。

（四）教育委员会

教育委员会负责提升国际财产税学会提供给政府、评估专业人士和企业纳税人的教育和培训服务，教育委员会要确保课程设计的高质量和灵活性，这样它们就不但能满足政府有关需要，而且可以满足从业人员和纳税人的需要。

国际财产税学会执业会员是全球范围内在财产税及其评估领域工作或对此感兴趣并持续关注的个人。

四、国际财产税学会的发展方向

国际财产税学会由公正的全球专家组成，并致力于提高财产税服务系统能力，为利益相关者提供以下服务：

1. 为有效决策提供财产信息服务；

2. 为起草、试点和实施财产税相关政策提供战略咨询和咨询服务；

3. 教育和培训服务，以提高成员的专业发展和建立技术信心。

具体重点内容如下：

(1) 地方政府发展；(2) 财产税地方分权；(3) 地方政府财政；(4) 财产税改革的规划和实施；(5) 法律和行政框架；(6) 财产税评税和豁免管理；(7) 纳税人服务和教育；(8) 物业估值流程，包括数据采集、测绘和数据管理，质量控制，住宅及非住宅物业的质量考核评估；(9) 财产税征收和执法；(10) 上诉制度；(11) 技术和流程集成和实施，包括数据管理、数据分析和报告系统；(12) 网上在线学习。

第六节　国际企业价值评估分析师协会

一、国际企业价值评估分析师协会简况

国际企业价值评估分析师协会（International Association of Consultants, Valuators and Analysts , IACVA）是一个非政府组织，旨在为从事企业价值评估（企业价值评估分析师——CVA）和企业内部盗窃防范（反欺诈师——CFD）的专业人士提供世界范围的支持。

国际企业价值评估分析师协会的宗旨是致力于传播企业价值评估和反欺诈领域的专业理论和标准，提供最佳的实际操作模式。在评估领域，国际企业价值评估分析师协会在世界各地推动评估原理、方法和模型的规范性应用。在反欺诈和法庭诉讼支持领域，国

际企业价值评估分析师协会发展和传播在反欺诈方面的操作系统和技术。

国际企业价值评估分析师协会所推广的企业价值评估分析师资格是一个国际性的资格，它源起于美国，已经获得美国各界和市场的广泛认可。在世界范围内特许协会的建立和严格的会员考核和管理体制也使注册企业价值评估分析师资格在国际评估领域逐渐被认可，该资格已经成为跨国企业并购时对评估师资质的要求之一，也是评估机构以期开拓新兴市场而争相取得的资格。21 世纪无形资产日益快速增长的重要性和金融欺诈行为在全球范围内的泛滥日趋受到重视，世界范围内对企业价值评估和反欺诈的专业需求亦日益增强。

中国资产评估协会和国际企业价值评估分析师协会于 2008 年签署合作备忘录，联合开展对注册企业价值评估分析师资格的培训认证工作。此后，双方合作领域不断拓展。2013 年 4 月，国际企业价值评估分析师协会邀请中国资产评估协会秘书长刘萍出任其董事会副主席，为双方进一步交流合作打造了更高的平台。

二、国际企业价值评估分析师协会组织的起源

国际企业价值评估分析师协会成立于 2001 年。在企业价值评估和反欺诈这两个领域，国际企业价值评估分析师协会是目前世界范围内最大的统一授权认证和教学组织，现已在全世界拥有超过 10000 名会员。目前国际企业价值评估分析师协会在中国、韩国、加纳、德国、美国、黎巴嫩等国家和地区设立有特许协会。特许协会的组织结构赋予了国际企业价值评估分析师协会独特的能力，即具有国际企业价值评估和反欺诈两个领域的专业知识，又可以在两个专业对相关的规范规则进行交叉培训。国际企业价值评估分析师协会的反欺诈师培训也已经展开。每年，企业内部由于内部盗窃所

产生的损失十分巨大，很多企业由于经受不起这类损失，面临倒闭的危机。通过反欺诈培训，企业可以最大限度地防范和减少企业内部盗窃的机会，由于企业损失而造成国家税收的流失也会相应减少。

三、国际企业价值评估分析师协会成员组织及其与美国注册评估师分析师协会的关系

国际企业价值评估分析师协会对其成员实行会员制，包括：个人会员和特许协会。个人或行业协会均可向国际企业价值评估分析师协会申请在本国设立特许协会（Charter）。个人申请者必须是国际企业价值评估分析师协会的会员。申请人（或协会）所在国已设立国际企业价值评估分析师协会特许协会时，申请者将不再被授予特许协会资格。一旦申请成功，所有国际企业价值评估分析师协会在申请人本国（或地区）的会员资格将由特许协会进行管理和监督。国际企业价值评估分析师协会的使命成功完成基于各国（或地区）特许协会的建立和发展。特许协会代表着不同的国家和地区，每个特许协会由从事企业价值评估和反欺诈服务的专业成员组成。

目前，在世界范围内已经设立了 9 个区域特许协会：中国、美国、加拿大、俄罗斯联邦、韩国、中东、非洲、欧洲以及中国台湾地区。国际企业价值评估分析师中国特许协会目前由中国香港地区和新加坡等国家和地区的会员组成。中国特许协会还负责协调和组织在东南亚包括泰国、越南、马来西亚、菲律宾、印度等国的培训和认证工作。目前，IACVA 通过特许协会以及与其他国家职业评估协会的合作，已在 40 多个国家开展注册企业价值评估分析师资格认证，还有 20 多个国家正在引进其培训。目前，在全世界接受过 IACVA 培训的专业人士已超过 2 万人。

国际企业价值评估分析师是在美国注册评估师分析师协会

(National Association of Certified Valuators and Analysts, NACVA) 的支持下创办起来的，二者之间存在密切关系。自国际企业价值评估分析师协会成立以来，美国注册评估分析师协会的人力、技术和其他资源也一直与国际企业价值评估分析师协会共享。美国注册评估分析师协会是一个专门从事企业价值评估的协会，也是美国在企业价值评估方面三个最大的专门行业组织机构之一。它于1990年始建于盐湖城，其目的是为满足相关专业人士向客户提供企业价值和无形资产评估、法庭咨询等一系列专业服务，并提供该专业领域内的信息、课程培训及提供资格认证。目前拥有7000多名会员（个人会员和特许协会会员），为美国各评估协会之首。它的职业培训十分发达和完善，主要分为：企业价值评估、法庭诉讼支持和企业反欺诈三大部分。

四、国际企业价值评估分析师协会资格证书和获取程序

（一）国际企业价值评估分析师协会资格证书种类包括：

1. 注册企业价值评估分析师（CVA）证书；
2. 专业反欺诈师（CFD）证书。

（二）注册企业价值评估分析师资格证书和专业反欺诈师资格证书获取程序

1. 注册企业价值评估分析师资格证书获取程序

国际企业价值评估分析师协会会员应具备一定的专业基础知识或实践经验，完成规定的培训项目，并通过严格的考试。要保持此资格，证书持有者必须保持国际企业价值评估分析师协会会员身份，并满足定期再次认证的要求。注册企业价值评估分析师可以向客户证明能满足国际专业资格和资质的要求。特许协会会员和注册

企业价值评估分析师证书可以向用户承诺将能提供高品质的、专业的、符合职业道德规范的服务。

2. 专业反欺诈师资格证书获取程序

对于从事防止经济犯罪和反欺诈的专业人士，必须参加培训和通过考试才能取得专业反欺诈师证书。培训内容以防范企业内部金融欺诈为主导，对经济犯罪的诱因及动机进行分析，对于此类犯罪的构成（犯罪成因三角）有深刻描述。专业反欺诈师证书持有者也必须满足定期认证的要求。对于每个在审计、股份公司管理、内部审计、信息技术、银行业、政府管理和税务部门从事打击经济犯罪和反欺诈的人士来说，获取专业反欺诈师资格证书使之具备相应的专业素养，弥补了以往打击经济犯罪只是在企业已遭受巨大损失后才进行调查活动的漏洞，防患于未然。

（三）申请获得企业价值评估分析师资格证书和专业反欺诈师资格证书的条件

1. 获取注册企业价值评估分析师资格证书者必须满足以下要求

通过两部分的综合考试，第一部分是多项选择题，主要考查企业价值评估原理和概念，闭卷考试5小时。第二部分是评估报告，由国际企业价值评估分析师协会统一出题和批改。考试由特许协会或国际企业价值评估分析师协会指定的独立监考官管理，可采用单人考试或多人分桌考试的方式。

两部分考试必须在12个月内完成。如果注册企业价值评估分析师候选人已经注册了指定的培训课程，考试必须在培训课程结束后12个月内完成。

2008年起，申请者对于第二部分考试可有两种选择。一种选择是：可以递交在最近12个月内所做的企业价值评估报告作为考试报告（隐去申请人和客户的真实姓名的报告）。第二个选择是根据国际企业价值评估分析师协会所提供的案例完成一个企业价值评估报告。为保持注册企业价值评估分析师资格，持证者必须保持国际企业价值评估分析师协会会员身份，否则，其将失去证书资格。今后欲获得证书，必须重新申请。

在国际企业价值评估分析师协会的批准下，特许协会可以针对其所在国家对注册企业价值评估分析师候选人提出其他的要求。

2. 申请专业反欺诈师者必须满足以下要求

拥有商科专业的四年制本科学位；或是拥有四年制本科学位，且具有可证实的在反欺诈咨询和建议服务行业的相当的工作经验①。这些认证组织支持用于制止欺诈的技巧。这些组织包括但不限于：注册反欺诈审查师协会（ACFE）、中国注册会计师协会（CICPA）、加拿大特许会计师协会（CICA）、注册内部审计师协会（CIA）、美国管理会计师协会（IMA）和特许金融分析师协会（CFA Institute）。

提供3份来自个人的推荐和3份来自企业的推荐。通过综合考试。考试采用多项选择题的形式，主要考查考试者对反欺诈原理和概念的掌握。

为保持专业反欺诈师资格，持证者必须保持国际企业价值评估分析师协会会员身份（与注册企业价值评估分析师资格要求相同）。

3. 再次认证的要求

注册企业价值评估分析师和专业反欺诈师证件持有者每三年必须完成36个小时的有关专业的课程学习，每年必须完成最少8个小时的专业课程学习。

由于各地区具体情况的不同，国际企业价值评估分析师协会并没有指定为满足学时所需要参加的特别课程。一般说来，参加与商业评估、企业价值评估、诉讼、评估鉴定、欺诈的侦察和制止、法

① 相当的工作经验的定义如下：具有在欺诈征察、防止、调查，或是相关行业的两年以上的全职或等同于全职的工作经验；或作为项目的主要负责人，负责提供建议或是结论报告，已经完成了5个以上的反欺诈咨询项目；或能证明具有相当的有关欺诈的知识（例如：有相关论文和书籍发表，或是完成了相当于研究生水平的工作）；或目前是其他与反欺诈有关的认证组织会员，并具有良好的记录。

庭会计相关的课程和学术研讨会即满足对学时的要求。

第七节 欧洲评估师协会联合会

一、欧洲评估师协会联合会简况

欧洲评估师协会联合会（The European Group of Valuers' Associations，TEGoVA）是从1977年成立的欧洲固定资产评估师联合会（The European Group of Valuers of Fixed Assets，TEGoVFA）更名而来的，欧洲评估师协会联合会是一个以来自27个国家（主要是欧洲国家）的评估协会为成员联盟的欧洲国家资产评估师联合会，其成员协会涵盖整个欧洲，甚至包括前苏联的一些评估协会。欧洲评估师协会联合会是根据比利时法律成立的，以评估领域的研究和教育为目的的非盈利性专业协会，总部设在比利时的布鲁塞尔。

目前，该联合会拥有46个成员协会。其宗旨是制定和推行通行全欧洲的资产评估标准，推行通行全欧洲的资产评估人员资格制度和欧洲资产评估组织必须遵循的培训制度。欧洲评估师协会联合会负责制定《欧洲评估准则》（European Valuation Standards，EVS），并已先后制定发布了七版欧洲评估准则。

二、欧洲评估师协会联合会组织的起源、宗旨及沿革

欧洲评估业受英国等传统评估业发达国家的影响，长期以来主要涉及不动产评估领域，特别是受到欧盟公司法及相关会计改革规则的影响，形成了早期以“固定资产评估”为主的特色。欧洲许多国家很早就受到公允会计理论的影响，既允许采用传统的历史成本

减折旧的会计处理方式，也允许在一定情况下以评估后的市场价值作为固定资产的列示价值反映在资产负债表中。为了在公司年度会计报表中反映固定资产的公允（市场）价值，许多公司聘请评估师对公司固定资产进行评估，其目的是最终将固定资产的公允（市场）价值纳入年度会计报表。随着固定资产评估业的发展，欧洲各国评估师也认识到有必要将评估师组织起来，以适应行业发展的需要。为更好指导固定资产评估业务的发展，1977 年 4 月，由比利时、法国、德国、爱尔兰和英国发起成立了欧洲固定资产评估师联合会，后改名为欧洲评估师协会联合会。1978 年欧洲固定资产评估师联合会为配合欧共体公司法的有关规定，出版了《欧洲评估指南》第一版（Guidance Notes for European Application）。当时欧共体酝酿制定新的公司法令并于 1978 年 7 月 28 日颁布了委员会第 4 号法令即公司法（The Fourth Council Directive 78/660/EEC）。该法规第七章第 35 条规定了为财务报告目的对固定资产进行评估的规则，这一规定成为制定早期评估指南的基础。在欧洲评估师协会联合会成立以后，欧洲各国普遍开展固定资产评估业务。这也是最早进行的以财务报告为目的的资产评估业务。

欧洲评估师协会联合会主要工作是代表欧洲范围内土地、建筑、机器设备领域的评估师，向欧洲委员会、欧洲议会和其他欧洲组织提交评估师意见；制定、推广在欧洲适用的评估准则；推荐规范的评估方法；就共同关心的问题与国际评估准则理事会进行交流，并促进欧洲评估师的教育培训工作。

三、欧洲评估师协会联合会成员组织

欧洲评估师协会联合会由来自于 26 个国家（主要是欧洲国家）的 46 个评估协会组成，代表约 120000 名评估师。

欧洲评估师协会联合会会员分为正式会员、联系会员和观察员三大类。其中正式会员必须是欧盟成员国的评估协会，联系会员是欧盟成员国之外的欧洲国家评估协会，欧洲以外国家的评估协会可以申请成为观察员，观察员无投票表决权。欧洲评估师协会联合会联系会员必须是合法成立的评估领域的专业协会，承认并遵守欧洲评估师协会联合会章程，并向欧洲评估师协会联合会提交正式申请，经欧洲评估师协会联合会会员代表大会审批方能获得会员资格。目前欧洲评估协会联合会正式会员包括来自阿尔巴尼亚、比利时、保加利亚、捷克、丹麦、爱沙尼亚、芬兰、法国、德国、希腊、爱尔兰、意大利、拉脱维亚、立陶宛、卢森堡、荷兰、挪威、波兰、葡萄牙、罗马尼亚、俄罗斯、西班牙、瑞典、乌克兰、英国等25个国家的38个协会，此外还有12个观察员，其中包括欧洲之外的美国评估学会。

四、欧洲评估师协会联合会的发展方向

欧洲评估师协会联合会结合欧洲评估业的现状，正着手进一步修订《欧洲评估准则》，并敦促评估师加强理解、熟悉和推广应用。欧洲评估师协会联合会还出版关于评估方法的信息或指南；促进各国评估师教育的统一；出版关于欧洲各国评估师法律责任的宣传手册；调查有关企业价值评估行为；比较分析中欧和东欧国家的经验和需求，从欧盟委员会有关计划中获得资金用于帮助中欧和东欧国家建立评估专业协会，帮助这些国家培训评估人员，资助中欧、东欧国家参加欧洲评估师协会联合会会议并加入该组织。

为开展业务，欧洲评估师协会联合会注重与其他欧洲区域专业组织及国际组织保持密切联系，这些组织有代表全欧洲专业会计师、帮助欧盟制定有关会计和审计规定的欧洲会计师联合会，代表各成员国抵押机构的利益、关注资产价值的欧洲抵押联合会（The European Mortgage Federation），联合国不动产咨询组织（The United

Nations Real Estate Advisory Group）等。欧洲评估师协会联合会特别重视与国际评估准则理事会的合作，积极支持国际评估准则理事会统一各国评估准则的工作，并将对国际评估准则理事会的支持列为欧洲评估师协会联合会的宗旨之一。目前，《欧洲评估准则》已采纳《国际评估准则》中的市场价值等重要概念，并持续关注能源、证券、税收（增值税）等新领域的评估有关问题。

第八节　国际企业价值评估学会

一、国际企业价值评估学会简况

国际企业价值评估学会（International Institute of Business Valuers，IIBV），它是在企业经济活动越来越全球化，公允价值会计计量在财务报告中的应用以及发达和发展中的经济体对企业价值评估的教育和认证的强大需求等背景下，由美国评估师协会（ASA）与加拿大特许企业价值评估师协会（CICBV）共同发起，于 2010 年 10 月 8 日成立的国际性企业价值评估学会。

二、国际企业价值评估学会组织的起源、宗旨

由于国际财务报告准则和公允价值报告在全球范围内的获得认可，适用范围不断扩大，使得北美以外的地区都承认本国企业价值评估行业发展的需要。随着企业价值评估需求的增加，迫切需要已有的评估机构之间进行更多的交流和合作。具体可以从以下几个例子看出：

美国证券和交易委员会（SEC）已经接触美国企业价值专业协

会，要求他们一起发行一套单一的企业价值评估准则。

国际财务报告准则第3号和美国财务会计准则公告（SFAS）第157号，都需要一个强大和经验丰富的企业价值评估行业为企业合并提供财务报告服务。往往是在许多发展中国家，经济状况和多样性的缺乏限制了北美以外地区的评估实践的推广。

北美有4个发展迅速的企业价值评估行业组织，但世界其他地方并没有类似的专业协会提供相对规范的培训和资格认证。

国际企业价值评估学会是全球范围的企业价值评估专业的国际行业组织，其宗旨是为提高企业价值评估卓越声誉，发出企业价值评估行业的强烈声音，促进共享世界各地最佳企业价值评估实务，提供企业价值评估相关的教育服务和保护与企业价值评估服务有关的公共利益。

三、国际企业价值评估学会发起组织及其会员类型

（一）国际企业价值评估学会发起组织

国际企业价值评估学会目前的发起组织是美国评估师协会（American Society of Appraisers，ASA）和加拿大最大的专业评估组织——加拿大特许企业价值评估师协会（Canadian Institute of Chartered Business Valuators，CICBV）。

1. 美国评估师协会

美国评估师协会成立于1936年，是一个历史悠久，有多种专业学科的评估组织。它对评估的各个学科都提供教育培训和职业资格的认证，这其中包括房地产评估、机器设备评估、动产评估以及包含企业价值评估在内的其他许多技术价值评估。从1981年到现在，企业价值评估这个分支是美国评估师协会所有分支中发展最快的一个领域。美国评估师协会的企业价值评估专业委员会拥有超过2000

名专门提供企业价值评估服务的会员。

2. 加拿大特许企业价值评估师协会

加拿大特许企业价值评估师协会成立于1971 年，是加拿大最大的专业评估行业组织，提供教育培训、专业研讨会以及特许企业价值评估师（Chartered Business Valuator，CBV）职业资格认证。在其企业价值评估期刊上，加拿大特许企业价值评估师协会刊登它每两年一次的双年会论文集，公布协会的道德规范和评估操作规范等。加拿大特许企业价值评估师协会提供的职业资格包括：特许企业价值评估师（Chartered Business Valuator，CBV/expert en évaluation d'enterprises，EEE①），以及资深会员（Fellow of the CICBV，FCBV），资深会员必须经选举产生。

（二）国际企业价值评估学会的会员类型

国际企业价值评估学会设立的会员有三种类型：

1. 正式成员

国际企业价值评估学会的正式会员限定在协会、学会或从事企业价值评估专业领域的管理机构和单位（简称单位）。国际企业价值评估学会授予成为其会员的协会、学会和单位一定范围的管理权限，以对其所在地区有关企业价值评估专业实务行使管理职责。

2. 联系会员

凡承诺按国际企业价值评估学会规定的准则和要求在其国家和地区实施其企业价值相关的管理、教育和促进企业价值评估实务的协会、学会或单位可以成为国际企业价值评估学会的联系会员。国际企业价值评估学会的联系会员不享有国际企业价值评估学会正式会员的权利。

3. 准会员

① 适用于法语区的特许企业价值评估师。

凡承诺按国际企业价值评估学会所规定的准则和要求在其国家和地区实施企业价值相关的管理、教育和促进企业价值评估实务的政府管理部门或公共管理部门，均可以成为国际企业价值评估学会的准会员。

四、国际企业价值评估学会的发展目标

国际企业价值评估学会已确定了五个重要的战略目标，以推动全球企业价值评估行业的发展。

（一）提供全球性企业价值评估有关教育

教育是国际企业价值评估学会主要战略目标之一。国际企业价值评估学会提供国际性企业价值评估专业人员教育课程。这些课程包括估值原则、财务报告的估值和其他高级主题。提供包括基于分级的培训教育和基于网络的函授课程。根据需求，国际企业价值评估学会将为具有资质的价值评估专业人员的继续教育提供国际课程、研讨会和网络研讨会。

（二）共享信息以提高企业价值评估的专业性

国际企业价值评估学会的会员协会认为，他们在峰会、学术研讨会和出版物的交流中受益。国际企业价值评估学会鼓励各个国家企业价值评估师协会的组建和发展，提供咨询并支持建立基础设施、法律、道德守则和政策及程序。

（三）鼓励采用基于原则的准则和职业道德

国际企业价值评估学会虽然不是一个准则的制定者，但它鼓励其会员协会采用基于原则的准则和职业道德以作为企业价值评估执业的基础。为实现这一目标，国际企业价值评估学会将积极地和标

准制定者、监管部门及证券委员会沟通和交流。

（四）为企业价值评估群体及利益相关者发出一个共同的声音

国际企业价值评估学会将在影响企业价值评估服务提供的全球性问题上代表会员协会的利益。

（五）服务和保障公众利益

国际企业价值评估学会董事会承诺服务和保护公众利益，并促进推出与公众利益相一致的政策和方案。

第四章　国外评估行业

第一节　综　　述

一、国外资产评估行业起源

资产评估行业有着悠久的发展历史。在国际评估行业发展历史中，英国被认为是现代评估业的发源地，其标志性事件是1868年英国皇家特许测量师学会的前身正式成立，成为世界上最早的评估业专业团体。1862年农奴制改革后，俄罗斯出现了为土地租赁和税收服务的类似资产评估行业。1893年6月，俄罗斯评估工作有了法律的规范和支持，19世纪末以前，俄罗斯的评估行业在评估方法和评估活动组织方面，都走在世界前列。美国是世界上开展资产评估活动最早的国家之一，发达的经济和发达的市场促进了美国评估行业的发展。

二、国外资产评估业务领域

在评估行业起源时期，各国均有其评估领域上的侧重。从评估领域上看，起源时期，英国评估活动只注重不动产即房产和地产评估，很少涉及不动产以外的评估领域。俄罗斯资产评估活动起源于19世纪为土地租赁服务的土地价值评估，1861年之前，俄罗斯就形成了对土地地形尺寸等强制评估的制度。那时的不动产评估主要用于确定土地使用权的形式，如农村社区、私人屋院、教会土地等的调查和区分。美国早期的评估活动主要服务于财产纳税、财产保险、维护房地产交易双方利益、资产抵押贷款、家庭财产分割等目的。20世纪初期，美国的不动产课税已经比较普遍，课税对象不仅包括城乡不动产交易中的不动产，也包括城乡居民保有的不动产。

现代资产评估行业的业务领域有了很大的改变。以美国为例，技术进步和经济的高速发展带动了美国评估行业由不动产评估向动产评估发展。随着企业价值评估、无形资产评估、机器设备及其他动产评估出现，计算机的普遍使用使得批量评估技术成为美国评估行业技术进步的一个显著标志。美国评估行业业务领域多元化和综合发展的格局，以及企业价值评估、无形资产评估、动产评估与不动产评估齐头并进的行业发展模式，成为当前许多国家发展评估行业的模范模式。以不动产评估起源的英国在最近十几年来明显加快了综合化发展的步伐，机器设备、珠宝、艺术品、企业价值和无形资产等评估领域有了不同程度的发展，以财务报告为目的的评估业务在英国得到长足发展并对国际会计准则、国际评估准则产生了深刻的影响。俄罗斯资产评估行业的发展是一个由繁荣到衰退再到复兴的过程，随着苏联解体和俄罗斯经济不断发展，客观需求决定了俄罗斯资产评估行业的复兴，俄罗斯资产评估活动由土地价值评估发展到企业价值、知识产权和无形资产等多方面评估。罗马尼亚和马来西亚是现代资产评估行业发展速度较快、体系较为完善的两个国家，其发展代表了新兴资产评估市场的发展。罗马尼亚采用以价值为基础的评估模式，农村土地评估、林业和食品工业的评估、不动产统计、罗马尼亚资本市场、企业价值和金融资产评估、公共部门资产的评估、上市公司评估、资本市场的评估、无形资产评估、文化和历史资产的评估、历史建筑物和文化遗址的评估、不动产和企业价值评估、以财务报告为目的的评估等都是其主要评估领域。马来西亚评估行业以英国模式为基础，但在发展过程中不断结合本国实际进行改革创新，逐渐形成了自己的特色，其公职评估主要服务于公共利益业务，其市场评估的业务范围从土地的测量到资产价值估算，渗透到各个领域。

随着评估业务范围的不断扩大，被评估资产类型呈现多样化，各国和地区评估行业综合化发展趋势明显，对理论研究及新业务领域准则制定工作加强，评估准则内容所规范的领域也向综合化方向发展。

三、国外资产评估立法

立法是规范资产评估行业发展的重要保障，各国均积极制定法律指导和约束评估行业发展。俄罗斯是对评估行业立法较早的国家之一。1893 年，俄罗斯政府以法律的形式规定了“不动产价值评估规则”，俄罗斯评估工作有了法律的规范和支持。1998 年，莫斯科通过《俄罗斯联邦资产评估法》并在随后的十几年中对其进行修改使其适应经济社会的变化与发展，这部法律定义了俄罗斯联邦评估活动的评估目的、评估对象 、评估主体、强制评估项目及评估的法律框架，并且规定了评估的主体和客体。1989 年 8 月，美国国会制定了《金融机构改革、复兴和实施法》（FIRREA），该法令对涉及联邦交易的不动产评估业务作出了必须严格遵守《美国评估准则》的强制性规定。马来西亚从 20 世纪 60 年代开始就陆续制定了一系列评估管理方面的法律，最早制定的法律是 1967 年的《注册测量师法》，另外还有现行的“基本法”《1981 年法》、《1986 年评估师、估价师和不动产代理人管理办法》及《1999 年评估与财产服务管理办法》等。

四、国外资产评估行业监管

从行业管理角度看，各国越来越多地意识到，资产评估是经济活动重要的管理和监控工具，各国纷纷对评估业施加必要的管理和影响。英国、美国、俄罗斯、罗马尼亚等资产评估行业发展较快的国家均已形成较为完备的行业管理体系，一般包括法律管理体系、政府管理体系和行业自律管理体系等。英国资产评估行业基本上可以分为两大体系：政府管理下的资产评估体系和民间自律性资产评估体系。政府管理下资产评估体系，主要服务于征税目的，在组织上分为三个层次：即中央、大区和区评估办公室，除了征税评估部分，英国政府几乎不涉足评估行业的管理事务。民间的资产评估机构则是完全不依赖任何部门的独立、客观、公正的社会中介，民间评估机构在发展过程中逐渐建立了行业协会组织，目前影响力最大的是英国皇家特许测量师学会。俄罗斯的评估行业管理分为政府管理和自律组织管理，政府立法管理评估行业，并在技术、行业纪律、行政等方面成立专门的委员会进行指导。自律性行业组织一般为非盈利组织，在法律的约束下，负责评估师的管理、调节和控制资产评估活动，制定和实施评估业务标准、行业道德规范等；拟定评估师准入标准，代表其成员与俄罗斯政府、国际组织等交流，保证其成员利益；按照联邦法律标准，监测其成员的行为，保存成员注册信息，给组织成员提供评估信息和方法，完成组织的其他职能等。在美国，政府监管与行业自律是资产评估行业管理的一种重要模式，在涉及联邦权益的业务中，评估师和评估机构需要自动地接受联邦政府、地方政府相关部门的监督，以及行业自律管理组织的约束，遵守《美国评估准则》的相关规范和要求，接受联邦金融机构的委托以及金融监管部门的约束等。罗马尼亚的管理体系中，最具代表性的是罗马尼亚评估师联合会（National Association of Romanian Valuers，ANEVAR），其管理机构分为四个部分：全国代表大会、评议会、董事会和审计师委员会。马来西亚资产评估行业管理体系明确，马来西亚财政部代表政府对评估行业进行管理和监督。马来西亚评估业分为公职评估与市场评估两个部分，前者由马来西亚评估与财产服务署负责，后者由马来西亚评估师、估价师与不动产代理人理事会负责管理。除此之外，马来西亚还有一个起源最早、最具权威性的行业自律组织，即源于英国评估模式的马来西亚测量师学会。

此外，随着评估行业的发展，评估师在评估活动中起到重要作用，评估师管理逐渐被各国重视。美国的各大评估协会都设有会员管理的专门部门或机构，负责本协会评估师资格的审查，评估专业人士需通过相关考试并具备相应评估经验才能获得协会的专业资格和称号，各个评估协会都有各自的专业人员资格标准，通过从准入的角度制定本协会的专业人员资格标准、授予会员称号等方法来鞭策本协会会员不断学习提高执业能力。俄罗斯劳动和社会发展部规定了评估师职责、标准、规范等，规范了评估行业文件和资料，还对评估师的学历、教育经历等作出了规定。马来西亚对于评估师有详细的管理系统，评估师准入考试共分初级、中级、高级、直接高级、专业胜任五个层次，考试通过者申请成为预备期评估师，具有三年执业实际经验后才能转为注册评估师，且须向理事会申请执业许可证后才能执业。评估师管理严格并清晰。

美国、英国、俄罗斯、罗马尼亚和马来西亚等国家，在资产评估行业发展历史及业务领域的发展变化、行业立法、行业管理和执业人员管理等方面均有其各自的特点和优势，综合和分析这些国家的行业发展对于中国资产评估行业发展有着借鉴作用。

五、国外资产评估现代化技术

应用数理统计技术、电子计算机应用技术、地理信息系统和其他信息技术的广泛应用，使数据处理能力大幅提高，为资产评估的发展提供了重要的物质条件、研究手段、技术支持平台和发展空间，特别是随着计算机技术、网络和空间信息技术的日趋成熟，以及各种计算机模型库的建立，使得计算机自动评估、批量评估的应用日益广泛，评估效率明显提高，使得评估专业人员在评估实践中，有更多的精力去详细分析评估对象、评估市场及宏观经济形势，从而进一步提高评估服务质量和评估行业的公信力。

第二节 美国评估行业及其发展

一、美国评估行业概况

（一）美国评估行业历史及发展过程

1. 20世纪初期的美国评估行业

美国是当今世界经济最发达的国家之一，也是世界上开展资产评估活动最早的国家之一，发达的经济和发达的市场促进了美国评估行业的发展。美国早期的评估活动主要服务于财产纳税。此后，财产保险、维护房地产交易双方利益、资产抵押贷款、家庭财产分割等目的的评估业务逐步出现。20世纪初期到20年代末，美国的不动产课税已经比较普遍，涉及城乡居民保有的不动产。财产纳税的广泛性，加之不动产财产保险等业务的较快发展，带动了美国不动产评估活动的开展。在相当长的时间里，以纳税目的为主的不动产评估是美国评估行业中最主要的评估业务。伴随着不动产评估活动的广泛开展，相应的评估行业自律管理组织应运而生，如1929年成立的美国农场管理人和农业评估师协会（American Society of Farm Managers and Rural Appraisers，ASFMRA），1932年成立的美国不动产评估师学会（American Institute of Real Estate Appraisers，AIREA）及1935年成立的美国不动产评估师协会（Society of Real Estate Appraisers，SREA）。1991年AIREA与SREA合并，成为现在的美国评估学会（Appraisal Institute，AI），至此形成了一批评估行业自律性管理组织。

2. 20世纪30年代至80年代的美国评估行业

在经历了20世纪20年代末和30年代初经济大萧条之后，美国经济重新驶入快速发展的轨道，到了20世纪50年代初期，随着新技术革命所带来的社会进步和经济发展，以及对企业组织形式和规模的冲击，使得以企业并购为显著特征的产权交易频繁发生，产权交易市场不断扩大，以至于后人用兼并浪潮来形容当时大量的企业兼并、重组、股权出售和投资等产权交易活动。以企业资产和企业股权为交易对象的兼并浪潮推动了美国机器设备、无形资产和企业价值评估的迅速发展，与机器设备、无形资产和企业价值评估相关的评估自律管理组织及专业委员会也相继成立。随着美国传统产业集中度的不断提高和新兴产业的不断涌现，以及美国企业的跨国经营，企业产权业务呈现出复杂化、多样化和国际化的特点，这就大大促进了美国企业价值评估的发展，企业价值评估也逐步成为了美国评估行业的主流业务之一。

技术进步和经济的高速发展不仅带动了美国企业价值评估、无形资产评估、机器设备及其他动产评估的快速发展，而且也改变了美国评估行业传统业务——为不动产税收提供税基评估的方式和相关技术手段。在20世纪50年代以前，对以纳税为目的的不动产税基评估主要依靠的是传统的手工评估和个案评估方式。手工技术和个别评估方式很难同时保证财产税基评估的效率与公允。从20世纪50年代开始，美国的征税部门和涉税评估机构开始尝试用自动评估模型对财产税税基进行批量评估，批量评估系统和相关技术也成为美国评估行业评估技术进步的一个显著标志。

3. 20世纪80年代中后期的美国评估行业

20世纪80年代中期，美国爆发由房地产泡沫诱发的储蓄和贷款危机，大批的金融机构倒闭，联邦储蓄基金也蒙受数以亿计的损失。美国政府和评估行业作出了一系列重要举措，一项措施就是制定全国统一的评估执业准则，另一项举措就是通过国会立法实施对评估行业的政府监管制度。1986年，8家美国评估专业组织和加拿大评估师协会共同组成专业评估执业统一准则特别委员会，联合制定了《专业评估执业统一准则》（Uniform Standards of Professional Appraisal Practice，USPAP）。该特别委员会于1987年改组为美国评估促进会。1989年8月，美国国会制定了《金融机构改革、复兴和实施法》（FIRREA）。在该法令的第11章，对涉及联邦交易的不动产评估业务作出了必须严格遵守《专业评估执业统一准则》的强制性规定。依据《金融机构改革、复兴和实施法》的规定，联邦各大金融监管部门对涉及联邦交易的不动产评估业务遵守《专业评估执业统一准则》也作出了具体规范。除了所有涉及联邦权益的金融业务都必须遵守准则之外，相关机构如美国税务署、证券交易委员会、商业银行和放款机构以及各州评估师管理委员会等也都有相应规定，要求评估师在多数评估业务中按《专业评估执业统一准则》的要求开展业务、出具报告。美国国会《金融机构改革、复兴和实施法》的出台，标志着美国评估行业百年来传统的行业自律管理模式出现了松动，在特定评估领域开始接受政府的监管。政府监管与行业自律相结合管理模式的出现，标志着美国评估行业进入了一个新的发展时期。

从美国评估行业发展的主流来看，评估自律性管理仍然是美国评估行业管理的主流。美国评估行业自律管理是伴随着美国评估活动不断发展同时发展起来的，美国专业性的民间自律性评估管理组织自20世纪20年代末开始进入了较快发展期，像以农场评估为主的美国农场管理人和农业评估师协会、以不动产评估为主的美国评估学会和以企业价值评估、动产评估、不动产评估、机器设备为主的综合性跨领域协会——美国评估师协会等都是这个时期的产物。当然，它们当中有自成立开始到现在一直存续的，如美国农场管理人和农业评估师协会。这些组织规模及影响力较大的评估协会，均有自己的规章制度和评估标准。虽然每个协会的评估领域各有侧重，各个评估协会对评估师的专业要求可能会有所不同，但各个评估协会会员执业遵循的评估基本原理、评估基本原则和职业道德是共同的。为适应评估客户不断扩展的业务要求，评估行业逐渐走向综合发展道路的趋势越发明显。

（二）美国评估行业发展现状

从美国评估行业目前的发展情况看，有两个比较显著的特点。一是在评估业务领域方面，美国评估行业呈现出多元化发展的特点；二是在评估行业管理体制方面，呈现出政府监管与民间行业自律有机结合的特点。

1. 评估业务领域发展现状

在评估业务领域方面，财产纳税、财产保险、财产交易引发的不动产评估需求，带动了不动产评估的早期发展。随着美国社会经济各个领域和各个层面的不断发展与深入，美国评估行业的业务领域也在不断增加和细化，企业价值评估、无形资产评估、机器设备评估、艺术品评估、珠宝首饰评估和以财务报告为目的的评估等相关评估需求不断增加，新的评估领域不断涌现。美国评估行业业务领域多元化和综合发展的格局，以及企业价值评估、无形资产评估、动产评估与不动产评估齐头并进的行业发展模式，使得美国在资产评估开展较早的国家里独树一帜，美国评估行业已经成为当前许多国家发展评估行业的“楷模”。

2. 评估行业管理现状

自美国国会颁布了《金融机构改革、复兴和实施法》以后，美国评估行业管理体制实际上已经形成了一个全新的模式。在新的行业监管体制下，由于在涉及联邦交易的评估领域，评估师和评估机构需要自动地接受联邦政府、地方政府相关部门的监督，需要接受行业自律管理组织的约束，需要遵守《专业评估执业统一准则》的相关规范和要求，需要接受联邦金融机构的委托，以及金融监管部门的约束，这不但大大地强化了涉及联邦交易评估活动的规范化，也大大促进了传统的非涉及联邦交易的不动产、企业价值、无形资产、机器设备、艺术品、珠宝首饰、税基和以财务报告为目的的评估以及评估复核、评估咨询等方面评估行为的规范发展。相应地也促进了各类评估行业自律管理组织的自身建设，提高了在评估准则建设、人员管理、理论和技术方法研究等方面的积极性。实践证明，即使是世界上市场经济比较发达的国家，政府对资产评估行业在特定领域和一定程度上的监管也是必要的，政府监管与行业自律是资产评估行业管理的一种重要模式。

随着美国评估促进会以及《专业评估执业统一准则》社会信誉和威望的提高，越来越多的评估行业自律组织加入到美国评估促进会，也有越来越多的评估师自愿接受《专业评估执业统一准则》的规范。

二、美国评估业务领域

在评估业务领域方面，美国是所有资产评估开展较早、发展水平较高国家中评估业务多元化最为突出的国家之一。美国的评估业务领域的多元化可以从两个方面观察，一是从评估对象不断扩展的角度看，资产评估对象从最初的不动产，发展到机器设备、珠宝首饰、企业价值、无形资产、矿产资源等各种资产，资产评估的对象越来越广泛。二是从评估服务的目的或引起资产评估的经济行为观察，资产评估从服务于产权交易和公平纳税，到为企业重组、资产重组、财产抵押、财务核算和信息披露以及法律诉讼服务，资产评估服务的领域越来越多，发挥的作用越来越大。

（一）从评估对象的角度看美国的评估业务领域

1. 企业价值评估和无形资产评估

企业价值评估和无形资产评估的普遍开展和较高的执业水准是美国评估行业发展的一个显著特点。20 世纪 50 年代，美国的税收法对所得税计税扣除和摊销需要，以及之后的一浪高过一浪的企业并购浪潮引发的大量股权投资、股权出售和无形资产转让等引发了美国企业价值和无形资产评估需求。伴随着美国企业价值评估和无形资产评估活动的普遍开展，一些评估行业管理组织在原有评估业务领域的基础上，扩展了企业价值评估和无形资产评估服务领域。如美国评估师协会就设立了专门的无形资产评估专业委员会。在 1981 年在召开的美国评估师协会的年度国际会议上，美国评估师协会明确了企业价值评估的独立地位，并首次提出了关于企业价值评估教育计划的议题。同年 9 月，美国评估师协会成立了企业价值评估委员会，并颁布实施了《企业价值评估发展规划》。美国评估师协会在推动无形资产和企业价值评估在美国的发展方面起到了重要的作用。

20 世纪 80 年代以后，经济金融化和信息化不断深入，在美国巨大的市场需求推动下和资本市场日益重视知识产权和企业价值创造的背景下，美国企业价值和无形资产评估领域得到迅速发展。企业的管理者、投资者、分析师和投资银行家等资本市场参与者都开始采用科学的估值模型对企业价值和无形资产进行价值评估，从而进行更加合理的经营和投资决策。企业价值和无形资产评估在美国已经成为常态化的评估活动，是美国评估行业重要的业务领域。在《专业评估执业统一准则》的准则和准则条文中，企业价值评估和无形资产评估规范占有重要的位置。

目前美国具有代表性的企业价值评估行业管理组织有美国评估师协会、美国注册评估师分析师协会、美国企业价值评估师学会（Institute of Business Appraisers，IBA）等。

2. 不动产评估

不动产评估是美国评估领域中最早发展起来的，也是最为常见的评估业务。不动产评估所涉及的评估目的主要是不动产的买卖、租赁、征税、抵押保证。与不动产买卖、租赁相关的不动产评估通常采取的是传统的评估技术手段和标的物个体性评估。以抵押保证为目的的不动产评估在20世纪80年代以前，无论在技术运用方面还是行业管理方面与其他类型的不动产评估并无太大的区别。20世纪80年代美国发生了严重的储蓄和贷款危机后，美国国会于1989年颁布了《金融机构改革、复兴和实施法》，对涉及联邦金融业务的不动产抵押评估实行了政府监管机制，形成了政府监管和评估行业自律相结合的管理体制。在《专业评估执业统一准则》的准则和准则条文中，不动产评估规范占有非常重要的位置。

目前美国不动产评估业务主要涉及商用房地产评估和居住房地产评估等，具有代表性的不动产评估行业管理组织有：美国评估学会及美国农场管理人和农业评估师协会等。

3. 动产评估

美国评估行业的业务领域随着美国经济和市场的不断发展也在不断增加和细化，除了企业价值评估、无形资产评估和不动产评估外，机器设备评估、艺术品评估、珠宝首饰评估等动产评估业务也非常发达。

美国是世界上市场经济最为发达的国家之一，市场机制渗透到社会经济的各个领域和各个层面，机器设备、艺术品、珠宝首饰等的交易和保险等活动非常频繁，推动了机器设备评估、艺术品评估、珠宝首饰等动产评估的广泛开展。机器设备评估、艺术品评估和珠宝首饰评估等评估业务在美国已有较长的发展历史并具有较高的执业水平。在《专业评估执业统一准则》的准则和准则条文中，动产评估规范占有显著的位置。

目前涉及机器设备评估、艺术品评估和珠宝首饰评估的评估协会很多，其中，美国评估师联合会（The American Association of Appraisers，AAA）是一个历史悠久的动产评估专业协会，也是美国最大的专注于艺术品价值评估的协会。另外，美国评估师协会在机器设备、动产、珠宝艺术品及评估复核与管理方面也有较高专业水准。

（二）从评估目的的角度看美国的评估业务领域

美国评估行业的高度发展不仅表现在评估对象随着市场经济的发展而不断细化和扩张，而且还表现在服务的经济行为越来越多。从美国评估行业发展初期的为财产纳税服务的税基评估，发展到后来的为资产产权变动服务的资产评估、为资产抵押担保融资服务的抵押评估、为会计核算及会计信息披露服务的以财务报告为目的的评估和为法律诉讼服务的司法诉讼评估等。

1. 产权变动目的的评估

20 世纪到 21 世纪的企业并购浪潮强有力地推动了美国产权目的下的评估活动的开展，企业价值评估、无形资产评估、动产评估、矿业权价值评估和不动产价值评估等风生水起，大大促进了美国经济的发展和市场经济的进一步完善。美国产权变动涉及的评估对象的广泛性，促进了美国评估行业和评估领域的多元化，形成了美国评估行业全面发展的格局和特点。

2. 服务于纳税目的的评估

税基评估是伴随着美国财产纳税，特别是财产税的从价计征规定发展起来的。由于美国早期的财产纳税规模较小，在评估技术应用方面，税基评估基本上也是采用对个体评估对象进行评估的方式，与其他目的的不动产评估并没有大的差别。

20世纪50年代后，美国不动产的数量逐年增加，不动产类财产税逐步成为美国地方财政的主要收入来源。此时，传统的单体税基评估技术难以满足税基评估需要对大批量不动产类资产进行评估的需求，对批量评估（Mass Appraisal）的研究和探索应运而生。20世纪70至80年代，计算机硬件软件和地理信息系统（GIS）技术有了较大发展，使用费用降低，使批量评估在美国评估业中逐步发展起来，批量评估的模型和方法也有了进一步改进。1983年，国际估税官协会就已经颁布了关于三种基本价值评估方法——成本法、市场法和收益法在批量评估中的应用准则。国际估税官协会颁布批量评估准则，形成了以传统的评估方法（成本法、市场法和收益法）为模型母层面，以数理统计与计算机技术及模型校准技术为子层面的较为成熟的批量评估体系。目前，批量评估已成为具有很大影响力的新兴评估模式，尤其是在财产类从价税的税基评估和不动产计税评估中，批量评估得到了广泛的应用。在《专业评估执业统一准则》的准则和准则条文中，批量评估规范占有一定的位置。

3. 以财务报告为目的的评估

美国是世界上较早采纳公允价值计量的国家之一，以财务报告为目的的评估业务在美国也有一定的发展，主要集中在投资性不动产、企业合并对价分摊和资产减值等方面。

4. 抵押融资目的的评估

20世纪80年代以前，以抵押保证为目的的不动产评估无论在技术运用方面还是行业管理方面与其他类型的不动产评估并无太大的区别。20世纪80年代美国发生了严重的金融危机后，《金融机构改革、复兴和实施法》对涉及联邦金融业务的不动产抵押评估实行了政府监管机制。在评估技术层面上，要求所有涉及联邦权益的抵押评估必须遵守《专业评估执业统一准则》。在评估主体监管和业务监管方面，要求所有为涉及联邦权益抵押评估的评估师需要经过地方政府的注册或许可，评估机构和注册/许可评估师承接的涉及联邦权益抵押评估的业务只能由金融机构委托等。

5. 以法律诉讼为目的的评估

以法律诉讼为目的的评估在美国应用十分广泛。任何涉及价值纠纷的法律诉讼，都可能会有专业评估师的参与，主要包括下列情形：（1）因婚姻、公司、合伙关系解散导致的财产纠纷；（2）因毁约导致的财产损失纠纷；（3）因股东不满管理层的经营、决策而采取相应的行动；（4）仲裁，包括因买卖交易、企业重组、离婚、薪酬合理性等而引起的仲裁和一般仲裁。

三、美国评估行业管理

目前美国的评估行业管理体制采取的是政府监管与民间行业自律相结合的制度。美国各级政府及相关部门对涉及联邦交易的评估业务实施必要的监管，非涉及联邦交易的评估业务则由评估行业自律管理。

（一）行业自律管理

1. 行业自律管理组织

在美国评估促进会成立之前，美国的评估行业自律管理组织大都是根据评估师执业领域的专业特点自发形成的。在美国的评估行业自律组织中，除了有大量的专注于专业特长的评估协会，如美国评估学会、地役权国际联合会，美国农场管理人和农业评估师协会、美国评估师联合会等，也有跨学科跨专业的综合性评估协会，如美国评估师协会。

美国评估师协会（American Society of Appraisers，ASA，成立于1936年，1952年合并后改成现在的名称），是国际评估界享有盛名的综合性专业评估协会，在企业价值（无形资产）、机器设备、不动产、动产、珠宝艺术品及评估复核与管理方面均设有专业资质。美国评估师协会近年来致力于在包括中国在内的各主要国家、地区发展，为推动当地和国际评估行业的发展作出努力。

美国评估学会（Appraisal Institute，AI）是20世纪90年代在美国不动产评估师学会（AIREA）和美国不动产评估师协会（SREA）的基础上合并而成。它的前身历史悠久，是一个颇具规模的国际性的专业房地产评估协会。

美国评估师联合会（Appraisers Association of America，AAA）成立于1949年，在美国动产评估领域具有独特的地位，它是全美最大的专注于艺术品和装饰艺术价值评估的协会。美国评估师联合会在百余个不同专业领域拥有数百位专业评估师，它的会员涵盖了前博物馆馆长、拍卖行资深人员等艺术鉴赏专家和评论家等，使得美国评估师联合会始终保持着较高的艺术品评估专业水准。

美国农场管理人和农业评估师协会（American Society of Farm Managers & Rural Appraisers，ASFMRA）成立于1929年，是一个专注于提供农场和牧场管理、农村不动产评估、评估复核及农业咨询服务的专业评估协会。

地役权国际联合会（International Right of Way Association，IRWA）成立于1934年，是美国地役权评估行业唯一的专业组织，在地役权评估教育课程和专业服务方面一直处于全球领先水平。

美国注册评估师分析师协会（National Association of Certified Valuators and Analysts，NACVA）成立于1990年，是一个旨在为其会员提供评估、财务分析和其他相关咨询服务领域的工作支持，提供企业价值评估以及诉讼取证咨询服务的专业协会。

美国评估促进会（The Appraisal Foundation，TAF）是在1986

年美国发生信贷危机后，由美国评估师协会等八个评估协会联合起来创立的统一准则特别委员会的基础上演变而来的。目前，美国评估促进会下设三个委员会，即评估师资格委员会、评估准则委员会和评估执业委员会。评估师资格委员会（Appraiser Qualifications Board，AQB）是美国评估促进会下设的专门负责制定评估师资格标准的独立委员会，由管理委员会（BOT）指定的5名评估师组成，任期一般为三年，负责为在各州注册的不动产评估师设定最低的教育、经验和考试要求。承担着不动产评估师和动产评估师资格认证方面的责任。评估准则委员会（Appraisal Standards Board，ASB）成立于1989年1月30日，是评估促进会下设的独立职能部门，由管理委员会（BOT）指定的6名具有执业经验的评估师组成，任期一般为三年，专门负责制定、解释和修订《美国评估准则》。评估执业委员会（Appraisal Practices Board，APB）是由美国评估促进会管理委员会于2010年1月1日组织设立的，负责对应用于评估执业各领域的公认的评估方法和技术进行鉴别并提出意见。由管理委员会（BOT）选定的5—7名具有丰富经验的评估专家组成。

2. 行业管理方式

在20世纪80年代之前，美国评估行业自律管理主要由各类评估协会自我实现。每个评估协会根据各自侧重的专业领域分别制定职业道德守则和技术执业规范，以及各自的专业人员资格标准，以约束本协会会员的执业行为。

（1）人员管理。美国的各个评估协会都有各自的专业人员资格标准，一方面是从准入的角度，把握住加入本协会会员的门槛。另一方面，通过制定本协会的专业人员资格标准来鞭策本协会会员不断学习提高执业能力。许多评估协会也会通过授予会员不同的专业称号激励会员规范执业和敬业。评估师通常是以自己获得的本评估协会授予的不同会员等级或专业称号，向社会和客户展示其专业胜任能力和职业道德水准。各个评估协会希望通过建立这种会员管理体制，来维系评估协会的总体执业质量和社会信誉。例如，美国评估师协会所授予的评估师资格主要分为公认会员（AM）和公认高级评估师（ASA）。从事资产评估工作2年以上的可申请成为公认会员；而取得公认高级评估师“ASA”证书须具有4年制大学学历，具有5年的资产评估工作经验，参加过美国评估师协会规定的课程培训并考试合格。

美国的各大评估协会都设有会员管理的专门部门或机构，负责本协会评估师资格（会员资格）的审查。评估专业人士需通过相关考试并具备相应评估经验才能获得协会的专业资格和称号，凡是不遵守职业道德及违反协会规定的，取消其会员资格。

（2）执业标准管理。美国的各大评估协会都设有本协会制定职业操守和执业标准的专门部门或机构，负责本协会职业规范的制定、修改与完善工作。

在20世纪80年代后期美国发生金融危机之后，虽然美国的各个评估协会，仍然根据各自侧重的专业领域分别制定各自的执业标准（评估准则）和评估师资格标准，约束和规范着各个评估协会的评估师执业。但是，由美国评估师协会等美国8大评估协会与加拿大评估学会（Appraisal Institute of Canada，AIC）联合成立的统一准则特别委员会及其制定的《专业评估执业统一准则》（USPAP），以及美国评估促进会（TAF）的成立，改变了传统的美国评估行业自律管理模式。虽然《专业评估执业统一准则》对各个评估协会和评估师并没有强制的执行力和约束力，但《专业评估执业统一标准》是美国政府认可的全美评估行业统一的专业评估执业准则，是从事涉及联邦交易评估业务时必须遵守的执业标准。虽然美国评估促进会制定的评估师资格标准并不影响各个评估协会的会员资格，但美国评估促进会制定的评估师资格标准，是美国政府认可的可以从事涉及联邦交易评估业务评估师的最基本的资格标准。《专业评估执业统一准则》的产生，以及美国评估促进会的成立，使得美国评估行业传统的自律管理体制发生了重大改变。

（二）政府监管

《金融机构改革、复兴和实施法》是美国联邦政府有关资产评估方面最具代表性的法律文件，它的颁布也表明美国评估行业完全自律性管理的时代已经结束，政府监管与行业自律相结合的时代已经到来。

1. 政府监管领域

美国政府对评估行业的监管并不是全方位的，主要是针对涉及联邦金融业务的不动产评估进行必要的监管。由于美国联邦机构承担了部分金融机构的投保，如果那些在联邦机构投保的金融机构发生信贷危机将会危及联邦政府。所以，以抵押融资为目的的不动产评估的质量会间接地影响联邦政府的利益。《金融机构改革、复兴和实施法》的第11章对涉及联邦金融业务的不动产评估作出了一系列监管要求，涉及联邦金融业务的不动产评估被纳入了政府监管范围。

2. 监管体系和组织

根据《金融机构改革、复兴和实施法》第11章，美国评估行业政府监管体系主要由美国国会、联邦政府、州和地方政府，以及联邦金融机构监管部门组成。具体来讲，国会下设评估分会，担负着涉及联邦金融评估活动总体的监管职责，联邦金融监管部门负责涉及联邦金融评估活动的具体监管职责，州及地方政府承担对涉及联邦金融的评估活动实施评估师资格的监管职责。

（1）评估分会。为适应金融评估管理需要，《金融机构改革、复兴和实施法》规定，在联邦金融机构监察委员会下设立“评估分会”，作为联邦层面对不动产评估业及其他相关组织进行监督的负责部门。评估分会的主要职责包括：

①监督各州制定的有关注册评估师和许可评估师资格的条件，

包括有关专业责任规范。

②监督联邦金融监管部门在其各自管辖范围内规定的涉及联邦交易的评估准则，并确定必须由注册评估师和许可评估师执业的涉及联邦交易评估业务的范围。

③建立全国性的获得各州注册或许可、有资格在涉及联邦交易中提供评估服务的注册评估师库。

④监督并审查评估促进会的业务、程序、活动和组织机构，向美国评估促进会提供适当金额的资助，用于支付其从事的与《金融机构改革、复兴和实施法》第 11 章相关的工作费用。

⑤每年不迟于 1 月 31 日向国会递交年度报告，汇报上一年度评估分会各项职能的执行情况。

评估分会主要是通过设立顾问委员会、举行听证会、调查会和直接参加有关会议等方式来完成其承担的监管涉及联邦交易评估活动的职责。包括了解监督评估师的注册情况，评估行业自律组织评估准则制定及评估师资格管理的情况，州和地方政府相关监管部门评估师注册和许可管理情况，以及各联邦金融监管部门贯彻落实《金融机构改革、复兴和实施法》第 11 章的具体工作情况等。

（2）联邦金融机构监管部门。联邦金融机构监管部门负责保证在联邦机构投保的储蓄机构遵守《金融机构改革、复兴和实施法》第 11 章的要求，保证涉及联邦交易中的不动产评估符合评估准则委员会制定的 USPAP 的要求。其主要职责如下：

①要求涉及联邦交易中的所有评估业务都必须符合 USPAP 的要求，评估结论以书面形式表示，且应当包含充分的信息和分析过程，以支持金融机构的交易决策。

②如果为适当履行其法定职责，各联邦金融监管部门或执行机构可以在 USPAP 的基础上增加额外的评估规定，并要求评估师在开展评估业务时遵守这些额外的评估规定。

③规定需由注册评估师或许可评估师进行评估的“最低门槛要

求”，即规定在什么情况下，受监管的金融机构可以不聘请注册评估师或许可评估师进行评估，改为通过其他人士或手段（如银行内部人员、自动评估模型等）进行“评估”。

④划分涉及联邦交易的评估业务种类，确定哪些交易应当由州注册评估师进行评估，哪些交易应当由州许可评估师进行评估。

⑤规定在涉及联邦交易的评估业务中，评估师必须由金融机构聘用，而不得由贷款申请人聘用。

⑥制定检查程序，以保证受监管的金融机构遵守《金融机构改革、复兴和实施法》第11章的要求。当监管部门发现金融机构有违反规定的情况或缺陷时，它们会采取处罚措施或通过与金融机构的管理当局进行讨论，促使其采取补救措施。监管部门有权对违反评估规定的金融机构采取惩戒措施，包括谅解备忘录、限制执业、禁止执业、暂停和终止资格，以及对其进行民事处罚等。

⑦委派代表参加评估分会。

（3）地方政府。为管理各州评估师注册和许可事宜以及监督注册评估师和许可评估师执业，各州和地区都建立州评估师注册和许可管理部门和相应的制度对评估师进行管理和监督。州评估师注册和许可管理部门负责本州管辖范围内的评估师管理工作，主要职责有：

①制定本州注册评估师和许可评估师资格要求和有关考试工作。评估师资格标准需符合美国评估促进会下属的评估师资格委员会的标准（最低资格要求），还需符合本州政府评估师注册和许可管理部门制定的评估师注册和许可要求，以及联邦金融监管部门的相关要求。

②对注册评估师和许可评估师进行登记并收取注册登记费，对违规评估师进行必要的处罚。

③监督评估师遵守 USPAP 的情况。

州评估师注册和许可管理部门在开展工作中接受评估分会的监

督，每年需向评估分会上报州注册登记表，列明获得注册评估师和许可评估师资格的人员。如加州将注册评估师执照分为四种：

①普通或正式注册评估师执照（初级执照）。持初级执照的评估师，其执业范围包括：1—4个单元的住宅评估，价值在100万美元以内的较简单的住宅评估，价值在25万美元以内的较复杂的（含非房地产）评估，以及用于1—4个单元住宅建设空地的评估等。

②见习注册评估师执照（临时执照）。持临时执照的评估师可以在初级注册评估师指导下，从事上述各类资产的评估。

③房地产注册评估师执照（中级执照）。持中级执照的评估师，其执业范围包括任何类型的房地产及价值在25万美元以内的非房地产评估。

④综合注册评估师执照（高级执照）。持高级执照的评估师，其执业范围包括：各种类型的不动产、机器设备、企业整体等的资产评估。

四、美国评估行业发展与启示

（一）评估服务领域应随着市场经济的发展和需求的增加而扩大

美国评估行业的发展是伴随着社会和经济的发展逐步发展起来的。早期的财产纳税、财产保险和资产交易的广泛开展，带动了不动产评估的兴起与持续发展。技术进步引发的企业资产交易、产权交易和企业并购浪潮，促生了机器设备评估、无形资产评估和企业价值评估的广泛开展。计算机技术的普及和地理信息系统的广泛应用催生了批量评估和税基评估的现代化。公允价值在会计核算和信息披露中的广泛应用，推动了以财务报告为目的的评估的兴起和发展。从美国评估行业业务领域随社会和经济发展而发展的事实，我们可以借鉴的经验是，评估行业应当顺应社会经济发展的潮流，把握社会分工细化和技术创新给评估行业带来的发展机遇，为社会发展和市场经济的完善提供优质的评估服务。为此，评估行业应当重视各类评估人才的培养和储备，以应对社会和市场对评估人才的需求。

（二）美国评估行业综合化发展的特征和趋势非常明显

从美国评估行业发展的历史过程来看，评估领域随着市场的细化在不断地扩展，评估专业领域细化和专业化程度越来越高。而从整个评估行业的发展和管理来看，美国评估行业综合性发展的特点和趋势也非常明显。以美国评估师协会为例，其会员在企业价值、机器设备、不动产、动产、珠宝艺术品及评估复核与管理等方面都有很高的专业水准，各个专业领域相互促进全面发展。评估行业综合化发展的趋势和优势比较明显，值得我国评估行业借鉴。

（三）美国评估行业管理特点及其启示

评估行业在给社会提供了专业服务的同时，也不能排除无序竞争给社会造成损失的可能性。20 世纪 80 年代中期美国出现的储蓄和信贷危机表明，缺乏统一规范的评估行业，有可能因无序竞争或无统一规范可循而导致评估师的个人行为影响到国家或社会公共利益。因储蓄和信贷危机，美国评估行业出台了《专业评估执业统一准则》，联合形成了美国评估促进会；美国国会出台了《金融机构改革、复兴和实施法》，强化了政府对评估行业的必要介入和监管，这些措施搭建了政府有限监管下的行业自律模式，以行业自律管理为主，在特定领域实施政府监管。这种模式既有政府监管，更强调行业自律管理。在涉及联邦金融和公共利益的评估业务方面，包括美国联邦金融机构监察委员会评估分会、国内税务署、证券交易委员会和各州评估师管理委员会等相关职能部门在内的政府组织和机构，通过颁布法令、评估准则及评估师注册和许可准入条件等方式直接或间接地监督指导评估行业自律组织和评估执业人员。而以美国评估促进会为代表的评估行业自律管理机构，从维护评估行业形象，提升评估师信誉，提高评估质量的角度，以及接受政府监管的方面，通过制定统一评估准则和不断完善评估准则来指引评估行业规范执业。美国评估行业从完全自律管理到以评估行业自律管理为主与政府有限监管相结合的演变过程表明，即使在市场经济比较发达的美国，在市场有着强大的外部约束力的情况下，完全依靠评估行业自律约束评估师的执业也难以避免在某些领域和某些情况下评估师个体利益与社会公共利益之间的冲突。在某些领域和某些情况下也存着市场约束失灵与自律失效的可能性。借助于立法或政府的力量实现评估行业统一的职业道德规范和执业技术标准，并在涉及社会公共利益的评估领域实施必要的政府监督和准入制度也是美国评估行业发展给我们的重要启示。在特定时期和特定评估领域，政府对评估行业的必要介入和监管有助于评估行业的规范发展。在市场经济尚不发达的中国，市场的外部约束力本来就比较薄弱，评估行业的自律体系仍处于建设之中，市场约束力度与行业自律约束力度本身有限。在特定的时期和特定的领域引入政府监管，对涉及国家利益和公共利益的评估领域实行必要的政府监督，无论是从维护国家利益和公共利益的角度，还是从评估行业自身发展的角度都是十分必要的。中国评估行业也应当选择有限政府监管下的行业自律管理模式。

第三节 英国评估行业及其发展

一、英国评估行业概况

英国的资产评估行业分两大体系，即政府管理下的资产评估体系和民间自律性的资产评估体系。

（一）政府管理下的资产评估体系

政府管理下的评估体系为政府征税提供评估服务，涉及税种主要是地方议会税（Council Tax）和营业财产税（Business Rates）。

1601 年，伊丽莎白贫困救济法案中开征强制性地方政府税（Local Authority Rates），1990 年被人头税（Poll Tax）取代。1993 年，英国实行了新的地方税——地方议会税（Council Tax）。地方议会税又称家庭财产税（Domestic Rates），纳税人为年满 18 周岁的住房所有者或承租者，征税对象包括楼房、平房、公寓及出租的房屋。营业财产税又称为非家庭财产税（Non - Domestic Rates），是对居民住宅之外的营业性房产征收的地方财产税，如商店、写字楼、仓库以及工厂等。

地方议会税征税依据是经评估的房产价值。营业财产税按评估的房产租金价值征税。英格兰、威尔士地区的涉税评估由英国税务海关总署下属的评估办公室承担。

在苏格兰地区，根据 1854 年土地评估法，涉税评估由地方议会指定的估税官（Assessors）承担。

（二）民间自律性的资产评估体系

英国民间评估行业在国际评估界久负盛名。英国被认为是现代评估业的发源地，其评估业的悠久历史可以追溯到 17 世纪 80 年代火灾保险评估服务和 1760 年“英国劳氏船级社（LR）”的海损保险公估业务。

民间评估师分布在民间评估机构或物业公司，以评估师身份或物业公司雇员身份执行评估业务。民间的资产评估机构是完全不依赖任何部门的独立、客观、公正的社会中介服务组织，其组织形式主要是合伙制和有限责任公司，也有少量独资形式的。这些机构大都以咨询、顾问公司的形式存在，除做评估业务外，还承揽许多相关的服务业务，如接受委托从事房地产购买、销售、出租、承租以及投资等业务。

二、英国评估业务领域

英国对评估专业的划分主要是：不动产、机器设备、矿业、艺术品、古董和企业价值等，其中不动产评估是最大的专业门类，其他都较小。

从评估领域上看，英国评估界传统上只注重不动产即房产和地产评估，很少涉及不动产以外的评估领域。从评估所涉及的评估目的和经济行为看，英国评估行业所涉及的评估目的主要是不动产的买卖、租赁、征税以及抵押保证。由于英国是世界上最早采纳公允价值计量的国家，自20世纪70年代以来，以财务报告为目的的评估业务在英国得到长足发展（主要限于厂场设备、投资性不动产等）。

近年来，英国评估界明显加快了综合化发展的步伐，机器设备、珠宝、艺术品、企业价值和无形资产等评估领域也有了不同程度的发展。

三、英国评估行业管理

（一）政府管理

英国政府管理下的评估体系在不同地区采用不同方式。

在英格兰和威尔士地区，主要是由英国税务海关总署（HMRC）进行管理，分为三个层次：即中央、大区和区评估办公室。中央级评估办公室主要职能是制定有关政策，管理大区和区的评估工作。

大区级评估办公室主要职能是协调其所辖区内评估办公室的评估工作。区级评估办公室具体承担其所辖区内的评估工作。

在苏格兰地区，由地方议会对涉税评估行业进行管理。32 个地方议会都是评估管理部门，负责指定估税官。目前苏格兰地区共有 14 名估税官，每名估税官由一个或多个议会指定。所有估税官和估税官办公室的部分高级员工都是苏格兰估税官协会（Scottish Assessors Association，SAA）会员。该协会属于自律组织，旨在促进税收管理和评估的一贯性。

（二）自律管理

除了涉税评估部分，英国评估管理完全是民间自律管理，英国政府几乎不涉足评估行业的管理事务。传统的自由经济思想使得英国政府一般不会去主动干预包括评估这样一种专业性极强的中介行业。加上自 19 世纪后期以来，以英国皇家特许测量师学会为代表的行业学会已形成良好的自律管理制度，也使得政府的干预变得没有太大必要。因此英国评估界对外称是“完全自律管理”的体系。

民间评估机构在发展过程中，逐渐建立了行业协会组织。协会组织影响最大的是英国皇家特许测量师学会，其行业自律性管理已有 200 多年的历史，其对评估及其他服务的行业自律管理不仅影响英国的政府管理，也影响全球范围的不动产评估行业的自律管理和政府管理。

此外，英国的评估人员资格管理方面，通常是由皇家特许测量师学会负责评估人员的资格认证。其评估学部负责房地产评估人员的资格认证，机器与工商资产学部负责机器设备评估人员的资格认证，矿物与废物处理学部负责矿物评估人员的资格认证，艺术品与古董学部负责艺术品和古董评估人员的资格认证。在英国，虽然没有法规规定只有英国皇家特许测量师学会认证的评估人员才可以从事评估工作，但社会上的约定俗成的惯例是只有英国皇家特许测量师学会认证的评估人员才能获得工商团体、银行和金融机构、政府及其他国际机构的认可。

四、英国评估行业自律管理组织

英国评估行业自律管理组织具有悠久历史。1792 年“测量师俱乐部”成立，1834 年“土地测量师俱乐部 ”成立，1864 年“土地测量师协会”成立 ，1868 年“测量师学会”（RICS 的前身）成立。1881 年由英国维多利亚女王授予测量师学会“皇家特许”称号，并于 1921 年获皇家荣誉，1946 年成为英国皇家特许测量师学会。

2000 年以前，全国性的评估协会组织有三个，包括英国皇家特许测量师学会（RICS）、评估师与拍卖师联合会（Independent Surveyors and Valuers Association，ISVA）以及税收评估学会（Institute of Revenues Rating and Valuation，IRRV）。三个行业协会曾经试图寻找相互统一的途径，并由三家协会共同发布全国统一的评估准则《评估与估价指南》。经过不懈的努力，2000 年，RICS 与 ISVA 成功地实现了相互联合，ISVA 逐步融入 RICS。

（一）英国皇家特许测量师学会

英国皇家特许测量师学会的发展基本上就成为英国评估行业发展的缩影。该学会目前不仅是英国最大、最具有权威性的评估行业组织，甚至对整个英联邦地区和世界范围的不动产评估业都具有重要的影响。

英国皇家特许测量师学会的主要职能是：制定行业操作规范和行为准则；教育和培训；对评估人员进行监督；保持和政府部门的联系；为测量师和广大公众提供服务。

英国皇家特许测量师学会领域涵盖了土地、物业、不动产、建造及环境评估等 17 个不同的专业。自 1868 年成立至今，英国皇家特许测量师学会经过近140年的发展，目前有分布在全球120个国家的十万多名会员，拥有500多种相关大学本科及研究生学位课程，每年发表超过500份研究及公共政策评论报告，向会员提供覆盖17个专业领域和相关行业的最新发展趋势。英国皇家特许测量师学会得到全球50多个地方性协会及联合团体的大力支持，拥有同相关商业团体和专业组织紧密联系的网络，为会员与合作伙伴提供了广阔的交流与合作平台。英国皇家特评测量师学会坚持与享有盛名的顶尖教育机构开展合作，包括交流行业内的尖端发展趋势，开发新的商业解决方案，是各级政府、国际组织和商业界的重要资讯来源。

英国皇家特许测量师学会最高权力机构是理事会（Governing Council），由来自世界各个地区的代表组成，负责制定英国皇家特许测量师学会的发展战略和各项政策。最新的英国皇家特许测量师学会理事会下设战略与资源委员会、政策委员会、专业学科委员会、英国皇家特许测量师学会澳大利亚委员会、英国皇家特许测量师学会欧洲委员会等。

（二）税收评估学会

税收评估学会（IRRV）成立于1882年，1990年起改为现名。该学会的宗旨之一是帮助会员的专业和个人发展，推广最佳实践。学会设有地方税工作组、福利工作组和评估工作组，通过与相关方对话、加入委员会或专业研究，参与立法事务和专业事务。学会目前有5000名会员，分别在公共部门和私营部门从事税收、福利和评估工作。

五、英国评估行业发展与启示

（一）评估行业是一个独立的专业服务行业

英国皇家特许测量师学会在国内和国际上的地位不断得到巩

固，引起了社会的重视，主要依赖于其专业地位，是社会对评估专业的认可，也是社会对评估行业的需要。从英国皇家特许测量师学会专业分组的变化来看，其涉及领域不断扩大，专业服务不断细化，这种变化是社会经济发展不断出现新领域对评估行业的需要而产生的。英国皇家特许测量师学会正是顺应了这种需要，适应了社会化分工越来越细的客观要求，才使得这种变革获得成功。当前，我们应该加深对评估行业专业性及其在社会经济中的专业性地位和不可或缺的作用的认识。

（二）评估服务对象应该更加宽泛

长期以来，英国皇家特许测量师学会服务范围主要是不动产，现在英国皇家特许测量师学会在理念上发生了根本性的变化，不再固守在不动产领域，而是将机器设备、珠宝、艺术品、企业价值、无形资产等对象都引入到其规范范围之内。这种变化顺应了经济发展潮流，同时也拓宽了评估师的执业面和生存空间。

（三）行业协会重视外部协调，维护行业整体利益

英国皇家特许测量师学会在参与政府沟通，参与政府决策和参与法规制定方面发挥了更为重要的作用。如政府在买卖居民住宅时常咨询英国皇家特许测量师学会的意见。英国皇家特许测量师学会在促使建立 19 世纪英国全国铁路网络的所有铁路法案得以通过中发挥了重要作用。让英国皇家特许测量师学会在政府心中总有一席之地，并发挥重要影响作用的原因有两方面：一是需要日常和政府官员保持大量的非正式联系，这一联络工作以英国皇家特许测量师学会的公共事务部门为主，其他部门给予配合；二是充分发挥会员的作用，通过英国皇家特许测量师学会公共事务委员会和政策讨论专家小组及背后的庞大专家团队，为政府献计献策起到关键的影响作用。国外评估行业协会的发展已经不仅是发挥行业内部管理的作

用，而是逐渐扩大行业的影响，发挥行业专家团队的作用，积极参与宏观的政府决策和法规制定过程。

（四）充分发挥专门、专业委员会的作用

英国皇家特许测量师学会的专门委员会和专业委员会建设对我国有很好的借鉴作用，英国皇家特许测量师学会理事会下设 6 个专门委员会和 17 个专业委员会，由于专业领域跨度很大，会员可以选择 4 个专业委员会加入。这样既拓展行业领域的宽度，又能保证会员专业上的深度。

（五）政府管理的特点及启示

英国政府管理的评估体系所反映出的评估作用和可持续发展值得我们借鉴，我们不仅需要学习评估技术和评估行业管理，更要思考、借鉴与评估行业相关的科学机制。评估行业的生存和价值很大程度取决于行为的公正性；其专业的权威性取决于专业价值判断的社会认同。客观、公正的评估结果一方面可以增加社会的价值，满足社会要求；另一方面可以成为社会认同和信任行业的基础，从而保证该行业的持续生存和良性发展。英国税务海关总署（HMRC）下属的评估办公室（VOA）的评估机制设立给我们很大启发。税赋政策制定、资产评估、税款的征收以及评估争议处理部门职能各自独立且相互衔接，这种体制科学、高效，无论对税收机制还是评估机制的完善都有极大的启发和借鉴意义。各部门的职责分离相互协作，特别是独立的评估争议处理，能够很好地协调政策科学制定、政策规范有力地执行及公正地计量的关系。在这个良性循环系统中，评估机构只有保证其客观、公正，才能够形成有效的业务循环，自然地解决了行业持续发展中的客观公正的难题。

第四节　俄罗斯评估行业及其发展

一、俄罗斯评估行业概况

（一）俄罗斯评估行业历史及发展过程

俄罗斯是世界上最重要的经济体之一，自 1999 年至今，其国有经济的转轨、各个行业的复苏发展，使得资产评估行业得以重新焕发生机。

从俄罗斯评估行业历史沿革看，俄罗斯资产评估行为首先出现在广大的农村。1861 年农奴制改革后，俄罗斯农村出现了广泛的土地租赁现象，而评估土地的价值，成为土地租赁的关键。与此同时，俄罗斯城市房地产的评估也逐渐兴起。随后，由于税收的需要，价值评估在俄罗斯快速发展。1870 年，一些城市的政府要求专门机构对城市的房产进行评估，以便收取房地产税。在这之后，一些城市开始出台专门的评估委员会工作细则，用来规范房产评估的流程和细节，还出现了针对评估委员会的监事会。代表性的评估细则出现在当时的哈尔科夫市，当地的不动产被分为七个类型：住宅物业，商业楼宇，工厂、工业设施、工业中心，仓库，工业厂院，园林、田野、草地和牧场以及荒地。根据所分类型和地域特征，对这些不动产进行价值评估。1893 年 6 月，俄罗斯政府以法律的形式规定了“不动产价值评估规则”，至此，俄罗斯评估工作有了法律规范和支持。

从 1918 年到苏联解体，是俄罗斯资产评估业发展的停滞期，在此期间，国家规定了一切物品的价格，评估活动仅存在于俄罗斯与境外公司进行的项目合作中。

（二）俄罗斯评估行业发展现状

随着苏联解体和俄罗斯经济不断发展，客观需求决定了俄罗斯资产评估行业的复兴。

据俄罗斯劳工与社会福利部调查，“评估师”这一职业重新出现是在1996年11月底，而建立这一职业的完整的体系、立法、机制，则是一个漫长的过程。莫斯科作为俄罗斯的首都，是率先发展评估行业的城市，1997年莫斯科出台了正式而系统的认证和评审制度，全面规定了莫斯科不动产评估行业、评估师认证和评估师培训等，与此同时，整个国家的评估行业在不断发展。

俄罗斯最初的评估活动主要在于对房产、汽车等的估值。1998年，受金融危机的影响，俄罗斯许多企业遭遇破产或需要重组，在这个过程中，财产的清算成为重要的经济过程，评估行业因此有了长足发展。

俄罗斯资产评估行业的发展是一个由繁荣到衰退再到复兴的过程，俄罗斯评估行业有良好的历史基础，而日趋健全的法律法规和完整的自律组织链条，使得俄罗斯评估行业向更加规范的方向发展。

俄罗斯评估行业战略规划显示，当代俄罗斯评估行业战略发展经历三个阶段：第一阶段被称为“概念性”阶段，约从1996年开始，主要研究评估行业概念、法律等基本框架，并制定1998—2003年的基本发展目标；第二阶段是2004—2008年，是俄罗斯经济发展与对外贸易部指导制定评估行业准则的准备阶段；第三阶段是战略制定阶段，制定2008—2020年的评估行业战略规划。

二、俄罗斯评估业务领域

俄罗斯资产评估行业的业务领域与其他国家并无大的差别，俄罗斯资产评估业务主要包括不动产评估、企业价值评估以及知识产权评估等。

（一）企业价值评估

企业价值评估是俄罗斯评估行业的重要业务部分。企业（或组织）进入市场或在市场活动时，其财产、价值等会对市场造成影响，因此，对于企业（或组织）的评估成为维持市场稳定的重要步骤。对企业的评估在很多情况下都会发生，例如企业破产清算、债务人融资、公司重组、债务人偿还、分析企业经济能力、购买该企业股权及知识产权转让等情况下，都需要对企业进行评估。

俄罗斯评估准则规定了企业价值评估中可能遇到的各种专业术语、评估方法及其选择等。方法的选择取决于评估人员、国家和市场环境影响以及其他影响因素。

（二）不动产评估

俄罗斯不动产评估历史最为悠久，1861 年以前，俄罗斯就形成了对土地、地形尺寸等强制评估的制度，那时的不动产评估主要用于确定土地使用权的形式，如农村社区、私人屋院、教会土地等的调查和区分。1861 年废除农奴制后，俄罗斯的不动产评估与税收政策紧密结合，为了征收人头税等以增加地方政府税收，不动产评估成为俄罗斯税收的一部分，在那时，土地、工厂、工业和商业中所有的不动产都成为补充国家和地方预算的税收的来源。19 世纪 70、80 年代，俄罗斯已经出现研究不动产估值的研究机构。

随着市场经济的飞速发展和不动产所有权的私有化，不动产税作为一项稳定、可靠的税收来源逐步得到俄罗斯的重视。苏联解体后，俄罗斯产权所有制形式有了巨大的变化，非国有资产占比大幅度增加。土地私有化成为俄罗斯经济和社会改革中的第一件大事，俄罗斯国会于 1992 年引入了联邦“土地付费法”。这条法律规定了不同区域土地的基准地价，为征税工作带来了便利，同时为确定土地租赁和买卖价格提供了参考。

在经济转轨的过程中，银行、国有企业、证券公司以及私有企业等各自扮演着不同的角色，更有投机者在经济转型时期利用非法手段将国有资产转为私人财产。在私有化的过程中，不动产评估成为重要资产价值评定的工具。另外，由于多种所有制的产生，私有资产进行出售的情况不断增加，私人或私有制企业可以出售其公寓、房产、写字楼等。然而，在私人行使其权利的时候，会出现各种问题，其中最重要的问题就是不动产的价值，这就需要专业的评估人员进行评定。

俄罗斯不动产评估分类细致，并对每一种不动产划分了专门的评估标准。

按照评估目的的不同，俄罗斯不动产评估主要包括以下几种：进入市场、投资需求、消费需求、保险、税务需求和清算需求等。

按照不动产类型不同，主要分为住宅、商业、土地及其他不动产等。

（三）知识产权和无形资产评估

在市场经济条件下，将知识和技术转化成为商品是迫切需求，如果成功将知识和技术转化成为商品，不但对企业发展有重要作用，而且可能会在市场上形成某种垄断或领先地位。对于某种类型的企业来说（尤其是高新技术企业），知识产权、无形资产在公司的总成本中占比例很高，有时会达到50%，知识产权、无形资产某些时候比公司的有形资产更加重要。因此，对于知识产权的定价、估值，成为企业（特别是高新技术企业）重要的工作内容。俄罗斯科技企业众多，在发展过程中，亟需知识产权和无形资产方面的评估。

在下列情况下，俄罗斯规定需进行无形资产与知识产权评估：

1. 评估智力活动带来的经济利益时（收入、利润）；

2. 签订经济活动合同时（研发、制造等技术性文档或其他）及为排除潜在的经济损失时，包括外国公司在本国进行科技方面的合作时；

3. 将知识产权作为无形资产用于增加公司价值、创造投资吸引力时；

4. 为增加商业利润需使用销售许可证时；

5. 将商业秘密转化为商品获利时；

6. 将具有知识产权保护的或法律保护的国有无形资产转化为商品获得利润时（包括计算机程序、政府数据等等）；

7. 出售或转让技术获得收入时；

8. 违反其他公司的知识产权独家代理权，需对第三方公司进行现金赔偿或罚款时；

9. 通过无形资产获得银行贷款时；

10. 签订专利许可交易增值税（合同），需进行税收优惠时；

11. 计算无形资产创造利润的所得税时；

12. 建立子公司或合资公司，需计算公司股本时；

13. 股权公司在高科技产品开发过程中成品价格成本增加时。

俄罗斯评估行业对于知识产权和无形资产的评估，一般遵循俄罗斯联邦财产关系部2002年11月26日颁布的《知识产权市场价值的评估方法准则建议》。收益法被认为是确定无形资产和知识产权价值最基本的方法，其他方法可以用来作为补充。

三、俄罗斯评估行业管理

（一）行业行政管理

俄罗斯评估行业的系统管理是在20世纪90年代。由于资产评估的重要性，俄罗斯的评估行业由政府立法管理。在技术方面，成立专门的委员会进行指导，在行业纪律、行政等方面，由专业的评估师组织共同管理。

首先，俄罗斯评估行业行政方面管理发展迅速并条理清晰。1995年，俄罗斯评估行业发展到一定阶段，开始建立系统的登记和管理制度。1996年，随着俄罗斯评估事业和技术的发展，开始研究资产评估评价标准，并在俄罗斯评估协会（POO）基础上成立了俄罗斯联邦资产评估技术委员会（Технический комитет по стандартизации《Оценка имущества》）。1996年底开始，专业的评估师在俄罗斯已经有官方地位。1996年11月27日，俄罗斯劳动和社会发展部正式开始对评估师职业进行鉴定和评定，并且规定了评估师职责、标准、规范等，规范了评估行业文件和资料。俄罗斯评估师最基本的职责是对市场或者其他具有民事权利的财产进行价值评估，在此基础之上，评估师的职责还在于研究评估需求，建立与客户的业务往来，撰写书面评估报告，利用已知的方法评估，必要时为评估行业建立信息库并使用信息库等。另外，俄罗斯评估行业还规定，评估师需要一定的资格要求，主要包括：接受过高等专业教育，接受补充教育以及至少一年的工作经历等。

其次，俄罗斯评估行业法律法规健全，较为完善的法律体系为评估行业的监管提供了重要支持。现代俄罗斯联邦级别的评估活动受1998年颁布的《俄罗斯联邦评估法》约束，俄罗斯现行法律对于评估客体进行了规定，俄罗斯联邦主体、省市、自然人和法人有权决定对其资产进行评估，另外，许多市场交易对象在参与交易时可进行强制评估，例如俄罗斯联邦、各省市全资拥有的国有资产等。

被评估主体的评估基础是评估师和客户之间的协议，俄罗斯评估行业管理规定，协议应采用书面形式，不需要公证，协议应符合法律规定。

（二）俄罗斯评估行业自律组织及其他组织

俄罗斯评估行业有自律性行业组织，根据《俄罗斯联邦评估法》规定，这些协会和机构一般为非营利组织，在法律的约束下，负责评估师的管理、调节和控制资产评估活动，制定和实施评估业务准则、行业道德规范等，编制评估师自律协会准入标准，代表其成员与俄罗斯政府、国际组织等交流，保证其成员利益，按照联邦法律标准，监测其成员的行为，保存成员注册信息，给组织成员提供评估信息和方法，完成组织的其他职能。对于这类自律性行业组织，俄罗斯联邦有严格的成立规定，比如，评估行业自律组织要求为非营利组织；会员不少于 300 人；应建立第三方赔偿基金；设立职能部门、管理部门等相关部门；需依照俄罗斯评估相关法律，制定评估准则和规则。俄罗斯还规定，评估行业自律组织的工作人员自身不得从事资产评估活动。目前，在俄罗斯联邦注册登记的评估师行业组织共有 11 家，每名评估师仅能选择一家自律性评估行业组织进行注册。评估师区域间自律协会（CMAO）是俄罗斯最大的专业评估师协会，注册于 2007 年 6 月，有来自俄罗斯联邦 80 个地区的超过 500 家评估公司、3000 余名评估师加入该协会。该协会设有主席、副主席、合作理事会，另设政策研究委员会、专家委员会和纪律委员会；协会执行层设有执行管理处和总经理，下设总经理专业问题顾问、评估事务监控部，另设财务经济部、法务部、发展部、行政部、注册部和咨询科技部。此外，俄罗斯还有俄罗斯评估专家自律组织协会（CPOAPMO），该协会有评估师 1600 余名，积极与美国评估促进会合作，该协会还是美国评估促进会国际咨询委员会的成员。除此之外，在俄罗斯还有评估师区域间联盟、评估职业协会等全国性非营利性评估行业组织，以及地方性非营利性评估行业组织，如西伯利亚评估师自律机构等。这些组织肩负着俄罗斯评估行业发展、评估师注册、培训等各方面任务。

四、俄罗斯评估行业发展与启示

（一）法律保障及启示

俄罗斯评估行业立法由来已久，19 世纪末俄罗斯就已经就价值评估活动进行立法并多次修改，那时的立法多涉及城市中的不动产等，统一的国家立法给俄罗斯资产评估行业发展提供了指导，使俄罗斯评估行业向规范发展。19 世纪末俄罗斯的评估行业立法主要围绕评估内容制定评估准则，并立法规范地方评估行业管理。如 1899 年 1 月 18 日俄罗斯颁布的不动产评估法律，主要涉及省级和县级地方评估行业委员会的建立和评估准则的统一，并涉及资产价值评估的方法标准。《俄罗斯联邦评估法》是现代俄罗斯资产评估行业发展的基础。经过专家学者、俄罗斯联邦杜马（物业、私有化和经济活动委员会专家）及俄罗斯联邦议会近两年的讨论和协商，1998 年 7 月，《俄罗斯联邦评估法》出台，这部法律定义了俄罗斯联邦评估活动的评估目的、评估对象、评估主体、强制评估项目及评估的法律框架。这部法律的实质是为俄罗斯的价值评估活动提供了法律支持，对俄罗斯经济市场的稳定发展是非常必要的。

俄罗斯评估法律的合理设置和长时间的实践，以及俄罗斯社会与中国社会在一定程度上的相似性，使得俄罗斯评估行业法律的制定对中国评估行业也有一定的借鉴作用。俄罗斯的评估行业法律给中国的启示表现在以下几点：

首先，《俄罗斯联邦评估法》的一大贡献是对评估权力进行了规定，即无论财产属于自然人、法人或是国家、私人机构，都可以提出申请进行评估。其次，本法律对评估师的权力和义务进行了明确的规定，并对评估师的独立性进行了详细规定。此外，《俄罗斯联邦评估法》还专门对评估师民事保险进行规定。第三，这部法律对评估报告有严格而详细的规定和要求，除了对报告的一般形式和内容要求外，还专门强调了报告真实性要求以及对报告有关内容异议的处理方法。第四，《俄罗斯联邦评估法》对评估行业的管理进行了详尽的规定。如评估行业管理授权机构职能、评估行业准则、评估师职业培训、评估行为许可条件及制度、行业自律组织等。《俄罗斯联邦评估法》对评估行业进行了定义和解释，并系统、详尽地对评估行业的方方面面进行了框架性地规定。2008—2011 年，俄罗斯联邦根据经济和社会发展需要和行业发展状况，对《俄罗斯联邦评估法》进行了多次修订，继续以整体立法的形式规范俄罗斯评估行业发展。法律修订主要涉及以下方面：

——评估活动必须在自我监管条件和框架下进行；

——土地评估，包括以不动产税为目的的评估，由独立评估师进行，土地评估的结果可以被质疑，包括法院强制对评估报告进行检查；

——评估报告的审查是评估管理内容之一。

俄罗斯评估行业立法严格且立法历史悠久，并从多年的实践中总结出评估行业立法的经验。俄罗斯评估行业立法值得中国评估行业借鉴和学习。

（二）政府管理及自律管理的特点及启示

俄罗斯评估行业管理主要由两部分组成，政府监管和自律组织管理。

联邦政府和行政机构的监管是最高监管机构，尤其是在俄罗斯评估行业发展的前期，社会经济不稳定，改革进行的时期，政府具有制定法律法规规范行业行为的权力和义务，当然，政府监管和改革行业的目的在于更好的发展评估行业，而不是对评估行业进行保护。

引入强制性的行业自律规则后，在评估领域俄罗斯联邦政府的一些职能向非政府组织、协会等下放，这些职能主要是控制职能和监督职能，包括检查评估主体、评估活动形式等。俄罗斯多年的评估行业发展显示，通过法律直接控制评估行业，或全由国家机构进行监管，即使是在适当的市场经济管理机制下，仍不能确保监管的有效性，应充分发挥行业组织、从业人员的自觉性和自律性。1993 年 3 月 5 日，莫斯科和圣彼得堡评估师会议决定成立专业的评估机构——俄罗斯评估师协会（Российское общество оценщиков，РОО），开始建立俄罗斯评估行业的监督和管理框架。从2008年开始，俄罗斯联邦评估活动实施强制自律监管。当然，自律性监管机构的建立是长期的过程，俄罗斯政府对《俄罗斯联邦评估法》的修改反映了政府对评估行业自律组织建设的重视和对评估行业监管的加强。

俄罗斯立法通过了成立一个非国家调控的评估行业监管机构——评估事业全国委员会（Национальный совет по оценочной деятельности，НСОД），这个委员会的目的是在评估活动中保证公众利益，制定统一的评估方法，协调和配合评估自律组织与国家机构以及客户之间的关系等。

俄罗斯评估事业全国委员会功能包括：

1. 制定俄罗斯联邦评估准则；

2. 制定评估师职业道德标准，并对评估师职业道德执行情况进行监督；

3. 对教育机构、专家学者提出的评估领域教育方案进行审查并提出建议；

4. 制定评估师资格晋升制度；

5. 在评估事业领域建立全俄罗斯仲裁法院等。

从俄罗斯评估行业管理机构的设立和国家法律的颁布可以看出，俄罗斯在努力构建三层的评估行业监管体系，包括国家政府管理、自律组织建设和法律约束。

第五节　罗马尼亚评估行业及其发展

一、罗马尼亚评估组织的历史及发展过程

罗马尼亚资产评估业从1990年后开始发展，采用的模式是综合

化发展模式，而不是以不动产为主。1992 年成立的罗马尼亚评估师协会（ANEVAR①）是一个专业的、非政府非盈利的独立组织，其目的是为推动各类资产评估，并为公众利益服务。该组织推广了最佳评估实践、标准、方法和技术，并与银行、投资者和不动产交易者建立联系。2004 年，罗马尼亚政府授予罗马尼亚评估师协会“为公众利益服务的非政府组织”称号，正式承认罗马尼亚评估师协会是一个代表公共利益的行业机构，并要求评估报告遵守该组织制定的准则和建议。更重要的是，此后罗马尼亚评估行业获得了罗马尼亚公众和市场的认可。

1994 年，罗马尼亚评估师协会结合国际评估准则（International Valuation Standards，IVS）制定了自己的评估准则。2003 年将国际评估准则作为国家评估准则，要求所有的会员均遵守，并且一直对其评估师、评估报告使用者以及监管者进行国际评估准则培训，以使他们更好地理解和应用国际评估准则。除了采用国际评估准则，罗马尼亚评估师协会也在国际评估准则未涉及的领域制定自己的评估准则。2004 年，罗马尼亚评估师协会发布以保险为目的的资产评估准则，2008 年制定了森林资产评估准则，且成立了研究和制定金融资产评估草案的工作组。1995 年，罗马尼亚评估师协会建立了自己的评估研究机构——资产评估研究学院（Romanian Institute of Valuation Research，IROVAL），该学院拥有一个出版社和一个大型的专业图书馆，负责准则、教育材料、资产评估杂志和研究项目的管理。罗马尼亚评估师协会授权资产评估研究学院编制国际评估准则的解读和国际评估准则在复杂案例中的应用指南。2007 年对第七版和第八版国际评估准则做了比较，并翻译了国际评估准则第八版。罗马尼亚评估师协会还推出了专业持续发展规划（Continuous Professional Development，CPD），2006 年发行了评估期刊（The Val-

① 罗马尼亚语的缩写。

uation Journal)。

罗马尼亚评估师协会在评估领域已经得到国际认可，并签署了与美国、英国和其他欧洲专业协会的合作协议。截止到2011年，该协会共有4300多名正式会员和280个团体会员，活动在40个县市和布加勒斯特的11个行政区域[①]。

二、罗马尼亚评估行业业务领域和活动

罗马尼亚评估师协会会员的主要业务领域分为四部分，即企业价值评估、不动产评估、动产评估（主要是机电设备以及车辆的评估）和金融工具的评估。罗马尼亚评估师协会在各业务领域开展了一系列业务活动，促进评估业务发展。开展的主要业务活动包括五个方面：第一是在不动产、企业价值机器设备以及金融工具的评估领域开展培训项目；第二，罗马尼亚评估师协会应某些金融机构的要求，为其举办一些评估课程培训；第三个方面是翻译和出版专业用书；第四个方面是组织国内和国际会议；第五个方面是培训专业讲师团队。

三、罗马尼亚评估行业自律管理

行业自律管理分为三个层次，即罗马尼亚评估师协会、地方管理部门以及全国性的专业委员会。

（一）行业管理机构

1. 罗马尼亚评估师协会的管理机构

① 40 territorial centers in the counties, and 11 centers in Bucharest，罗马尼亚分为8个区（用于促进各县经济发展，非行政区划）；罗马尼亚分为41个县以及布加勒斯特1个直辖市，县下设市、镇、乡。

协会的管理机构包括全国代表大会（The National Conference）、议事会（The Senate）、董事会（The Board of Directors）和审计师委员会（The Auditors Commission）。2009 年在布加勒斯特第一法院注册了该协会的章程，根据该章程，全国代表大会是最高权力机构，议事会、董事会和审计师委员会直接向全国代表大会汇报工作。

（1）全国代表大会。全国代表大会具有管理职能，履行的职责包括四个方面，一是建立协会的战略和总体目标；二是批准收入和支出预算及年度财务报表，批准董事会关于评估和道德准则的决议，批准董事会的报告和工作时间表，批准分支机构和公司的设立和解散；三是选举和撤销董事长和董事会成员，选举和撤销审计师委员会的成员，任命和撤销议事会的成员，依法对协会作出变更、决定协会的解散和清算以及依照法律确定清算后货物的归属；四是完成由法律或公司章程规定的其他职责。全国代表大会具有决策权，其成员来自政府官方管理机构。

全国代表大会一般在董事会提议之下至少一年举行一次，必要时经董事会提议可召开特别全国代表大会，但应由议事会主动提出请求。全国代表大会通过的决议，在协会章程的范围之内，对所有协会成员都有效力。

全国代表大会由官方成员代表构成，代表的名额数由董事会确定。创始会员（The Founding Members）、议事会的会员（The Members of the Senate）、荣誉会员（The Honorary Members）和县市的管理者可依其权力参加全国代表大会。

（2）议事会。议事会也是该协会的管理机构之一，并具有咨询的职责。只要需要，在议事会主席的提议下，可随时召开议事会会议。议事会主要负责向董事会提出建议和意见，包括向董事会就国内和国际问题提供意见、提出如何修改章程的建议、按照道德条例和纪律委员会的规定向董事会会员提出相关的纪律要求方面的决定或建议、批准议事会的组织形式和运作机制的规章制度以及向全国代表大会提交前一期的活动报告。

议事会的成员由全国代表大会任命或解雇，其成员可以是创始会员和罗马尼亚评估师协会的前任管理者。议事会的成员包括罗马尼亚评估师协会主席一人、议事会主席一人、三名工程师、一名法律顾问和一名经济学家。

（3）董事会。董事会的作用是实现协会的目标，并确保全国代表大会各项决议的执行，主要是制定相关计划、批准相关决定并协调各方面关系。董事会具有下列职责：

①提交给全国代表大会前一期的活动报告、收入和支出预算的执行情况和年度财务报表，以及收入和支出预算方案和协会的项目计划；

②代表协会的利益行事，并议定法律文件的名称；

③核准协会与地区以及该地区的国际协会和组织的隶属关系；

④批准协会的组织结构及其工作方针，批准董事会、专门委员会和各县市的组织形式和运作机制以及审计师委员会的组织和运作的规章，批准关于调解程序和仲裁程序的罗马尼亚评估师协会规则，批准和修改由协会设立的具有法人资格的企业或其分支机构的合并以及将代理权赋予那些能够代表协会去处理与管理当局关系的人；

⑤决定各县市组织机构的建立和解散，决定是否搬迁协会总部；

⑥把相关职责委派给由在任董事长、第一副董事长、前任董事长、秘书长和出纳组成的执行小组；

⑦完成协会章程规定的或全国代表大会确定的其他责任。

董事会由全国代表大会通过记名和不记名投票选出的17名成员组成，包括现任董事长、第一副董事长（由董事长任命）、前董事长、4位副董事长（分别是各专门委员会的主席）、秘书长、出纳和8个来自各地的会员代表。

（4）审计委员会。审计委员会主要职责是确保协会的资产管理运行良好。该协会的内部财务审计由一个审计委员会完成，审计委员会职责包括审核该协会的资产管理情况、起草审计报告并提交给全国代表大会、出席董事会会议但无表决权、完成协会章程规定的或全国代表大会设定的其他责任。

该委员会由全国代表大会以不记名投票方式选出的3名成员（目前由3个经济学家担任）和3名替补者组成。选出的成员和其替补者都必须是该协会的会员。

在此四部分基础上，各地的行业管理机构及其上级行政管理部门根据协会的要求进行管理，专业委员会独立设立。

2. 地方管理机构

地方管理机构包括来自所有县市的会员大会（The General Meeting of the Members from the Territorial Center）和各县市管理局（The Bureau of the Territorial Center）。地方管理机构由所在地区的会员选举产生，履行着各种专业委员会的职能，但管理局和会员大会受到董事会的纪律约束。地方管理机构主要集中在8个区域，各个区域的管理局向其所在地的会员大会汇报工作，其董事由全国代表大会从该区域推选的候选人中选出作为该区域的代表。区域代表的作用一方面为各个区域的利益服务，另一方面促进各方理解董事会在各个区域所实施的政策。

3. 全国性的专业委员会

专业委员会包括科学研究和专业准则委员会（The Commission for Scientific Research and Professional Standards）、专业资格认定和认证委员会（The Commission for Professional Qualification and Certification）、关系和形象委员会（The Commission for Relations and Image）以及道德和纪律委员会（The Ethics and Discipline Commission）。各个专业委员会直接向董事会汇报工作，每个委员会的会长由董事会的一名副总裁担任。

（二）会员管理

1. 会员构成

会员分类具有层次性，每种会员的申请具有不同的条件。协会包括下列八类会员：创始会员（Founding Members）、候选会员（Candidate Members）、正式会员（Full Members）、专家会员（Expert Members）、准会员（Associated Members）、认证会员（Accredited Members）、荣誉会员（Honorary Members）和高级正式会员（Senior Full Members）。

创始会员是那些注册协会的法律实体和自然实体（个人）；候选会员是那些能够承担评估理论和实践培训项目的自然实体（个人），其目的是达到所要求的理解能力并能够在实践活动中解决问题；正式会员指那些基于其评估培训和经验、具备了特定的理解力和解决实践问题的能力的自然实体（个人）；专家会员是罗马尼亚评估师协会的会员，他们像国家机构或公司职员一样担当为国民经济服务的功能，但并不把评估作为其主要业务活动；准会员是指某些罗马尼亚法律实体，其所从事的活动与评估在目标、关注点、范围、领域和程序方面很类似。罗马尼亚评估师协会认证会员代表有较高专业培训水平和专业经验的会员。荣誉会员是指那些对协会作出了重大贡献、经董事会提出和全国代表大会批准的自然实体（个人）。高级正式会员是那些由董事会提议、全国代表大会核准通过的65岁以上的专家评估师。

2. 会员的培训和认证

获得罗马尼亚评估师协会会员资格，需要注册与相关的会员相关的文件，有候选会员、正式会员和准会员这三种资格条件的申请。任何会员（包括准会员）都必须严格遵守协会规定的各项义务以及董事会批准的规章（Regulations）和程序（Procedures）。

罗马尼亚评估师协会针对企业价值评估、不动产评估、动产评估和金融资产评估为评估师组织专业培训研讨会（Professional Training Seminars，PTS）。专业培训研讨会每三周举行一次，共计90个小时，要求必须参加。每一个专业培训研讨会都是由罗马尼亚评估师协会组织并通过毕业测试来保证质量，经过注册和认证的任何会员都有可能成为专业评估师。根据罗马尼亚评估师协会的章程，其会员必须参加专业持续发展规划（CPD），每2年参加16个小时的培训。

罗马尼亚国家证券委员会（Romanian National Securities Commission，CNVM）认可的专门培训课程的毕业生也都能够成为罗马尼亚评估师协会会员，纳入到金融财产专业评估师数据库中，具有签章权。

四、罗马尼亚评估师协会的发展特点与启示

（一）在法律中明确评估准则的地位

新兴市场比其他市场更需要准则，因为准则令投资者更具有信心。而当前主要的问题在于加强准则的执行，同时需要对评估师和公众进行宣传。

罗马尼亚评估行业始于20世纪90年代初期，这与中国评估业的起始时间类似，其行业管理组织罗马尼亚评估师协会是一个独立的非营利专业组织，其公共利益服务的性质获利政府确认。罗马尼亚评估师协会说服立法者在财产法、公司法、破产法、私有化法和证券交易法等法律中认可评估准则，使得罗马尼亚的评估行业获得了公众和市场的认可，成为一个公众需要且可依赖的行业。

（二）从保险角度防范风险

根据罗马尼亚评估师协会规章第14号的规定，会员必须购买专

业险。按照董事会 H122/23.03.2006 文件，正式会员其专业险最低为 10000 欧元，准会员为 30000 欧元。为了满足这一法定要求，罗马尼亚评估师协会同罗马尼亚的保险代理人制定了一个保险方案。

通过保险公司为评估风险承担责任，保险公司客户的法律费用和民事诉讼由被保险人支付，只要所发生的损害赔偿得到法院判决，就可以通过法律手段强制执行。

由于评估业务的不断扩大以及评估影响力的提升，评估中涉及到法律问题会不断增多，因此也需要考虑在尽量减少此类问题的同时做好风险防范，而第三方责任险的设置有效地降低了评估风险，保障评估业务顺利开展，其做法值得借鉴。

（三）以合作为基础的专业服务模式

罗马尼亚评估师协会在专业合作方面不仅自身培训会员，着力推行国际经验，而且具有自己的评估研究机构（IROVAL），这就为罗马尼亚评估师协会践行其理论提供了保障。更为重要的是罗马尼亚评估师协会与罗马尼亚大学的合作普遍而广泛，并允许毕业生从罗马尼亚评估师协会接受培训，随后成为该协会的会员，为该领域人才的培养奠定了良好的基础。其培训不仅仅面对行业会员，还为金融机构提供服务。

第六节　马来西亚评估行业及其发展

一、马来西亚评估行业概况

马来西亚评估业分为公职评估与市场评估两个部分，前者由马来西亚评估与财产服务署（Valuation and Property Services Department, Malaysia, JPPH[①], 简称评估署）负责，后者则由依照 1981 年《评估师、估价师和不动产代理人法案》（简称《1981 年法》）成立的马来西亚评估师、估价师与不动产代理人理事会（The Board of Valuers, Appraisers & Estate Agents, Malaysia, 简称理事会）负责管理。除了上述两个组织，马来西亚还有一个起源最早、最具权威性的行业自律组织，即 1885 年成立的源于英国评估模式的马来西亚测量师学会（Institution of Surveyors, Malaysia, ISM），它的成立标志着马来西亚评估业的正式开始。

（一）评估署

马来西亚评估署（JPPH）的前身评估部成立于 1957 年，1987 年改为现名，隶属于马来西亚财政部。截至 2012 年 3 月，马来西亚评估署拥有的员工人数是 2101，其中有 260 名专业评估师。该部门的职能和活动已扩大到许多相关专业领域，保证国家税收收入而进行的评估在其业务中占比例很高，例如 2006 年评估署对印花税的税基评估数量上约占所有业务的 60.5%，评估金额约占总体的 62.2%。

评估署根据国家经济管理委员会（MTEN）的建议在 1999 年设立了国家财产信息中心（NAPIC）。同年，财政部发布了《评估与财产服务管理办法》，负责收集、整理和传播有关的物产行业的信息。1985 年成立了国家评估学院（INSPEN），由评估署直接领导，主要负责对署辖评估人员及其他评估机构的评估人员进行专业培训。

（二）评估师、估价师与不动产代理人理事会

马来西亚在发展本国经济的过程中，很早就认识到评估对经济

① 马来语的缩写。

发展以及对国家、社会和企业等各方面的重要性。从20世纪60年代开始就陆续制定了一系列评估管理方面的法律。1981年制定了监管马来西亚评估行业的主要立法——《1981年法》，它系统地规范了评估师管理方面的内容，并对行业的组织机构作出了相关规定。1981年理事会依照《1981年法》设立并行使职责。

马来西亚评估业在注重民间自发发展和自律管理的同时，重视并强化政府的管理，加强对评估的正确引导。评估署是政府部门，理事会则是准政府部门，二者相对独立但又有联系。评估署的署长兼任理事会的主席，评估署所从事的信息收集发布以及教育培训工作均会涵盖市场评估人员与业务，而评估师的注册及管理是法律赋予理事会的职能，无论从事市场评估还是公职评估均需向理事会申请执业资格，由于提供公职评估服务并对公职评估人员进行管理是评估署的特有职能，所以理事会主要负责对市场评估人员的管理。

理事会由17名成员构成，均由财政部部长任命，设主席1名，由评估署署长担任，有6名来自评估署的公职注册评估师、4名由马来西亚测量师学会或其他专业组织提名的注册评估师、3名不动产代理人及3名由主席提名的来自不同地区或单位的注册评估师组成。

（三）马来西亚测量师学会

马来西亚测量师首次被公认为正式职业是在1885年，有两个测量师的专业组织，即英国皇家特许测量师学会马来西亚分会和土地测量师协会，1958年公布了特许测量师法，直到1961年两组织就合并问题达成一致意见，最终成立了马来西亚联邦政府测量师学会，发布了关于测量师考试和注册的法规，1966年改为现名马来西亚测量师学会，1974年开始举办专业资格考试。《马来西亚测量师》[①] 是其正式出版物。

---

① The Malaysian Surveyor。

马来西亚评估机构在过去20年提供独立和可靠信贷信息的能力已经获得公众认可。

二、马来西亚评估业务领域

（一）公职评估的业务领域

评估署所提供的评估服务主要是与公共利益有关的业务，其核心业务包括三个方面，财产评估服务、资产信息以及培训和研究。

1. 财产评估服务

评估署的首要工作职责是为联邦、各州和地方政府以及相关管理部门提供公共评估及咨询服务，以帮助财政部执行全国性财政政策。从业务涉及的领域可分为税基评估和非税基评估。

（1）当政府征收以资产价值为计税基础的有关税收时，由该署对征税对象（多数为不动产）进行评估，以确定合理税基，保证国家税收收入，涉及税种包括维护建设税（Contribution in Aid of Rates）、印花税（Stamp Duty）、不动产增值税（Real Property Gain Tax）、不动产持有税（Rating）和遗产税（Estate Duty）等。

（2）政府部门向私人或私营企业转让土地或动用财政资金向私人购买土地及其他资产或国有企业进行公司化改组时，根据法律规定在相关政府部门办理相关审批手续后，到评估署申请评估，由该署确定资产的市场价值，该署是唯一可对上述业务进行评估的部门。具体包括土地征用（Land Acquisition）、土地流转（Land Alienation）、土地用途的转换（Conversion of Land Use）、购买/出售（Purchase/Sale）地产、房屋贷款（Housing Loan）、出租/租赁（Rental/Lease）、火灾保险（Fire Insurance）、私有化/公司化（Privatization/Corporatisation）、电力通行权（Electricity Way Leaves）、综合评估（General Valuation）等。

（3）财产咨询。一是为公共财产的处理提供建议和意见，包括土地和建筑物评估的可行性研究、法庭提起诉讼、仲裁或其他目的的评估，其次是进行资产管理和地产代理。

2. 信息服务

评估署署长可以根据马来西亚财政部规定的价格提供关于土地的出售、转让或权益等信息。这项服务是专门提供给在理事会注册的评估师、估价师或房地产代理机构的，但需要支付一定的费用。它也可以为获得理事会允许进行评估业务的任意合伙人或法人团体提供服务。其他任何人、合伙人或法人团体也可获得这项服务，但需要评估署署长事先批准。

（二）市场评估的业务领域

马来西亚整个评估行业的管理职能实际上都由理事会行使，同时马来西亚多数注册评估师也都是测量师学会的个人会员，因此市场评估的业务领域分属于这两个专业团体之中。

1. 理事会评估准则中涉及的主要业务类型

（1）以财务报告为目的的评估。在马来西亚，这是一个不断增长的重要业务，监管评估业务的机构是发行会计准则的马来西亚会计准则委员会（Malaysian Accounting Standards Board，MASB），它要求评估师必须对会计概念和原则有一个基本的理解，特别是必须熟悉 MASB 发布的准则、证券委员会和马来西亚交易所的指南。当遇到跨境评估业务时，评估师应该熟悉国际评估准则（IVS），以及其他适用于业务所在国的相关准则。

（2）以抵押为目的的评估。在马来西亚的银行和其他金融机构中以抵押为目的的评估非常普遍，这类评估为贷款、抵押或发行债券等服务。贷款分为两类，即基于单一资产或一组资产价值的贷款或者财产建设项目贷款（Lending for Property Projects）。

（3）机器设备评估。在马来西亚评估机器设备时，评估师是以市场价值为基础评估，当采用市场价值以外的价值时应该明确说明。要求所有的机器设备都应合理记录、检验并给出被评估资产的准确图片。评估师必须保证根据马来西亚第八个评估准则（Malaysian Valuation Standards）——财产的检验和参照（Inspection and Referencing of Property）对机器设备进行合理的检验。

（4）向证券委员会递交的评估。证券委员会法案规定证券委员会负责调节所有与证券相关的事项和单位信托计划，这个计划包括房地产信托基金、交易的监督和投资者保护。在马来西亚为证券交易进行的财产权益评估分为两类——上市公司资产并购和为上市公司财务报告进行再评估。递交给证券委员会的所有评估必须严格符合证券委员会发布的指引。

（5）递交给马来西亚保险和银行司长的评估。在马来西亚的保险公司，只要他们评估或者再评估资产，其评估报告就要求提交给马来西亚保险和银行司长，而且其评估通常是由财政部的评估署审查。所有的评估必须严格遵守证券委员会的评估指引，另外也要遵守马来西亚评估准则的要求。

2. 马来西亚测量师学会的业务领域

马来西亚测量师学会的评估师会员，主要为不动产所有权、开发及投资所需提供深入的市场分析和全面可靠的建议。

三、马来西亚评估行业管理

马来西亚评估业与英国及其他英联邦国家基本相似，在评估理论和实践上承袭了英国的测量师体系，偏重于不动产的评估。但马来西亚政府又将评估管理职能置于财政部之下，这一点与英国及其他英联邦国家大都将评估业与建筑、土地管理部门联系起来的做法有很大不同。英国测量师业主要侧重于民间性质的行业自律管理，政府很少干预，而马来西亚则不同，在民间专业团体进行行业性自律管理的同时，在过去的三四十年中，更主要的是通过国家立法和政府行政管理，由政府下属的财政部在评估行业管理和发展方面发挥主导作用。马来西亚评估行业以英国模式为基础，但在发展过程中不断结合本国实际进行改革创新，逐渐形成独具特色的马来西亚评估管理体制。

从其法律法规可以看出马来西亚评估业的管理组织主要有三个，既有政府部门即财政部下属的马来西亚评估署（JPPH），也有介于官方和民间两者之间的组织即理事会，还有纯民间组织即马来西亚测量师学会，这三个组织及其行政管理的基本信息如表 4－1 所示。

表 4－1 马来西亚评估组织

行业类别	评估组织	成立年限	行政主管部门	组织性质
公职评估	评估署	1957	财政部	政府部门
市场评估	理事会	1981	法律赋予（根据 1981 法案）	准政府（半政府半民间）
	测量师学会	1885	理事会	民间

（一）行业行政管理

1. 以财政部为主管部门的公职管理

马来西亚评估署总部负责所有公共利益评估的政策、战略、编程和部门活动的总体规划，主要作用和责任在《1981 年法》中有所规定，马来西亚评估署的主要负责人同时也得是理事会的主席。

评估署的经费由财政拨付，设署长一名，且必须是注册评估师，由财政部部长任命；副署长两名，下设若干助理，在各州、地区均设分支机构。

由于评估项目多，为保证评估质量，特别是保证全国各地的署辖评估师提供相同标准的评估服务，评估署制定了《管理手册》、《评估职业标准》等质量控制文件和相关内部管理制度。为保证评估工作能及时完成，特别是防止有关政府项目由于评估周期长而耽误进程，评估和财产服务署制定了评估项目的限定完成时间，如印花税和住房贷款评估项目必须在 14 天内完结等。

评估署主要“客户”是联邦政府、各州政府、地方政府及有关管理部门，此外也接受私人和私有企业的委托。为政府提供的评估服务均不收费，但其他服务可按照规定收取相关费用。

2. 以立法获取管理权的市场管理

最早的法律是 1967 年制定的《注册测量师法》，是六七十年代对马来西亚关于评估管理方面的重要法律。《1981 年法》是现行监管马来西亚评估行业的主要立法，在马来西亚业界被简称为“基本法”。它系统地规范了评估师的注册登记、权利与义务、纪律程序等方面的内容。该法对财政部下属的评估管理部门的设立和职责、评估师委员会的组成和职责、评估师注册条件与资格、评估机构的组织形式及相关罚则作出了详细规定。自颁布以来，已经过 1984 年、1997 年和 1999 年三次修订。为更好地贯彻实施该法，马来西亚理事会于 1986 年颁布了《1986 年评估师、估价师和不动产代理人管理办法》，对委员会、注册程序和条件、职业道德及罚则等作出了更为详细的规定。马来西亚财政部于 1999 年还制定颁布了《1999 年评估与财产服务管理办法》，于 2006 年合并全部修正法案，2009 年重新刊印，2011 年两次修订该法案。该法对马来西亚评估行业最近二十多年的健康发展起到了重要保障作用。

3. 马来西亚不动产持有税税制的法律制约

马来西亚不动产税的征收分为联邦税、州税和地区税三个层次。其中，联邦的不动产税包括印花税、遗产税、不动产所得税等；州不动产税包括年租税、土地出让税等；地区不动产税包括不动产持有税、开发税等。随着经济的发展，该税的收入持续提高。马来西亚《地区政府法（1976）》中规定地区政府需设立专门的评估部门，定期对其辖区内的所有应税不动产执行税基评估，并为所有应税不动产编制评估结果明细表。

（二）行业自律管理

1. 理事会的管理

（1）理事会职责和构成。在财政部的管理之下，理事会的设立和运行是由《1981 年法》管理，其基本职能是管理评估师、估价师与不动产代理人的执业行为。理事会依法行使对全国评估业的管理职能，评估师和评估机构只有获得该理事会签发的注册证书和资质许可，才能以注册评估师和评估机构的名义从事评估业务。理事会职责主要包括对公司和评估师（包括评估师、估价师、不动产代理人和预备评估师）的注册申请和管理、专业行为、职业道德的控制、收费规定、执业行为的日常监控、处罚措施的实施及争议的解决、对其他部门工作的参与配合等。理事会对于测量师学会的会员资格也很看重，根据法律规定不动产咨询与评估测量部的会员如果满足规定的实践期限，并通过专业能力测试就可直接申请注册评估师资格。理事会已经制定了马来西亚评估准则和评估报告指南，对评估师执业以及撰写评估报告和职业道德等作出具体规定。

由理事会制定并更新的《马来西亚评估准则》（MVS）是马来西亚注册评估师的强制执业规范，于 1998 年第一次颁布，2006 年修订一次。目前适用的就是 2006 年版本，2011 年发布修改草稿，同时还发布了注册评估师、估价师和不动产代理人的职业道德准则。2007 年开始理事会不断发布相关业务的指南，如 2007 年发布了企业价值和无形资产评估指南。以并购、合并和接管、首次公开发行（IPO）以及 REITs（首次公开发行以及专门的后续并购或处置）为目的而进行的再评估，要遵循马来西亚证券委员会（Securities Commission of Malaysia）发布的准则。

理事会具有很强的处理投诉的功能，所有提交给理事会的关于注册评估师的执业行为、职业道德方面的投诉都首先由该理事会的执行理事会受理。有价值的将会提交给投诉调查理事会进行调查，之后投诉调查理事会将向一个特别理事会提交报告，如果特别理事会同意投诉调查理事会的意见，被投诉的注册评估师需要到纪律理事会就指控进行答辩。经过这一程序仍被认为存在违法的，将受到理事会的处罚。处罚的措施包括吊销资格、暂停执业、警告、罚款等。被处罚的注册评估师如不认可理事会的判决，可以上诉至依法特别设立的上诉委员会，上诉委员会由高等法院经联邦法院提名的法官担任主席，在举行必要的听证后会作出裁决，上诉委员会的裁决为最终裁决。

（2）评估师管理。马来西亚的评估师有四类——评估师（Valuers）、估价师（Appraisers）、不动产代理人（Estate Agents）、财产管理者（Property Managers）①。注册评估师自动成为房地产经纪人、财产顾问和财产管理者。在理事会注册的房地产经纪人如果不是注册评估师，可参与房产中介活动但不能进行评估。目前只有注册评估师可以参与财产管理和财产咨询。

理事会组织实施评估师准入考试。考试共分初级、中级、高级、直接高级、专业胜任能力测试五个层次。考试通过者可以向理事会申请成为预备期评估师，具有三年执业实践经验后才能转为注册评估师。注册评估师须向理事会申请执业许可证后才能执业，并要求严格遵守马来西亚评估准则。

2. 马来西亚测量师学会的管理

（1）马来西亚测量师学会的职能。马来西亚测量师学会继承了英国皇家特许测量师学会的模式，依照英国的传统分类，对产业测量师、大地测量师等专业人士进行行业自律管理，对产业测量师的资格、考试、行为守则及有关罚则等作出了具体规定。测量师学会的基本任务是对注册测量师进行考试、培训和受理注册，还负责研

---

① 只有注册评估师（Registered Valuer）才有资格胜任（来自中国资产评估协会内部资料）。

究提出注册测量师执行的测绘技术标准，制订注册测量师在执业中的失职和玩忽职守行为的处罚规定。

（2）注册测量师制度。注册测量师制度是马来西亚测绘管理制度中的一项基本制度。这项制度是对私人从事测绘工作进行执业与从业资格管理的主要方式，也是政府对从事地籍测量活动的行为进行特许的主要方式。地籍测绘由官方机构或产权主委托注册测量师承担。测量师学会负责注册测量师考试和注册。取得注册测量师资格，就具备了从事私人测量活动和注册私人测量公司的基本条件。只有特许的测量师才能建立私人测量企业。

四、马来西亚评估行业发展特点与启示

（一）评估立法促进行业健康发展

许多国家，特别是亚洲和其他新兴的市场里，客户压力和来自信赖自己的第三方的压力对评估的独立性带来巨大考验，随着金融体系的改进和时间迁移以及公司治理的增强，这种状况会有所改善，但是要使得评估行业健康持续发展，就需要有一个强有力的法制环境，才能有序竞争，真正维护评估主体的独立性。

马来西亚高度重视通过立法来加强评估业的管理，其关于评估管理的立法是很齐全的，从政府部门评估管理机构的设置、职能和组成，到评估师和评估机构的资格管理、注册要求、从业规定以及违规处罚等都通过法律予以明确规定。《1981 年法》赋予理事会制定评估专业准则的权利，并规定了评估署负有在认为应当进行准则修改时向财政部部长报告的责任。为保证在评估过程中公职评估人员能够获得必要的资料和帮助，避免资产占有者和使用者的干扰或不合作，法律授予了评估署署长及其授权人员一定的特权和豁免权，并强制性规定资产占有者等相关人员负有合作义务，否则将受

到罚款甚至监禁。马来西亚评估师一旦渎职将被法院提起民事诉讼，这些法律规定都为马来西亚评估业的健康发展提供了有力的保障。

（二）统一行政管理有利于促进评估业务全面发展

马来西亚财政部对评估行业的统一管理，也促进了评估市场的有序发展。马来西亚的市场评估行业获得政府的有效推动，公共服务领域的评估市场也获得政府的确认。政府通过统一管理，有效促进了公共利益服务和市场服务的并行，既有利于评估业务的全面展开，且易于获得公众认可。

第五章　国际主要评估准则

第一节　综　　述

评估准则反映了对评估一般规律的社会认知。资产评估准则是一国资产评估理论和实践经验的高度浓缩与概括。评估行业的快速健康发展离不开评估准则的制度保障。资产评估准则在维护社会公共利益、提升行业社会公信力、提高行业规范化水平和执业质量、维护市场经济秩序等方面发挥了不可替代的作用。资产评估准则建设是评估行业的立身之本、发展之基，这一理念已经在资产评估行业发展中得到了充分的证明和广泛的认同。

在中国评估行业二十多年的发展历史中，资产评估准则建设取得了卓越成绩，这些成绩的取得主要源于中国评估人的不断努力和探索，同时也离不开对世界先进评估准则的学习与借鉴。目前，大多数西方发达国家（美国、英国、澳大利亚、加拿大等）和部分发展中国家（俄罗斯、印尼、墨西哥等）已经建立了资产评估准则体系。在世界范围内影响力最大、最具代表性、最为成熟和先进的准则体系主要包括国际评估准则（IVS）、美国评估准则（USPAP）和英国评估准则（Valuation Standards）。尽管这些准则之间具有不断趋同的趋势，但是也有各自的优势和特点。

国际评估准则是在协调英国和美国两大资产评估体系的背景下产生的，1985 年国际评估准则理事会制定了第一版国际评估准则。从 20 世纪 80 年代建立以不动产评估为主的第一部准则，到 20 世纪 90 年代市场价值概念和框架下的评估准则，再到 21 世纪初包含不动产、企业价值、无形资产和机器设备等评估业务在内的比较完善的综合准则体系，经过近 30 年的发展，国际评估准则已得到越来越多的国家评估行业组织、评估机构和其他财务准则的认可和支持，国际评估准则应用的行业范围和区域范围也在不断扩大。截止到 2013 年，国际评估准则已更新到第 9 版（2011 版）。新版国际评估准则首次提出了金融工具评估的准则，淡化了房地产的偏向性、减少了程序性的规定、弱化了对评估师监管问题，而倾向于由各国或地区相关组织和机构负责，删除了评估方法的具体论述，转而通过评估技术指南进行详细论述。此外，新版中删除了重复的概念和定义，对术语表进行了精简，新增了关于工作范围和评估程序的新准则，以适应目前评估实务的需求。

美国评估促进会（AF）制定的《专业评估执业统一准则》（USPAP）是国际上具有代表性的评估准则之一。自 1987 年第一版面世以来，《专业评估执业统一准则》已经有 20 多年的历史，并且逐步发展成一部结构完整、框架清晰、内容丰富的综合性评估执业准则，成为各国制定符合本国国情的评估准则的典范。《专业评估执业统一准则》囊括了不动产、动产、企业价值和无形资产在内的各个评估领域的执业规程。定义（Definitions）、导言（Preamble）、规则（Rules）、准则和准则条文（Standards and Standards Rules）以及评估准则说明（Statements on Appraisal Standards）构成其基本框架。

英国皇家特许测量师学会在评估专业领域作出的最大贡献就是推出了著名的 RICS 评估准则，俗称“红皮书”。从 20 世纪

70年代起，英国皇家特许测量师学会开始制定相关评估准则、指南及行为规则。经过长期的修改和完善，不仅在英国国内享有良好的声誉，在国际上也有着重要影响。许多英联邦国家和地区都在执行该准则或以该准则为蓝本建立自己的评估准则体系。该准则在不动产领域具有世界领先水平。区分全球准则和地区准则是“红皮书”的一个特点。

我国评估准则在借鉴上述准则的基础上，结合我国资产评估行业发展的自身特点，不断发展、不断完善。而且，近年来随着我国资产评估准则质量的不断提高，国外相关准则也在借鉴我国资产评估准则的最新发展成果。

第二节 国际评估准则

一、国际评估准则的制定背景及发展历程

（一）制定背景

英国是全世界现代资产评估行业的发源地，具有悠久历史；美国在第二次世界大战后成为全球资产评估行业发展的领军者。因此，可以说英国和美国是全球资产评估行业最为发达的国家，这两个国家都建立了比较完善的资产评估准则体系。然而，由于这两个国家资产评估行业所关注的资产评估领域各有不同，导致两个国家的资产评估准则存在着很多区别和差异。20世纪70年代末，经济全球化、一体化步伐开始加快，相关经济主体对协调全球最为重要的两个经济体的资产评估准则呼声越来越强烈，甚至希望建立全球统一的资产评估准则以减少国际并购过程中的制度障碍和交易

成本。

鉴于各方面的迫切需求，1981 年国际资产评估准则委员会（International Assets Valuation Standards Committee）成立，该委员会成立之初的主要目的就是协调美英两国资产评估准则，并促进评估行业准则的一致。在此背景下，经过该委员会对以英国、美国评估准则为主的各国、各地资产评估准则的研究，于 1985 年制定了第一版国际评估准则。

（二）发展历程

国际资产评估准则委员会于 1985 年发布第一版《国际评估准则》以来，截至 2013 年，已更新到了第九版。分别是 1994 年的第二版、1997 年的第三版、2000 年的第四版、2001 年的第五版、2003 年的第六版、2005 年的第七版、2007 年的第八版和 2011 年的第九版。

通过分析国际评估准则版本更替过程中的差异，可以总结和梳理国际资产评估行业发展的历程和特点。由于前两版国际评估准则体系尚不完整，内容也不尽成熟。1997 年第三版开始，基本结构开始成型。2000 年第四版已经较为成熟。因此，本书将从 2000 年颁布的第四版开始梳理国际评估准则的发展历程。

1. 第四版国际评估准则（2000 年）

相对于第三版而言，第四版评估准则不仅结构体系进行了调整，并对许多内容进行了修订和扩充。第四版有两个方面的显著变化，首先是新概念的引入，包括财产权评估概念和一般公认评估准则概念；其次是结构体系的变化，新增了评估行为准则和“资产类型”部分，第四版将第三版的“国际评估准则”分为“国际评估准则”和“国际评估应用”两部分等。

2. 第五版国际评估准则（2001 年）

进入 21 世纪后，《国际评估准则》的制定和修订工作进入了一个快速发展的时期。其中，国际评估准则委员会面临的主要问题是如何针对各国评估理论和评估实务发展状况不一的现状，使各国评估师和评估报告使用者正确理解和应用《国际评估准则》。因此，国际评估准则委员会 2001 年 7 月公布了第五版《国际评估准则》，对原有准则结构体系进行了调整。结构的完善也是第五版国际评估准则的最大亮点，主要包括前言、资产评估基本概念和原则、资产类型、评估人员行为准则、价值类型、国际评估准则、国际评估应用指南、评估指南、咨询意见和专业术语等十个部分。

3. 第六版国际评估准则（2003 年）

国际评估准则委员会于 2003 年 4 月形成了较为完整的《国际评估准则》第六版，主要包括八个组成部分，即前言、资产评估的基本概念和原则、行为守则、资产类型、国际评估准则、国际评估应用指南、评估指南、白皮书，每个组成部分相对独立，自成体系。《国际评估准则》几经修改，已经发展成为一部综合性准则文件，特别是增加了无形资产评估、企业价值评估、评估报告等内容，其指导性有了很大的提高。

4. 第七版国际评估准则（2005 年）

国际评估准则理事会 2005 年推出第七版《国际评估准则》，结构包括前言、资产评估的基本概念和原则、行为守则、资产类型、国际评估准则、国际评估应用指南、评估指南、白皮书八个部分的内容，尤其是第五部分的《国际评估准则 1——市场价值类型评估》、《国际评估准则 2——非市场价值类型评估》和《国际评估准则 3——评估报告》构成了《国际评估准则》的核心内容，另外《国际评估准则》中有 2 项应用指南和 11 项评估指南。第七版《国际评估准则》结构体系的构成模式是“公共部分 + 准则性文件”。

与第六版本相比，第七版有两项重要变动。其一是适应 2004 年国际会计准则的修订，对相关国际评估准则，主要是《国际评估应用指南 1——财务报告目的评估》和《评估指南 8——财务报告目的评估中的成本法》作出了修订；其二是增加了 3 个评估指南，即《评估指南 12——特殊交易不动产评估》、《评估指南 13——物业税目的批量评估》和《评估指南 14——采掘业固定资产评估》。

5. 第八版国际评估准则（2007 年）

国际评估准则委员会于 2007 年发布了第八版国际评估准则。第八版在内容上增加了一些新的条款，对《国际评估准则 2——非市场价值类型评估》和《国际评估应用指南 2——租赁权益评估》进行了重编，《评估指南 3——机器设备评估》又重新出现在新版中。第八版增加了以财务报告为目的的公共资产评估应用指南，以及一些新的指导解释，如历史资产评估。第八版体现了一些新的特点，例如对准则各个层次之间关系的解释更加清楚，还增加了一些图标加以说明（准则框架图见图 5.1）。

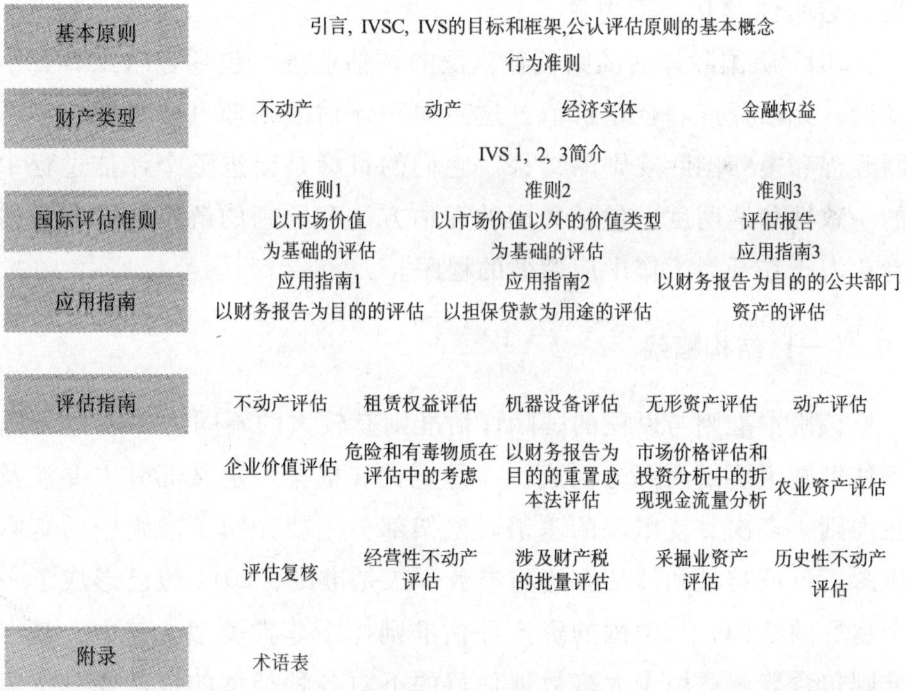

图 5.1　2007 版国际评估准则框架图

二、国际评估准则的基本框架及特点

2011版国际评估准则是在全球金融危机背景下诞生的，世界各国普遍认识到合理的评估准则和有效的监管对改善金融稳定的重要性，以及需要尽快恢复资本市场对资产评估的信心。因此新的《国际评估准则》的首要目标是提高需要评估服务的客户对其所依赖的评估的信心。2011版国际评估准则征求意见稿是响应全球和各国（地区）监管机构进一步完善国际评估准则的呼吁的结果。二十国集团（G20）在2009年4月的伦敦峰会后发布的《关于加强金融体系稳定性的声明》中，提倡了“国际评估准则应用的透明性和一致性”这一原则。2011版国际评估准则力求明确各类评估业务所适用的概念和原理，以进一步提升评估工作的一致性、透明性及其公信力。

2011版国际评估准则覆盖广泛的评估业务，包括金融工具、不动产、无形资产和企业价值。这是国际评估准则理事会为期三年不断改善和遵守国际规则的结果。它们的目标是促进整个评估过程中的一致性和透明度，包括共同的评估方法和原则的解释，以及评估专业人士在开展工作中应遵循的程序。

（一）结构框架

该版本准则与以往的国际评估准则有较大的不同。2011版国际评估准则主要由两部分构成。一是定义和框架，定义部分主要涉及在准则中多次重复出现的术语。框架部分主要介绍了准则中的基本概念、价值类型和评估方法与参数。二是准则，2011版已形成了一个良好的结构，与中国的资产评估准则体系非常类似。其中，基本准则包含普遍适用于大多数评估目的下对各种类型的资产或对负债进行评估所需遵循的评估准则；资产准则包含适用于不同资产类别的评估准则；评估应用准则包含特定目的而进行评估时所使用的准则，评估应用准则应当与基本准则相结合，这些应用准则旨在阐明特定目的下对运用基本准则的特殊考虑，也涵盖了在制定工作范围和报告时应考虑的特殊要求。准则框架图见图 5. 2。

基本准则

IVS101—工作范围

IVS102—实施

IVS103—报告

资产准则

IVS200—企业及企业权益

IVS210—无形资产

IVS220—机器设备

IVS230—不动产权益

IVS233—在建投资性不动产

IVS250—金融工具

评估应用

IVS300 —以财务报告为目的的评估

IVS310 —以担保贷款为目的的不动产权益评估

图 5. 2　2011 版国际评估准则框架图

（二）主要特点

2011 国际评估准则的重要特点如下：

1. 定义和术语以简洁和通用为原则制定。在早期版本中，很多概念和定义在各个单独准则中整段反复出现。这在重编的准则中被避免，目的是使准则更简明而易于阅读和理解。

2. 优化了国际评估准则框架。2011 版国际评估准则的整体框架更加清晰、合理和科学。

3. 关注原则性并兼顾操作性。新版国际评估准则取消道德规范和评估方法以及一些具体指南、定义、原则，增加了工作范围原则。而且每类准则都有两大部分构成，使其规范性和操作性增强。

4. 采用技术文件补充。为了增强准则的可操作性，2011 版国际评估准则增加了技术文件补充。

5. 突出金融工具和以财务报告为目的的评估。以前版本包括关于金融利益的有限讨论，但完全没有提及对于金融工具的评估。2011 版包含一个关于金融工具的简要准则，它分析了一些影响金融工具价值的参数、不同的评估方法优缺点和旨在提高评估的透明度和客观性的程序。IVSC 金融工具评估专家组也在研究对特定实行领域的技术指导。

更为值得关注的是 2011 版国际评估准则明显借鉴了我国评估准则的结构体系，并在具体准则内容方面也有很多借鉴之处。这也表明经过多年的发展，我国评估准则的创新性不断加强，为国际评估准则建设和发展作出了积极贡献。

三、国际评估准则的主要内容

2011 版国际评估准则主要包括四个部分，分别是概念框架、基本准则（100 系列）、资产准则（200 系列）和评估应用（300 系列）。

（一）概念框架

国际评估准则将准则中所涉及的全部概念及其解释放到了第一部分概念框架中（IVS Framework）。概念框架主要包括 24 项内容，分别是评估与判断、独立性与客观性、专业胜任能力、价格成本及价值、市场、市场活跃度、市场参与者、实体特定因素、资产合并、价值类型、市场价值、交易成本、投资价值、公允价值、特殊价值、协同价值、评估假设、强制出售、评估方法、市场法、收益法、成本法、评估方法的运用以及评估参数。

（二）基本准则

基本准则是适用于所有资产类型和评估目的下的评估准则，主要包括 101—工作范围、102—实施和 103—报告。

1. IVS101—工作范围

该准则主要规定了评估过程中所需明确的工作内容和范围。其中，包括一般原则、要求、工作范围的变动及生效日期。

在一般原则中，准则强调评估工作必须符合其预期目的，并完全理解所拥有的资料以及任何限制的内容。该准则核心的要求部分，主要包括确认评估师的身份和地位（能否保持独立客观公正地位）、客户及其他报告使用者的身份、评估目的、确认评估对象（包括资产和负债）、价值类型、评估基准日、调查范围、评估依赖信息的来源及性质、假设及特殊假设、评估报告使用的限制、遵守国际评估准则的声明以及报告的描述。在工作范围变更部分，主要对评估过程中上述评估要求的变更作出说明。

2. IVS102—实施

该部分主要规定了评估实施过程中所注意的相关问题，包括一般原则、调查、评估方法、评估记录以及生效日期，其中调查和评估方法是核心内容。在调查中，要求评估调查工作必须满足评估主要目的和确定价值类型的要求，并介绍了调查的方法和数据的来源。在评估方法中，要求调查内容必须与评估方法相关，并且描述了多种评估方法下对调查工作的要求。

3. IVS103—评估报告

该准则主要对资产评估报告应该包含的内容进行了规定。该准则包括一般原则、报告内容和生效日期。其中，报告内容是该准则的核心，在该部分要求评估报告的内容应该涵盖主要的评估工作范围，包括确认评估师的地位（能否保持独立客观公正地位）、客户及其他报告使用者的身份、评估目的、评估对象的识别（包括资产和负债）、价值类型、评估基准日、调查范围、数据来源、评估假设、评估报告使用的限制、遵守国际评估准则的声明、评估方法选择及推理、估值金额以及评估报告公布日期。

（三）资产准则

该类准则是对基本准则在不同类型资产评估业务中运用的进一步解释和说明。另外，每项准则通过提供影响不同类型资产价值特点背景信息的方式来帮助准则的运用。因此，资产类准则从结构上主要包括准则和注释两部分，其中准则部分是对基本准则应用情况的说明，而注释部分则是针对不同类型资产在评估中特殊性的解释。该类准则共包括六项，分别是企业和企业权益、无形资产、机器设备、不动产权益、在建投资性不动产和金融工具。

1. IVS200—企业及企业权益

国际评估准则中基本准则部分所涉及的评估规则要求同样适用于企业及企业权益评估。企业及企业权益评估准则的重点是对各项基本准则在企业价值评估中的应用，以及企业价值评估中的特殊性问题作出规定和说明，主要包括工作范围、实施（施行）和评估报告三方面，重点是对企业及企业权益价值评估的工作范围、评估调查及评估方法进行了规范和说明。

（1）工作范围。按照基本准则中有关明确被评估的资产或负债的要求，评估师在执行企业及企业权益评估业务时，应当遵循以下规则：评估师应当说明所要评估的特定企业权益，包括诸如规定企业的法律结构、确定被评估权益属于整体权益还是部分权益、确定被评估权益是否限定在某些资产、负债或某些股票范围内，或者被评估权益排除某些特定资产、负债或相关类型的股票的相关条款。当评估一个企业或企业权益的价值时，需要作出以下几个典型或特殊假设：一是对于部分权益的评估，需要作出一项假设，以明确说明剩余权益的拥有者是否愿意出售或保留其股份；二是是否考虑该企业所拥有的特定资产或负债。

（2）评估调查和评估方法。企业及企业权益评估准则的实施部分规定，如果评估一项企业权益，该权益有能力将企业清算，则评估师应当考虑清算中的资产单独出售的价值总和是否超过它们在持续经营下组合起来所形成的整体价值。实施部分重点是对评估调查和评估方法两个问题做了特别说明。

（3）评估报告。企业及企业权益价值的评估报告部分，主要是强调了应当将上述“工作范围”部分中所提出的事项进行适当陈述，其他均按基本准则中有关评估报告的要求执行。

2. IVS210—无形资产评估

无形资产评估准则的重点是对各项准则在无形资产评估中的应用，以及无形资产评估中的特殊性问题作出规定和说明，主要包括工作范围、实施（执行）和评估报告三方面，重点是对无形资产评估的工作范围和评估方法进行了规范和说明。

（1）无形资产的类型。准则说明了无形资产评估的主要经济行为以及无形资产分类的标准和主要类型。无形资产分为可确指无形资产和不可确指无形资产（主要指商誉）。对于可确指无形资产主要分为四类，分别是与市场有关的无形资产、与客户或供应商有关的无形资产、与技术有关的无形资产和与艺术有关的无形资产。

（2）无形资产评估方法。准则强调所有无形资产评估方法运用之前需要确定评估对象的剩余有效寿命，在这个过程中需要考虑法律、技术、功能和经济等因素。

在市场法评估中，准则提到由于无形资产多样性的特点，很难在市场上找到与评估对象类似资产的交易信息。如果能够从市场上获得相似资产交易信息，可以通过对比大量类似资产交易情况来为评估对象价值提供证据，例如分析类似资产的收益率等。

收益法是无形资产评估准则规范的重点内容，准则强调了在无形资产评估中具体的收益途径，评估方法包括许可费节省法、增量利润法和超额收益法。

成本法主要应用在自创无形资产评估中或无法确定未来现金流量的情况下。在重置成本的计算中，可以考虑市场类似资产的价格信息。采用成本法的无形资产评估应包括自创软件、网站、人力资源价值等。

3. IVS220—机器设备

（1）机器设备评估所需考虑的因素。在机器设备评估中通常需要考虑与资产本身、环境和潜在经济价值有关的因素。其中，与资产有关的因素包括资产的技术规格、剩余物理寿命、资产状况、运达使用地的成本、辅助资产的任何可能损失；与环境有关的因素包括原材料和产品市场的位置、对限制产能或增加生产成本产生影响的任何环境或法律因素；与经济有关的因素包括实际或者潜在的资产获利能力、影响机器设备产品需求的宏观或微观经济因素、可以获得更多利益的资产其他潜在用途。

（2）与无形资产的关系。准则强调尽管无形资产与机器设备是两类不同资产，但是有些机器设备价值中包含无形资产，而且无形资产对机器设备的价值有重要的影响。例如，一些模具的价值与相关知识产权密不可分，操作软件、技术数据、产品记录、专利等无形资产都对机器设备的价值产生重要影响。因此，在机器设备评估中需要考虑这些无形资产的价值。

4. IVS230—不动产权益

（1）不动产权益的类型和结构。不动产的权益包括三类基本类型。首先是特定区域土地的最高权益，该权益的所有者拥有土地和地上附着物的全部权利；其次是次级权益，即在一定时期内拥有特定区域土地和地上附着物排它控制权的权益，例如通过租赁合同获得的权益；最后是拥有特定土地和地上附着物使用权，但不拥有排它使用权或控制权。

（2）租金。在评估基于租约的不动产权益时，需要考虑合同租金以及合同租金与市场租金之间的差别。市场租金的概念在准则概念框架中已作出详细的解释，即在意愿买卖双方在公平独立的条件下所达成的合适条款的租金。而合同租金则是个别案例的实际租金。

（3）评估方法。准则强调三种基本的评估方法都适用于不动产权益评估。在市场法评估中，准则指出尽管资产权益存在着非同质性特征，然而市场法仍是不动产权益评估的主要方法。在市场法评估中，需要找到近期可比交易案例，交易案例与评估对象之间的差异性可以从以下几个方面考虑：被评估的权益类型、各自的地理位置、土地的质量或者房屋的使用年限和规格、每项资产的授权使用范围、交易环境、价值类型和交易时间。

采用收益途径评估不动产权益价值的具体评估方法或形式多样。在投资性房地产评估中，收益是通过租金形式实现的；在自用房地产评估中，收益可以通过租金节省的途径来获得；如果评估对象只适用于交易行为，收益往往是通过交易行为所有者所获得的实际或者潜在的现金流。对于折现率的选择，如果评估结果是针对特定所有者或潜在所有者的，那么折现率应该反映它们所要求的收益率或者加权资本成本；如果评估结果是市场价值，那么折现率应该参考市场中不动产权益的收益率。

5. IVS233—在建投资性不动产

（1）投资性不动产。投资性不动产是指以赚取租金或资本增值为目的而持有的土地、房产或者两者的组合，投资型物业并非用于提供商品、服务或经营管理目的，或者作为存货的房地产。投资性不动产的评估目的一般包括兼并、重组、企业整体出售或部分股权出售、贷款担保、法律诉讼、财务报告。

（2）评估方法。在实践中，很少存在投资性不动产的交易案例，即使存在也很难找到与评估对象类似的交易案例。在不存在直接可比交易案例情况下，投资性不动产的价值可以采用以市场为基础的评估方法。这些评估方法可以从以下几种渠道获取信息：不同区域或不同条件下的可比资产交易案例；不同经济条件下的可比资产交易案例；可以支持现金流折现的建造成本、租约、运营成本、增长性假设、折现率或其他关键参数。

6. IVS250—金融工具

该准则是在2008年金融危机爆发之后适应监管层加强对金融工具监管的要求而颁布的。金融工具是证明债权债务关系并据以进行货币资金交易的合约，一般金融工具的评估目的主要包括兼并、重组、企业整体出售或部分股权出售、财务报告、银行偿债能力测试、内部风险和合规性程序、保险公司基金净资产价值的确定和投资基金定价等。

（1）金融工具市场。金融工具的交易市场主要包括公开交易市场和场外交易市场（Over The Counter，OTC）。在公开交易市场中交易的是上市公司的股票、政府债券以及期货合约，这些交易都可以实时获取交易价格。很多类型的衍生工具或非流动性现金工具都是通过场外交易市场交易的。尽管场外交易市场的交易量相比公开交易市场要大得多，但是金融工具类型较为分散，一些金融工具交易频繁，而另一些金融工具则鲜有交易案例。评估技术多应用于场外交易市场的金融工具评估中。

（2）信用风险。了解信用风险是评估负债工具的重要内容之一。在评价信用风险时一般需要考虑以下因素：对手风险、赔偿优先权、杠杆率、抵押品资产质量、净额结算协议、第三方的违约保护等。

（3）流动性和市场活跃度。金融工具的类型很多，从可以在公开市场交易的金融工具到只针对特定双方的定制金融工具。这就意味着考虑金融工具的流动性或市场活跃程度成为选择恰当评估方法的重要内容。流动性和市场活跃度的区别明显，前者是一项金融工具的变现能力，而后者则是金融工具在特定时期内的交易量。

（4）评估方法和参数。在公开市场交易的金融工具估值多是采用计算机自动估值模型，尽管如此，这些估值模型仍然基于市场法、收益法或者成本法。然而，根据市场信息的变化来校验这些特定估值方法或者模型是非常重要的。这能够保证模型反映的是当前市场状况，并且能够识别任何可能的缺陷。

在市场法评估中，对于具有相同金融工具交易近期的交易价格，通常是不需要做任何调整的。如果不能满足上述条件的话，需要对交易价格进行调整，这些情况包括：评估对象与交易案例和金融工具在特点上存在差异、在交易规模和数量上存在差异、交易双方并非独立、自愿、交易时间需要作出调整等等。

金融工具的价值也可以通过现金流折现的方式取得。一项金融工具的现金流可能是固定的也可能是变化的，合约的具体内容决定了现金流的形式，一般包括以下内容：现金流取得的时间、预期现金流量的大小、合约关于现金流时间和条件的期权、工具对于某一方的保护权利。对于合适折现率的确定，需要考虑资金的时间成本和相关风险，具体考虑因素包括：工具合约的条款和条件、信用风险、流动性和市场性、法律环境风险、金融工具的税收法规等。

（四）评估应用

每项应用类准则由准则和应用指南两部分组成。准则部分主要是对基本准则在特殊评估目的评估业务应用中的解释，以及针对特殊评估业务的补充和变化。而应用指南则是对评估一般原则在特殊评估业务应用中附加信息的说明。应用类准则主要包括以财务报告为目的的评估和以担保贷款为目的的不动产权益评估两项准则。

1. IVS300—以财务报告为目的的评估

该准则主要为不同会计计量目的下的公司财务报告服务，主要参考的是国际财务报告准则的相关规定。其中，主要对折旧、租赁、收购差价分摊和减值测试等业务进行了规范。

（1）评估参数和公允价值层级。国际财务报告准则 13 号包含了根据可获得评估参数的性质把公允价值进行的层次分为三类。第一层次参数为“在活跃交易市场上获得的相同资产或负债不需要调整的交易案例价格”；第二层次参数为“通过直接或间接渠道获得的除第一层次以外参数的交易价格”；第三层次参数为“无法获得资产或负债的可观察参数”。

（2）折旧。评估技术往往被应用在资产折旧金额的计算中。在资产评估和会计财务报告中，折旧的概念是不同的。在评估中折旧往往是指成本法中资产的贬值，而在财务报告中折旧则反映为资产在其剩余有效寿命内对资产损耗进行系统性的补偿。在不动产折旧估算中，一般认为土地的有效寿命是无限的，因此也不需要计提折旧，需要将不动产整体价值扣除土地价值后计提房屋的折旧。在机器设备折旧估算中，机器设备的剩余有效寿命往往与其剩余经济寿命相同，然而剩余有效寿命和经济寿命之间的区别仍需考虑。

（3）租赁。国际会计准则（IAS）将租赁分为经营性租赁和融资性租赁，评估工作需要对租赁进行分类。分类测试所依据的是经济实质而并非合同。对于租赁内容的分类需要在租赁合同签订之初完成，主要依据经济利益的转移程度。另外，准则还对不动产租赁合同、投资性房地产租赁合同以及融资租赁中资产和负债的确定进行了规范。

（4）合并差价分摊。在非同一控制下企业合并中，需要对合并方合并价格在被合并方各项资产之间以公允价值为基础进行分摊，其中无形资产公允价值和商誉的确定是核心内容之一。

2. IVS310—以担保贷款为目的的不动产权益评估

从银行或者其他金融机构贷款时，往往被要求以不动产作为抵押品。一旦借款者到期未能偿还借款，债权人将有权处置抵押品。资产评估在以不动产作为抵押品的贷款融资中应用广泛。该准则主要对评估方法的应用、不同权利类型的特殊性进行了规范。

（1）评估方法。在准则概念框架中指出三种评估方法均可以应用到担保租赁的市场价值估算中，如果资产特殊到不能够获得足够的证据以支持市场法或收益法运用的话，则该项资产不适合作为抵押品。因此，成本法很少被应用到租赁目的的评估业务中。

(2) 资产类型。作为抵押物，不同类型资产具有不同的特点。以租赁为目的的投资性房地产评估通常通过资产置换的方式实现，因此需要区分单个投资性房地产价值。自有房地产在以租赁为目的的评估中往往是以该房地产能够无障碍的转移为前提假设的。

四、国际评估准则的应用

由于国际评估准则质量不断提升，越来越多的专业机构、行业协会、监管部门开始肯定、认可和采纳国际评估准则，无保留采用国际评估准则或与国际评估准则趋同的步伐正在加快。澳大利亚、新西兰、南非等国家直接将国际评估准则作为其官方认可的评估规范，英国等国家评估准则体系中吸收了部分国际评估准则或参考了国际评估准则的部分条款，俄罗斯等国家评估准则在国际评估准则的基础上根据本国实际进行了必要的修改。

南非评估师协会已经将国际评估准则作为国家准则。斯洛文尼亚评估师协会再次翻译国际评估准则作为其国家准则。斯洛伐克和格鲁吉亚也作出了类似要求。在 G20 国家中，澳大利亚和新西兰的评估准则完全采用了国际评估准则。2003 年 5 月 3 日加拿大评估协会、美国评估学会、美国评估师协会、美国农场经理与农业评估师协会作为北美 4 个主要评估机构签署了一项谅解备忘录，鼓励建立一个影响评估与评估咨询职业发展的积极环境。这一备忘录下的第一个批准协议项目是指出这些机构所应承担的责任，其中一项责任是承认和支持国际评估准则委员会发布的评估准则。

澳大利亚、法国、日本、南非和英国等 5 个国家没有企业价值评估和无形资产评估的标准，在这一领域有标准的 8 个国家当中，只有 3 个国家的标准和国际评估准则有一程度的交叉，而且交叉的范围也非常有限。

一些新的经济体把国际评估准则的使用写进法律，例如立陶宛和蒙古。一些监管机构接受了作为国际准则替代的评估准则，包括英国和中国香港等。

五、2011 版国际评估准则经验借鉴

2011 版国际评估准则在结构和内容上作出了修改，一些最新的评估理念和研究成果引入其中。由于中国资产评估准则与国际评估准则相比在准则效力、制定目的、规范对象等方面存在着诸多的差异。因此，需要有选择性的加以借鉴。根据 2011 版国际评估准则的特点和我国现有评估准则体系的内容，可以从准则结构和准则内容两方面考虑。

（一）准则结构的借鉴

2011 版国际评估准则对其结构进行了重大调整，使各准则之间的关系更加清楚、顺畅。凡是在准则中可能出现的各种概念，都被纳入到准则概念框架中，既避免了重复又可以使读者更加方便和清楚地查找和理解相关概念。中国资产评估准则的相关概念都是散见于各个准则之中，可以借鉴国际评估准则的概念结构。

（二）准则内容的借鉴

2011 版国际评估准则最大的亮点在于增加了金融工具评估准则和工作范围准则，尤其是前者对于稳定金融市场有着重要的意义。目前，中国评估准则尚未对金融工具评估进行规范，随着金融工具评估业务量逐渐增多，需要制定相应的评估规范。

第三节　美国评估准则

一、美国评估准则制定背景及发展历程

美国的《专业评估执业统一准则》（USPAP）是除国际评估准则（IVS）之外最具国际影响力的评估准则之一，有其深刻的历史背景和悠久的发展历史。

（一）制定背景

美国是评估业高度发达的国家，行业历史可以追溯到一百多年前。最初的评估主要涉及财产保险、资产抵押贷款、家庭财产分割等，到19世纪后期，开始参与涉及联邦权益的评估。美国长期以来一直倡导自由经济和市场化运作，在评估行业发展的过程中长期采取行业自律的发展模式，并形成了许多专业评估自律组织，如美国评估师协会和美国评估学会以及一些专业性协会，如机器设备、不动产、公路、铁路评估师协会等。众多评估专业协会按各自侧重的领域分别制定协会评估准则，评估师只接受其所在的评估专业协会的指导和约束，政府几乎不进行任何干预。随着评估行业的不断细化和发展，各评估协会越来越意识到统一评估执业标准的重要性。

20世纪80年代初，美国政府推行“去监管化”的自由经济政策，放松了对金融机构的行业监管，许多联邦特许存款、贷款银行也转向提供私人或商业贷款的业务。相当多的金融机构在开展抵押贷款业务之前并没有建立相应的审核监管机制，大批抵押贷款未能在事前对抵押物进行恰当的评估，或没有获得客观公正优质的评估服务。由此，普遍出现了抵押物价值远远低于评估值的现象，在借

款人无力偿还债务的情况下，80 年代中期，美国爆发由房地产泡沫诱发的储蓄和贷款危机（Saving and Loan Crisis），大批的金融机构倒闭，联邦储蓄基金也蒙受数以亿计的损失。美国国会经过全面调查后，把矛头直指当时的评估业，认为不当评估是造成此次危机的主要原因之一。评估业失去了赖以生存的公众信任，行业可持续健康发展受到严重威胁，为了重拾社会公众对评估行业的信心，决定配合联邦政府对当时的评估行业进行整改，其中最重要的一项措施就是制定全国统一的评估执业准则。美国的《专业评估执业统一准则》就是在这样的背景下诞生的。

（二）发展历程

1986 年，美国评估师协会（American Society of Appraisers，ASA）、美国农场管理人和农业评估师协会（American Society of Farm Managers & Rural Appraisers，ASFMRA）、美国不动产评估师学会（American Institute of Real Estate Appraisers，AIREA）、美国不动产评估师协会（Society of Real Estate Appraisers，SREA）（1991 年 AIREA 与 SREA 合并成为现在的美国评估学会 AI）、国际估税官协会（International Association of Assessing Officers，IAAO）、地役权国际联合会（International Right of Way Association，IRWA）、独立收费评估师全国联合会（National Association of Independent Fee Appraisers，NAIFA）、高级评估师全国联合会（National Association of Master Appraisers，NAMA）等八个美国评估专业协会和加拿大评估学会（Appraisal Institute of Canada，AIC）成立了统一准则特别委员会，联合制定了《专业评估执业统一准则》（Uniform Standards of Professional Appraisal Practice，USPAP）。由于《专业评估执业统一准则》（USPAP）集中代表了美国评估行业中不同自律管理组织及其评估师的意愿和意见，我们就将《专业评估执业统一准则》（USPAP）作为美国评估准则的范本。

1987 年，新成立的美国评估促进会取得《专业评估执业统一准则》（USPAP）的版权，负责其以后的修订、出版工作。

随着美国社会经济的发展和评估行业的变化，评估准则委员会通过书面征求意见稿、公开会议和听证会等方式不断了解市场的评估需求变化、客户对评估准则的新要求，以及评估执业人员的意见反馈，对《专业评估执业统一准则》（USPAP）进行了连续的修订与完善，修订内容涉及基本定义、准则条款、准则说明等方方面面的内容。1992—1995 年期间，美国评估促进会下设的评估准则委员会（The Appraisal Standards Board，ASB）每年年中对《专业评估执业统一准则》（USPAP）进行修订，之后改为每年出版一次完整版本的准则。2006 年以后，评估准则委员会又改成每两年更新一次。

自 1987 年第一版面世以来，《专业评估执业统一准则》（USPAP）逐步发展成一部结构完整、框架清晰、内容丰富的综合性评估执业准则，成为各国制定符合本国国情的评估准则的典范。

二、美国评估准则的基本框架

《专业评估执业统一准则》（USPAP）是一部典型的高质量专业准则，囊括了不动产、动产、企业价值和无形资产在内的各个评估领域的执业规程。2012—2013 版的基本框架是由六个大部分构成：

1. 定义（Definitions）；
2. 导言（Preamble）；
3. 规则（Rules）；
4. 准则和准则条文（Standards and Standards Rules）；
5. 评估准则说明（Statements on Appraisal Standards）；
6. 咨询意见（Advisory Opinions）。

三、美国评估准则主要内容

《专业评估执业统一准则》（USPAP）的内容包括定义、导言、规则、准则和准则条文、准则说明和咨询意见。

（一）美国评估准则内容概述

以2012—2013版《专业评估执业统一准则》（USPAP）为例，该准则是由37个定义、导言、5个规则、10个准则和准则条文、10个准则说明（SMT）和32个咨询意见（AO）组成。其主要内容如下：

1. 定义

定义（Definitions）部分对USPAP中采用的评估、评估咨询、评估执业、评估复核、评估师、评估师的同行、业务、业务结论、假设、偏见、企业、企业权益、客户、保密信息、成本、可信、展示时间、特别假设、可行性分析、非真实性条件、无形资产、预期用途、预期使用者、管辖例外、市场价值、批量评估、批量评估模型、动产、价格、不动产、不动产权益、报告、工作范围、签名、评估业务、价值、工作底稿共37个专业术语进行了定义和解释。

2. 导言

导言（Preamble）部分概述了准则的目的和各部分内容。

3. 规则

规则（Rules）部分包括了职业道德规则、记录保管规则、专业胜任能力规则、工作范围规则和管辖除外规则等内容。

4. 准则和准则条文

准则和准则条文（Standards and Standards Rules）部分包含了10个准则，规定了执行评估、评估复核、评估咨询业务的要求及相关报告的要求。这10个准则是：

准则 1 不动产评估

准则 2 不动产评估报告

准则 3 评估复核及报告

准则 4 不动产评估咨询

准则 5 不动产评估咨询报告

准则 6 批量评估及报告

准则 7 动产评估

准则 8 动产评估报告

准则 9 企业价值评估

准则 10 企业价值评估报告

5. 评估准则说明

评估准则说明（Statements on Appraisal Standards）部分共有 10 个评估准则说明，对相关规则、准则条文进行的解释、细化和说明。这 10 个评估准则说明是：

准则说明 1 评估复核

准则说明 2 折现现金流分析

准则说明 3 追溯性价值意见

准则说明 4 未来价值意见

准则说明 5 职业道德条款的保密规定

准则说明 6 不动产和动产市场价值意见中的合理展示期

准则说明 7 对不动产和动产评估中特定条款的背离许可

准则说明 8 报告的电子快递

准则说明 9 明确预期用途和预期使用者

准则说明 10 在涉及联邦权益的交易中投保联邦存款保险的金融机构所使用的业务

6. 咨询意见

咨询意见是评估准则委员会发布的一种指南，阐述《美国评估准则》在特定情况下的应用，并从评估准则委员会的角度提供相关评估事项和问题的解决方案。2012—2013 版《美国评估准则》中的咨询意见有 32 个，它们是：

咨询意见 1 交易历史

咨询意见 2 评估对象的勘查

咨询意见 3 以前评估的更新

咨询意见 4 对评估对象在评估基准日前三年内所有的交易情况进行分析

咨询意见 5 开展评估业务过程中的帮助及助手要求

咨询意见 6 评估复核功能

咨询意见 7 营销时间意见

咨询意见 8 不动产评估中的市场价值和公允价值

咨询意见 9 涉及环境污染的不动产评估

咨询意见 10 评估师和客户关系

咨询意见 11 评估准则中有关评估报告类型的内容

咨询意见 12 采用评估准则中的报告类型

咨询意见 13 不动产抵押评估业务中遵守 USPAP

咨询意见 14 补贴住房的评估

咨询意见 15 限制评估业务中启用偏移条款

咨询意见 16 公平住房法和评估报告内容

咨询意见 17 计划进行改良的不动产评估

咨询意见 18 自动评估模型（AVM）的使用

咨询意见 19 不动产评估业务中不能接受的业务条件

咨询意见 20 复核人单独形成价值意见的评估复核业务

咨询意见 21 遵守 USPAP

咨询意见 22 不动产市场价值评估业务中的工作范围

咨询意见 23 在不动产评估业务中明确评估对象的相关特征

咨询意见 24 通常职业方式

咨询意见 25 在涉及联邦权益业务中的工作范围

咨询意见 26 将报告“改编”（转交）给其他当事方
咨询意见 27 为新客户评估同一资产
咨询意见 28 工作范围的决定、执行和披露
咨询意见 29 可接受的工作范围
咨询意见 30 联邦监管金融机构使用的评估
咨询意见 31 涉及多个评估师的业务
咨询意见 32 从价税评估和批量评估业务

（二）美国评估准则内容简要说明

《专业评估执业统一准则》（USPAP）包括了定义、导言、规则、准则和准则条文、准则说明和咨询意见六个部分，每个部分在评估准则中都发挥着不同作用，而又相互衔接，形成了一个约束互补的统一的有机整体。各个部分简要说明如下：

1. 定义

定义部分在《专业评估执业统一准则》（USPAP）中具有重要地位和作用，它统一规范了评估准则中的专业术语，并对这些专业术语进行了界定。它的重要作用和意义在于：对于存在着众多评估协会、学会的美国评估行业来讲，对评估基本概念进行了统一的规范和界定是至关重要的。这不仅有助于各类评估师恰当理解与掌握准则的内容规范执业，而且也有助于评估报告使用者更好地理解评估报告使用评估结论。明晰的评估概念，准确的评估术语定义是形成好的评估准则的重要基础。例如，明确评估执业与评估业务，假设、特别假设和非真实性条件，价格与价值等基本定义对评估师理解评估准则和执业有着重要的意义。

（1）评估执业：以评估师名义执业的个人所提供的评估业务，包括但不限于评估、评估复核或评估咨询。

（2）评估业务：与资产价值相关的业务。评估执业只能由评估师进行，而评估业务可以由各种相关专业人士提供。

(3) 假设：被视为是真实的（条件）。

(4) 特别假设：特别假设是与一项具体评估活动直接相关的假设，它是指在评估基准日，如果该假设是错误的，评估师的意见或结论会发生改变。特别假设是将在评估基准日尚不能确定的情况假定为事实，包括评估对象资产的物理、法律或经济特征；或者资产的外部条件，如市场情况或趋势；或在分析中使用数据的完整性。

(5) 非真实性条件：非真实性条件是与一项具体评估活动直接相关的条件（设定），它与评估师在评估基准日所知的客观事实（实际情况）相反，但是为了进行评估分析仍被假定存在。非真实性条件是对与评估师在评估基准日所知的事实或条件相反的设定，这些事实或条件包括评估对象的物理、法律或经济特征；或资产的外部环境，如市场情况或趋势；或在分析中使用数据的完整性。

(6) 价格：某项资产的询价、报价或支付的金额。

(7) 价值：资产购买方、出售方或使用方与该资产之间的货币关系。价格是个事实；而价值表达的是一个经济概念，从来就不是一个事实。

2. 导言

准则的导言（Preamble）部分概述了准则的目的和各部分内容。强调了评估师自愿维护社会公众信任的重要性；强调了评估师角色的重要以及需要遵守评估职业道德和评估准则；指出了准则各个部分的内容要点。

3. 规则

准则中的规则部分由职业道德规则、记录保管规则、专业胜任能力规则、工作范围规则和管辖除外规则等内容组成。

(1) 职业道德规则（Ethics Rules）对评估师诚实、公正、客观、独立判断和职业操守进行了规定。

为提高和维护社会公众对专业评估职业的信任，评估师应该严格遵守职业道德。

评估师或某类业务遵守 USPAP 是基于相关法律和规定的要求，或基于评估师与客户或预期使用者的协议。除这些要求外，任何个人以评估师名义提供服务都应当遵守 USPAP。

本规则由行为、管理和保密三部分内容组成，这些规则适用于所有的评估活动。

（2）记录保管规则（Record Keeping Rule）规定了对评估、评估复核和评估咨询业务应当建立工作底稿。

评估师必须为评估、评估复核和评估咨询业务准备工作底稿。工作底稿必须在出具评估报告之前就已经完成。在发出口头评估报告之后的适当时间内，在口头评估报告的文字摘要中必须加上工作底稿。

（3）专业胜任能力规则（Competency Rule）对评估师应当具备的专业胜任能力进行了规定。要求评估师在承接评估业务前和执行评估业务过程中应当具备相应的知识和经验。

评估师应当：①具备完成评估业务的胜任能力；②获取完成评估业务必须的胜任能力；③在不满足上述条件的情况下，拒绝或取消评估业务。

评估师的专业胜任能力表现为：

①具有恰当明确所要解决的问题的能力；

②具有能够胜任该项业务的相应专业知识和经验；

③承认并遵守与评估师和评估业务相关的法律和规定。

（4）工作范围规则（Scope of Work Rule）规定了评估师在明确评估问题，以及解决这些问题所应进行的研究和分析工作的义务和责任。

评估师执行评估、评估复核、评估咨询业务，应当：

①明确需要解决的问题；

②确定并执行形成可信业务结论所必须的工作范围；

③在报告中披露工作范围。

评估师应当恰当地明确需要解决的问题，以确定适当的工作范围。评估师应当能够证明所确定的工作范围足以形成可信的业务结论。

（5）管辖除外规则（Jurisdictional Exception Rule）是为了维持USPAP与相关法律及公共政策的平衡而制定的一个规则。该规则指出如果USPAP中的某一部分与某司法管辖范围内的法律或公共政策冲突，该冲突部分在该司法管辖范围内不具有效力。

4. 准则和准则条文

准则和准则条文（Standards and Standards Rules）部分以10个准则对执行评估、评估复核、评估咨询业务的要求及相关报告等进行了具体规范和说明。

其中：

准则1和准则2规定了不动产评估的评估和报告要求；

准则3规定了评估复核的评估和报告要求；

准则4和准则5规定了不动产评估咨询的评估和报告要求；

准则6规定了批量评估的评估和报告要求；

准则7和准则8规定了动产评估的评估和报告要求；

准则9和准则10规定了企业价值评估和无形资产评估的评估和报告要求。

例如，准则9企业价值评估中对准则条文9-1和准则条文9-2作出如下规定：

准则条文9-1

评估师执行企业价值评估业务，应当：

（1）熟知、理解并正确运用形成可信评估结论所必需的公认评估方法与技术。

（2）不得出现影响评估的实质性疏忽或错误。

（3）执行评估业务时不得疏忽大意，例如在评估中犯一系列错误，虽然其中每一个错误并不会单独对评估结论产生重要影响，但汇总在一起将会影响评估结论的可信性。

准则条文 9－2

评估师执行不动产评估业务应当：

（1）明确客户和其他预期使用者。

（2）明确评估师意见和结论的预期用途。

（3）明确价值的类型和定义、价值前提。

（4）明确评估基准日。

（5）应当明确与价值类型和定义、预期用途相关的评估对象的特征，这些特征包括：

①被评估的企业或无形资产；

②被评估的企业权益、所有者权益、资产或负债；

③所有买卖和期权协议、股权限制投资文件、带有限制性内容的公司章程或合伙协议条款及其他可能对价值带来影响的类似因素；

④被评估权益的控制权程度；

⑤被评估权益的市场性或流动性程度。

5. 评估准则说明

评估准则说明（Statements on Appraisal Standards）是通过说明的形式对相关规则、准则条文进行的解释、细化和说明。

例如，在准则说明 2 和准则说明 9 中分别对折现现金流分析以及明确预期用途和预期使用者作出如下要求和说明：

（1）准则说明 2 折现现金流分析。折现现金流分析是评估师可以利用的一种工具，最好与其他一种或多种方法结合起来进行评估。评估师有责任核实参数输入与市场证据吻合，并反映市场的态势。市场价值折现现金流分析应当由市场获得的数据予以支持，而相关假设既应当反映市场状况，也应当反映资产标的的特定状况。评估师如果使用商业性软件，应标明所使用软件的名称和版本，并简要说明软件使用的方法和假设条件。折现现金流分析需要说明和反映影响不动产收入、费用和最终收益能力的事项和因素，也需要能够体现对特定市场中应当考虑事件的预测。折现现金流分析的结果应进行正误及合理性测试和检查，不得出现影响评估的实质性疏忽或错误。

（2）准则说明9 明确预期用途和预期使用者。评估师应当在承接业务前通过与客户的沟通，明确评估、评估复核或评估咨询报告的预期用途和预期使用者。评估师在报告中清晰地明确预期用途和预期使用者，并注明不得用于其他用途或由其他人员使用，可以避免引起持有评估、评估复核或评估咨询报告的当事方的误解。除非在评估师与客户的协议中有相反的约定，评估师应当在报告中披露客户和任何其他预期使用者的身份。如果报告中隐去客户的身份，评估师应当：①在工作底稿中对客户身份进行明确；②在评估报告中表明已根据客户的要求将客户身份隐去，本报告仅供客户和其他预期使用者使用。

6. 咨询意见

在咨询意见部分，评估准则委员会阐述了《专业评估执业统一准则》（USPAP）在特定情况下的应用，并从评估准则委员会的角度提供相关评估事项和问题的解决方案。

例如，咨询意见7 营销时间意见对评估中涉及的营销时间作出如下解释：

关于合理的市场营销时间如何形成和市场营销时间与评估程序的关系如何来展开的，评估准则委员会认为，合理的市场营销时间是关于不动产或动产在评估基准日后多长时间的期限内能够按照评估的市场价值成交。市场营销时间不同于展示期，后者总是发生在评估基准日之前。

此咨询意见从形成合理营销时间的原理和方法、在报告中对营销时间的讨论以及客户对评估的使用三个方面进行了一定的说明解释。其中主要内容包括营销时间是作为执行评估业务过程中的一个组成部分，营销时间可以表示成为一个区间并建立在一个或多个因素基础之上。营销时间与评估程序既相关又相互分离，因此，在报告中予以披露的妥当方式是将讨论营销时间及其意义的部分放在评估报告的最后部分，排在市场价值意见结论之后。另一种妥当方式是评估师对价格（价值）与营销时间的关系进行讨论，在评估师形成的市场价值意见基础上，将不同的可能交易价格与相应的营销时间进行比较。评估师是向客户提供经过定义的价值意见，并在恰当编制的报告中包括一个关于合理营销时间及其相关价值/价格应用的部分，并且最终的一些决定如需要报什么价格等则由客户自己决定。

（三）美国评估准则的变化

1. 美国评估准则的总体变化

《专业评估执业统一准则》（USPAP）目前采取每两年修订一次并发行新版本的做法。2011 年 4 月 8 日，美国评估促进会的评估准则委员会（ASB）批准通过了在 2010—2011 版《专业评估执业统一准则》（USPAP）基础上的修订方案。本次修订的主要内容包括：

（1）对“客户”、“特别假设”和“非真实性条件”的定义做了修订，并引入“展示时间”这一新定义。

（2）关于对展示时间意见的发展演变及披露的修订。

（3）对准则条款 2－3、3－6、5－3、6－9、8－3 和 10－3 的修订。

（4）增加了新的纪录保管规则并对道德准则的行为部分做了修订。

（5）对咨询意见第 21 条—遵守 USPAP 的修订。

（6）对第 7 号、第 8 号准则的修订：动产评估、评估和报告。

2. 准则定义部分的修订与增加

本次修订及增加的定义包括客户、展示时间、特别假设和非真实性条件，具体修改的情况如下：

（1）客户。评估准则委员会对修改客户定义的说明是：修改客户的定义是为了更好地明确客户这一术语的应用，以及在业务中更准确地识别客户。评估准则委员会修改后的客户定义是：客户是指在某项特定业务中，与评估师之间存在雇佣关系或鉴定业务合同的一方或多方当事人。客户可以是个人、团体或实体，客户可以直接或通过中介机构雇佣或联系评估师。

（2）非真实性条件。评估准则委员会对修改非真实性条件定义的说明是：当前对非真实性条件的定义经常被评估师、客户和其他潜在使用者误解。这种误解会导致评估人员错误运用假设，增加误导评估结果的可能性。评估准则委员会认为在定义中增加评估基准日的概念能够减少对这一专业术语的误解和误用。评估准则委员会修改后的非真实性条件定义是：

非真实性条件是与一项具体评估活动直接相关的条件（设定），它与评估师在评估基准日所知的客观事实（实际情况）相反，但是为了进行评估分析仍假设存在。非真实性条件是对与评估师在评估基准日所知的事实或条件相反的设定，这些事实或条件包括评估对象的物理、法律或经济特征；或资产的外部环境，如市场情况或趋势；或在分析中使用数据的完整性。

（3）特别假设。评估准则委员会对修改特别假设定义的说明是：当前对非真实性条件的定义经常被评估师、客户和其他潜在使用者误解。这种误解会导致评估人员错误运用假设，增加误导评估结果的可能性。评估准则委员会认为在定义中增加评估基准日的概念能够减少对这一专业术语的误解和误用。评估准则委员会修改后的特别假设定义是：

特别假设是与一项具体评估活动直接相关的假设，它是指在评估基准日，如果该假设是错误的，评估师的意见或结论会发生改变。特别假设是将在评估基准日尚不能确定的情况假定为事实，包括评估对象资产的物理、法律或经济特征；或者资产的外部条件，如市场情况或趋势；或在分析中使用数据的完整性。

（4）展示时间。评估准则委员会对新增展示时间定义的说明是：这一新定义实质上与 SMT－6 的定义一致，但为了保持与《专业评估执业统一准则》（USPAP）“定义”中的其他定义表述上的一致性也做了些调整。采取本定义的同时，SMT－6 也将做细微修改。把这一概念引入准则定义将会增强《专业评估执业统一准则》（USPAP）的可操作性。评估准则委员会新增加的展示时间的定义是：

展示时间是假设被评估资产在评估基准日按市场价值在市场上交易之前，应该以该报价在公开市场上展示的时间估计数。展示时间是一个基于充分竞争市场或公开市场假设基础，对过去事项进行分析的追溯性概念。

3. 准则和准则条文的修订

2011 年 4 月 8 日，美国评估委员会对准则条文［1－2（c）(iv)，2－2（a）（v），2－2（b）（v），2－2（c）（v），8－2（a）(v)，8－2（b）（v）and 8－2（c）（v）］，以及准则 7 和 8——动产评估、动产报告等进行了修改。部分修改内容说明如下：

（1）准则 1－2（c）(iv)。

(c) 明确价值的类型和定义；如果评估的价值类型是市场价值，评估师需要明确价值是否是符合下列条件的最可能的价格：

(iv) 如果价值意见建立在非市场融资方式基础之上或按非正常条件或动机进行融资，应当清晰地说明这些融资方式的条件，评估师应当通过对相关市场数据的分析，指出这些融资方式对价值的正面或负面影响。

注：当展示期是作为形成估值意见定义的一部分时，评估师还应该将估值意见与合理展示期联系起来。

（2）准则 2－2（a）（v），（b）（v）和 2－2（c）(v)。

(v) 说明价值类型和定义，并说明价值定义的出处。

注：对价值定义进行的说明还应当包括提供给预期使用者的建议，以引导其理解如何使用该价值定义。

如果报告中采用的是市场价值，说明价值意见是否是：

以现金或等同于现金的财务方式计量；

以非市场融资为基础，或按非正常条件或动机进行融资。

如果市场价值意见不是以现金或等同于现金的财务方式计量，评估师需要简要说明相关的融资条件，并解释其对于价值的贡献或负面影响。

如果所发表的合理展示期的意见符合准则 1-2（c），应该在报告中说明该意见。

（3）准则 8-2（a）（v），（b）（v）和 8-2（c）（v）。

（v）说明价值类型和定义，并说明价值定义的出处。

注：对价值定义进行的说明还应当包括提供给预期使用者的建议，以引导其理解如何使用该价值定义。

如果报告中提供的是市场价值意见，说明价值意见是否是：

以现金计量或以等同于现金的财务方式计量；

以非市场融资为基础，或按非正常条件或动机进行融资。

如果市场价值意见不是以现金计量或以等同于现金的财务方式计量，评估师需要简要说明相关的融资方式条件，并解释其对价值的贡献或负面影响。

注：如果已经得到的合理展示期意见符合准则条文 7-2（c），此意见必须在报告中说明。

四、美国评估准则的应用

《专业评估执业统一准则》（USPAP）在美国国内是被广泛接受和认可的评估执业准则，在国际上也享有极高的赞誉，许多准则术语、原则和规则，甚至是准则体系也被广泛接受和认可。

（一）美国国内应用的情况

《专业评估执业统一准则》（USPAP）虽然不是由政府立法部门制定的、却具有普遍法律强制力的一部法规。但由于《专业评估执业统一准则》（USPAP）是由美国主要评估协会共同发起制定的一部自律性准则，其在评估行业内的地位和作用远远超越其他专业团体自发制定的执业规范，在评估行业内有着广泛的认可基础。因此，《专业评估执业统一准则》（USPAP）是美国评估行业应用最广的评估准则。另外，由于《专业评估执业统一准则》（USPAP）得到了联邦政府的认可，特别是在从事与联邦交易有关的评估业务中，注册评估师被要求按照《专业评估执业统一准则》（USPAP）执业。所以，各大评估专业协会也都意识到有责任督促其所属会员遵守《专业评估执业统一准则》（USPAP），各评估机构也都将它作为本机构所属评估师的基本执业要求。在实践中，由于《专业评估执业统一准则》（USPAP）本身规范的科学性、严密性和可操作性，以及良好的社会声誉，也使得越来越多的客户希望或要求评估师遵守《专业评估执业统一准则》（USPAP），评估师在某种程度上也愿意遵守《专业评估执业统一准则》（USPAP）。《专业评估执业统一准则》（USPAP）已经成为美国国内评估行业自觉遵守的最重要的职业操守和执业标准。

（二）特定领域政府强制应用情况

为了维护社会公共利益并规范服务于联邦交易的评估行为，1989年8月，美国国会制定了《金融机构改革、复兴和实施法》。在该法令的第11章，对涉及联邦交易的不动产评估业务作出了必须严格遵守的《专业评估执业统一准则》（USPAP）的强制性规定。依据金融机构改革、复兴和实施法的规定，联邦各大金融监管部门对涉及联邦交易的不动产评估业务遵守《专业评估执业统一准则》（USPAP）也作出了具体规范。事实上，在美国，涉及联邦交易的不动产评估业务市场是很大的，包括企业和个人在联邦金融机构融资的不动产抵押评估。随着时间的推移，以及评估师遵守《专业评估执业统一准则》（USPAP）执业效果的显现，相关政府部门有意强化对涉及联邦交易的不动产评估业务遵守《专业评估执业统一准则》（USPAP）的要求。1992年，美国管理与预算办公室在其制定的92－06号公告中，也要求联邦土地收购和直接租赁管理部门涉及的评估业务必须符合《专业评估执业统一准则》（USPAP）。政府强制要求特定领域评估业务遵守《专业评估执业统一准则》（USPAP）的规定，不但说明了政府对《专业评估执业统一准则》（USPAP）的认可，也从另一个侧面反映出《专业评估执业统一准则》（USPAP）作为评估行业的职业操守和职业技术标准的层次和水平。

（三）相关部门建议应用情况

除了所有涉及联邦的金融业务都必须遵守准则之外，相关机构如美国税务署、证券交易委员会、商业银行和放款机构以及各州评估师管理委员会等也都有相应规定，要求评估师在多数评估业务中按《专业评估执业统一准则》（USPAP）的要求开展业务、出具报告。其他政府部门、法官在处理涉及评估的事项时也都会重点或优先考虑《专业评估执业统一准则》（USPAP）的相关要求。这种从政府、相关部门再到行业本身都对一个评估准则广泛推崇的情况在美国是前所未有的。

（四）中北美跨国应用情况

《专业评估执业统一准则》（USPAP）不仅在本国有着举足轻重的地位，同时也是被加拿大、墨西哥等中北美国家普遍接受的评估标准。加拿大评估学会（AIC）还是1986年统一准则特别委员会的八个组成协会之一，参与了首版《专业评估执业统一准则》（USPAP）的制定工作，它现在所遵循的评估标准——加拿大职业评估统一操作标准就是在

《专业评估执业统一准则》（USPAP）的基础上，结合加拿大法律特征和实际国情修订而成的，于1994年1月1日正式实施，评估学会的会员和进行房地产评估的房地产评估师都需严格遵守此准则。

（五）国际借鉴情况

《专业评估执业统一准则》（USPAP）还对其他国家的评估准则产生了深刻影响。其中，《专业评估执业统一准则》（USPAP）涵盖不动产、动产和企业价值评估的综合性特征对我国评估准则体系的建设起到了很好的借鉴作用。另外，《专业评估执业统一准则》（USPAP）中的许多理念、概念、定义和规定也对我国评估准则的起草有很大的启发，如评估报告披露的重要性、评估预期用途和预期使用者等。还有一些概念，像限制型评估报告等虽未被直接引进，但其实质及思想已经被我国的相关评估准则所吸收。

不仅如此，随着资产评估国际间的交流，《专业评估执业统一准则》（USPAP）还逐步成为国际评估界最具影响力的评估准则之一。2006年，国际评估准则委员会和美国评估促进会为促使《专业评估执业统一准则》（USPAP）与《国际评估准则》协调一致签署了麦迪逊协议，并成立麦迪逊工作组对两个准则进行充分地比较和分析。

五、美国评估准则的特点与启示

《专业评估执业统一准则》（USPAP）在其制定机制、准则架构与内容以及准则及时更新等方面具有明显的特点，对我国评估准则的制定与完善具有借鉴和启示意义。

（一）准则制定机制的特点与启示

《专业评估执业统一准则》（USPAP）由评估促进会下设的评估

准则委员会编制、修订。美国评估促进会下设的评估准则委员会（The Appraisal Standards Board，ASB）成立于1988年，是评估促进会下设的独立职能部门，专门负责制定、解释和修订《专业评估执业统一准则》（USPAP）。委员会由评估促进会管理委员会聘请的专业评估师组成，设主席、副主席，任期三年。评估准则委员会的日常事务由评估促进会工作人员支持协助，工作经费由评估促进会提供，公共会议固定于华盛顿特区。

评估准则委员会与负责各州评估师注册和许可管理的部门没有直接的业务联系，保持超然的独立性，不受联邦政府和州政府管理部门的任何约束和限制。评估准则委员会的相对独立性使得美国评估准则的制定工作能够站在社会公共利益的立场上，以及评估专业的立场上，使得制定出台的评估准则可以更好地为社会公众的利益服务、体现评估公正合理的这一特性，也能更及时地把评估领域的最新实践、研究成果带入准则中，发挥评估专业的独特效用。

另外，良好的制定机制是《专业评估执业统一准则》（USPAP）的重要特点，也是其长期保持生命力的基本所在。评估准则委员会已经形成一整套制定准则和指南的规则，包括收集对征求意见稿的书面意见和举行公开会议、现场口头听证会等方式。

为广泛征集评估界、评估服务对象、政府部门及各相关领域的意见和建议，评估促进会分别设立咨询委员会（Advisory Council）与行业咨询委员会（Industry Advisory Council）作为常设咨询机构，对评估促进会准则、资格标准等制定工作提供咨询。咨询委员会由54个非营利组织组成，包括各大评估协会、相关领域专业协会及国家税务局、内务部等政府部门。行业咨询委员会则负责代表市场向促进会提供咨询，目前行业咨询委员的成员既包括美国评值公司等专业评估公司，也包括普华等国际会计公司，同时还包括美国通用公司、美国国民银行等大型企业和银行。

评估准则委员会在准则制定的过程中，通过反复征求评估促进会各组成协会的意见和建议，以及相关当事方的意见和建议，发布准则或修改准则。这种反复征求意见的准则制定机制，使得《专业评估执业统一准则》（USPAP）的行业认可度和社会认同感增强。所以，《专业评估执业统一准则》（USPAP）被北美主要评估组织采用。在当今的美国，除所有涉及联邦的金融评估业务都必须遵守《专业评估执业统一准则》（USPAP）外，一般的评估业务中，委托方和评估报告预期使用者也都要求评估师在实际操作中遵守该准则，并按它的要求出具评估报告。《专业评估执业统一准则》（US-PAP）得以广泛的运用与其制定机构的相对独立性和制定过程广泛听取意见的制定机制有着紧密的联系。《专业评估执业统一准则》（USPAP）制定机构的相对独立性和制定过程广泛听取意见做法是值得中国借鉴的。

（二）准则架构内容的特点与启示

《专业评估执业统一准则》（USPAP）的制定建立在较为完善的理论框架体系基础之上，形成了严谨的准则结构与准则内容。它的理论框架体系涉及了基本定义、职业道德、工作范围、专业胜任能力、各种形式的动产和不动产评估，企业价值评估以及批量评估等几大部分。

严谨的定义形成了较为完整的概念框架，为评估准则体系的建立及评估人员理解准则打下坚实基础。

职业道德、工作范围、专业胜任能力和管辖除外等规则从不同的角度和方面构建了美国评估职业道德规则体系和具体的职业操守。

准则和准则条文与评估准则说明全面系统地建立了各类资产在各种情况下的评估技术规范和指引。在评估对象方面涉及了不动产、动产和企业价值；评估技术方面涉及传统评估技术和批量评估技术；评估时间基准方面涉及现实评估、追溯性评估和预期评估；评估报告使用者方面涉及普通使用者和与联邦权益相关的额定使用者；评估结论的价值类型方面涉及市场价值和其他价值。

32 个咨询意见则提供了另外"一种沟通方式",是评估准则委员会关于评估准则在某些特定情况下如何运用的建议。

《专业评估执业统一准则》(USPAP)每版都附有咨询意见和常见问题汇编,准则委员会会就这些特殊情况下的准则理解与运用给出恰当的建议和解答,这就使评估师在具体评估业务中有了可参照的范例。

《专业评估执业统一准则》(USPAP)严谨的准则结构与内容,以及原则导向与细化指引的特点,也为我国评估准则的制定提供了可借鉴的经验。

(三)准则与时俱进与及时更新的特点与启示

《专业评估执业统一准则》(USPAP)不仅内容广泛、灵活,而且还十分注重准则的更新。2006 年以前,美国评估准则委员会每年更新一次并出版新的《专业评估执业统一准则》(USPAP)。2006 年以后,评估准则委员会改成每两年更新一次。根据社会经济发展的需要和评估实践发展的需要,及时更新评估准则,把最新的评估理论和评估实践成果体现在评估准则之中。这种与时俱进与及时更新的做法是《专业评估执业统一准则》(USPAP)的特点之一,也是我国评估准则制定过程中值得借鉴的经验之一。

第四节 英国评估准则

一、英国评估准则制定背景及发展历程

(一)制定背景

英国皇家特许测量师学会作为英国影响最大的评估行业自律组

织，其主要职能之一是制定、修订和完善行业执业技术标准。英国皇家特许测量师学会发布的《英国皇家特许测量师学会评估准则——全球和英国第七版》中的英国版部分和《英国皇家特评测量师学会评估——专业准则 2012》，这两部分集中代表了英国评估行业及其全球范围内的执业标准，我们就将其作为英国评估准则的范本。

英国的不动产评估发展历史较早，不动产评估准则最早也是在英国面世。英国皇家特许测量师学会于 20 世纪 70 年代出版评估与估价标准手册（Appraisal And Valuation Manual），就是通常所称的英国皇家特许测量师学会“红皮书”，主要规范以财务报告评估为目的的评估行为以及测量师出具的其他公众使用的评估报告。随着会计准则以及职业规范的变更，英国皇家特许测量师学会对“红皮书”进行了修改，并在 1990 年颁布了第三版，在 1991 年成为所有特许测量师从事评估报告的一个强制性的规则。随后英国皇家特许测量师学会又出版了一些用于财务报表评估以外的评估指南，但是随着越来越多的英国测量师在世界各地工作，英国皇家特许测量师学会需要出版一本区分在英国本土以及世界其他各个国家执业的规范，因此它在 2003 年对“红皮书”的结构进行了大幅度的调整，以便更加国际化。

（二）发展历程

英国皇家特许测量师学会的评估与估价手册最初是以两个独立标题出版的：资产评估指南（Guidance Notes On the Valuation OF Assets）是以“资产评估实践声明和指南”（Statement of Asset Valuation Practiceand Guidance Notes）为标题出版的，第一版出版于 1976 年，第二版出版于 1981 年，第三版出版于 1990 年；评估指南手册（Manual of Valuation Guidance Notes）第一版出版于 1980 年，第二版出版于 1981 年 3 月，第三版出版于 1992 年 4 月。

英国皇家特许测量师学会评估与估价手册（The RICS Appraisal and Valuation Manual）在1993年、1996年（两次）、1998年、2000年和2002年被重印。

2003年英国皇家特许测量师学会首次出版英国皇家特许测量师学会评估和估价标准（The RICS Appraisal And Valuation Standards），2003年3月至2007年4月进行了多次修订出版（第五版）。为了全面与国际评估准则接轨，使“红皮书”具有国际通用性，“红皮书”开始全面执行国际评估准则委员会（IVSC）制定的国际评估准则（IVS）。为此，“红皮书”从第五版起采用了两部分结构，包括通用准则和国家准则。通用准则适用于所有的皇家特许测量师学会国家会员，国家准则由各个国家会员自行制定。皇家特许测量师学会认为评估的技术应该放开，鼓励创新，但评估业务必须标准化，否则无法保证服务的质量和委托人的利益。因此，从第五版起，“红皮书”开始转变为“只为评估业务规定标准，而不涉及评估的技术”的指导思想，并对其篇幅进行“瘦身”。

第六版英国皇家特许测量师学会“红皮书”（The RICS Valuation Standards，6th Edition）首次发布于2008年，2008年9月修订，2009年3月再版，2009年7月修订，并于2010年4月再版重印。

为提高其清晰度和易用性，2011年3月，英国皇家特许测量师学会（评估专业组）出版了第七版“红皮书”——《英国皇家特许测量师学会评估准则——全球和英国第七版》（RICS Valuation Standards - Global and UK 7th Edition）。

2012年1月，2011版国际评估准则生效，为与国际评估准则保持一致，英国皇家特许测量师学会又于2012年3月修订英国皇家特许测量师学会“红皮书”全球版《英国皇家特许测量师学会评估——专业准则2012（红皮书）》（RICS Valuation - Professional Standards 2012 [The Red Book]）。新版的英国皇家特许测量师学会“红皮书”于2012年3月30日生效。至此，已先后发布了八版“红皮书”。

二、英国评估准则框架结构

第八版的“红皮书”的内容与2011年版相比有较大变动，不仅没包括英国版的内容（即2011版的第六、七、八、九和十部分），而且更新后的与国际评估准则有关的内容也完全实现了与国际评估准则表述一致。更新的内容主要包括：

1. 修订了术语表，加入了IVS2011中的定义，定义和释义了四种价值类型。

2. 新的附录中提供了新版IVS与相关的“红皮书”准则交叉的参考内容：

（1）新的英国准则、附录、与可支付租金的计算相联系的市场租金条款。

（2）订立合约与评估报告的最低要求已经修改，采用了IVS中的术语。

3. 国际评估准则“评估应用”中所列出的新附录已包含在“红皮书”之中。

4. 修改后的“红皮书”评估准则只适用于评估基准日在生效日期（2012年3月30日）之后的评估业务。

5. 恢复评估准则的具体应用，如财务报告、抵押贷款、公共部门。这些部分都包含了国际评估准则的相关概要。

《英国皇家特许测量师学会评估——专业准则2012（红皮书）》（第八版）主要框架结构分成五大部分：第一部分是简介；第二部分是术语表；第三部分是评估准则；第四部分是附录；第五部分是指南。

第一部分简介。包括这些准则的目的；国际评估准则；出版和结构；本准则的编排；修订和公布草案；生效日期。

第二部分是术语表，该表定义了“红皮书”中使用的各种术语(2012 版“红皮书”修订了术语表，加入了 IVS2011 中的定义，定义和释义了四种价值类型)。

第三部分就是最核心的部分，也就是评估准则。这个部分有 6 个章节，按照评估委托的典型流程进行划分：第一章是遵守准则和道德要求；第二章是约定条款的协议；第三章是价值类型；第四章是应用；第五章是调查；第六章是评估报告。与 2011 版“红皮书”相比，2012 版“红皮书”恢复评估准则的具体应用，如财务报告、抵押贷款、公共部门。这些部分都包含了国际评估准则的相关概要。

第四部分评估附录，包括了 9 个附录，分别是：“对独立性和客观性的威胁和保密性以及利益冲突”、“确立约定条款”、“假设”、“特殊假设”、“商业抵押贷款的评估”、“评估报告的最低内容”、“对评估报告公开引用的实例”、“关于抵押贷款价值的欧洲抵押贷款协会文件”和评估专业准则与国际评估准则之间的比较。

第五部分评估指南，“红皮书”又针对在一些特殊领域、特殊情况下的一些评估设置了一个指导性的指南。指南是非强制性的，只是建议性的，这体现了一些额外的说明。6 个具体指南分别为：“评估的不确定性”、“个别行业相关物业评估”、“对组合资产和多组物业的评估”、“动产”、“工厂与设备”和“以财务报告为目的的折旧重置成本评估方法”。

值得一提的是，在“红皮书”2011 版中，除了包括称为全球准则的这五个部分外，还包括第六、七、八部分的英国准则。区分全球准则和英国地区准则一直是“红皮书”的一个特点①。

① 2012 版的“红皮书”没有对英国版的部分重新修订。“红皮书”2011 版的第六、七、八部分的主要内容是：第六部分英国评估准则，在英国具有强制性。第七部分英国评估附录，共 13 个附录。第八部分英国评估指南，共七个指南。此外，第九部分其他出版物，包括职业规范（强制性）、指南、评估参考文件。第十部分是索引。

三、英国评估准则主要内容

第八版“红皮书”的第三部分是最核心的部分，分成6个章节。其主要内容归纳如下：

（一）遵守准则和道德要求

1. 准则的运用：范围和例外

在承办任何需要一个书面评估的委托时，英国皇家特许测量师学会和税收评估学会的所有成员以及由英国皇家特许测量师学会监管的评估机构，都必须遵守评估准则1（VS1）。

评估准则2至评估准则6（VS2 至 VS6）在以下情况下是非强制的：

（1）在谈判或可能诉讼的准备期间或进行期间提供意见；

（2）评估人员正在执行的法定职能，或必须遵守法定或法律规定的程序；

（3）评估结果仅提供给内部使用；

（4）评估的提供和特定的代理或经纪人工作相关；

（5）为保险目的提供重置成本数据，不论是单独还是以评估报告的形式。

2. 遵守、监管和对背离披露的要求

英国皇家特许测量师学会和 IRRV 的全部会员承办评估业务时，无论以个人身份进行，或从事于某个事务所，也无论该事务所是否受英国皇家特许测量师学会监管，均需遵守本准则。英国皇家特许测量师学会会员评估师还必须遵守《英国皇家特许测量师学会评估师注册方案》中的要求，其中 VS2 至 VS6 强制适用。

作为一个自我监管机构，英国皇家特许测量师学会有责任监管和确保其成员和监管企业遵守这些准则。

当评估人员背离这些准则时，背离的影响必须清楚地在约定条款和评估报告中写明。

3. 英国皇家特许测量师学会国家协会评估准则

由英国皇家特许测量师学会国家协会公布或采纳的评估准则在其所在国具有适用的强制地位。

（1）为满足当地法律或法规要求，英国皇家特许测量师学会国家协会评估准则将扩大或修订英国皇家特许测量师学会“红皮书”全球评估准则。当这些准则之间冲突时，各个国家协会评估准则优先考虑，并不得解释为相对于英国皇家特许测量师学会“红皮书”全球准则而言，评估采用了较低的标准。

（2）当评估涉及的资产在两个或两个以上的不同国家，而这些国家有不同的评估准则，评估师必须就使用哪种准则与客户达成一致。

4. 约定条款

在发出报告之前，会员必须始终向客户确认将按协议条款进行评估。

5. 评估师的资格

本准则所适用的每项评估必须由对其承担责任的具有适当资格的会员完成或在其监督下完成。

6. 知识和技能

会员对特定的市场必须具有当地、国内和国际（如果需要）方面的足够的最新知识，以及能胜任承办评估所必需的技能和理解力。

7. 独立性和客观性

承办评估的会员的行为方式必须具备独立性、正直性和客观性。

8. 独立性的额外指标

当进行评估的目的对于独立性设定了特定指标时，会员必须建立所要求的指标并且在约定条款和评估报告中确认遵守它们。

9. 与公众或第三方利益相关的评估的额外披露。

（二）约定条款的协议

1. 约定条款的确认

在提交任何评估报告之前，会员必须始终以书面方式向客户确认承办评估的条款。在最低程度上，这些条款必须包括如下内容：

（1）对客户和其他预期用户进行识别认定；（2）评估的目的；（3）评估的对象；（4）将被评估的权益；（5）资产或负债的类型，以及客户如何使用它或如何对其分类；（6）一个或多个价值类型；（7）评估时点；（8）对任何重要参与事项的披露，或者一个之前没有任何重要参与事项的声明；（9）若有要求，对评估师身份进行说明；（10）适当时，将采用的货币；（11）任何假设、特殊假设、保留、任何特殊委托或背离；（12）会员的调查范围；（13）会员所依据信息的性质和来源；（14）对外公布的任何同意或限制；（15）限制或豁免对除客户之外各方所负的责任；（16）确认将按照准则来承办该评估项目，并且视情况指出也将符合国际评估准则；（17）确认评估师具有能胜任承办评估的知识技能和理解力；（18）计算费用所依据的标准；（19）按照规定注册的事务所的投诉办理程序，可按要求提供一个副本；（20）指出在符合本准则方面，可以接受英国皇家特许测量师学会行为和纪律规定的监督。

2. 特殊假设

在为了适当地提供客户所要求的评估而有必要使用特殊假设时，这些特殊假设必须在提交评估报告之前征得同意并向客户书面确认。只有当特殊假设相对于该评估的具体情况可合理地认为是实际的、相关的和有效时，才能作出这些特殊假设。

3. 市场限制和强制销售

在任何情况下，当会员或客户发现一项评估可能需要反映一项实际的或预期的市场限制时，对该限制的细节必须达成一致并在约定条款中列出。不得使用“强制销售价值”一词。

4. 受限制的信息

当会员被请求承担一项以受限制的信息为基础的评估时，在对评估作出报告之前，必须就该限制的性质达成一致，并且必须向客户书面确认该限制可能对评估产生的影响。

5. 未经勘查的重新评估

对于以前由该会员或公司进行了评估的物业，不应承办未进行重新勘查的重新评估，除非会员确信自从上次勘查后，物业的物理属性或其位置性质没有出现实质性变化。

6. 评判性复查

会员对由其他评估师准备的用于披露或公布的一份评估不得承接对其进行评判性复查，除非该会员掌握第一个评估师所依据的所有事实和信息。

（三）价值类型

1. 价值类型

会员必须确认适合于将要报告的每一个评估的价值类型。

2. 市场价值

基于市场价值（MV）的评估应采用由《国际评估准则》确定的定义和概念性框架。即市场价值为：在进行了适当的营销（其中各方均以知晓行情、谨慎的方式参与，且无强制因素）之后，自愿买家和自愿卖家以公平交易的方式，在评估时点对一项资产或负债进行交换的估计金额。

3. 市场租金

基于市场租金（MR）的评估活动应采用由《国际评估准则》确定的定义。即市场租金为：在进行了适当的营销（其中各方均以知晓行情、谨慎的方式参与，且无强制因素）之后，自愿买家和自愿卖家以公平交易的方式，在评估时点对一项物业房地产进行租用的估算金额。

4. 投资价值

基于投资价值的评估活动应采用由《国际评估准则》确定的定义。投资价值是指一项资产对其所有者或潜在所有者而言，用于个人投资目标或经营目标的价值。

5. 公允价值

基于公允价值的评估项目应当采用下列两个定义之一：

（1）国际评估准则采用的定义：知晓行情的、自愿的各方之间，转让一项资产或负债的估计价格，该价格对各方各自利益均有所体现。

（2）国际会计准则委员会（IASB）采用的定义：在计量日期，市场参与者之间进行有序交易，出售一项资产时将会收到的，或转让一项负债时将会支付的价格。

（四）应用

1. 以财务报告为目的的评估项目

如果承接的评估项目将用于财务报表，则提供该评估时应当遵守该实体所采用的财务报告准则。

2. 用于担保贷款的评估

在对用于担保贷款的物业房地产进行评估时，应顾及《IVS310：以担保贷款为目的的不动产权益评估》的要求。

IVS310 规定，通常情况下均采用市场价值作为价值基准。IVS310 还涉及关于特殊假设和额外报告要求的内容。

3. 为财务报告目的对公共部门资产进行评估

为财务报告目的对公共部门资产进行评估时应当按照 IVS300 附件的要求进行。

《IVS300：公共部门的不动产、工厂和设备》的附件实际上采用了国际公共部门会计准则（IPSAS）作为针对公共部门实体的适宜准则。

（五）调查

1. 勘查和调查

必须始终将勘查和调查进行到必要的程度以便作出对于评估目的有适当专业水准的评估。商定约定条款时，评估师必须就被评估物业的勘查范围达成一致，以及在怎样的范围内开展勘测。对物业进行勘查之后，会需要进行不同程度的现场勘测，这取决于物业的特性、评估的意图，以及与客户达成的约定条款。

2. 信息的确认

评估师在准备评估时必须采取合适的步骤来确认评估所依赖的信息。如未事先同意，应与客户确认所依赖任何必要“假设”。评估师有责任明确指出所依赖的信息，并在合适的地方指出信息出处。

（六）评估报告

1. 评估报告至少应包括的内容

评估报告必须以一种不模棱两可、不误导或造成错误印象的方式清晰准确作出一个评估的结论。它必须处理在约定条款中客户和会员之间达成一致的所有事项并包含以下最低信息，除非该评估报告将按客户给出的格式提供：

（1）对客户和其他预期用户进行识别认定；（2）本次评估的目的；（3）评估的对象；（4）将被评估的权益；（5）资产或负债的类型，以及客户如何使用它或如何对其分类；（6）价值基准；（7）评估时点；（8）对任何重要参与事项的披露以及之前没有任何重要参与事项的声明；（9）若有要求，评估师身份的说明；（10）视情况，指出采用的币种；（11）任何假设、特殊假设、保留、任何特殊指示或背离；（12）会员的调查范围；（13）会员所依据信息的性质和来源；（14）对外公布的任何同意或限制；（15）限制或免除对除客户之外各方所负的责任；（16）确认该评估符合本准则，视情况，指出该评估也符合 IVS 准则；（17）对评估方法的声明；（18）对评估师具有能够胜任评估工作的知识技能和理解力的声明；（19）以数字和文字对价值表示的意见；（20）评估报告的签名和日期。

该最低限度应有条款列表的第（1）至（20）项包含了《IVS 103：报告》的所有要求。

2. 评估报告的描述

不得将按照本准则所准备的一份评估报告称为证书或声明。

3. 报告价值类型

报告中必须对价值类型，以及其定义作出全面的阐述。当价值类型不是基于市场的数字，并且评估与市场价值有很大的不同时，必须对此作出一份声明。

4. 特殊假设

当一份评估报告包含基于一项特殊假设进行的评估时，该特殊假设将与就其同客户达成一致的声明一起全部列出。

5. 私营经济成分中的折旧重置成本

在私营经济成分中利用折旧重置成本方法进行的对一个物业的评估应该伴有一份声明，指出这取决于该业务的足够的利益，应由所使用的全部资产的价值支付。

6. 公营经济成分中的折旧重置成本

在公营经济成分中利用折旧重置成本方法进行的对一个物业的评估应该伴有一份声明，指出这取决继续占有和使用的前景和发展能力。

7. 折旧重置成本评估和替代性市场价值的比较

当报告一项利用折旧重置成本方法估算的评估时，会员必须在评估报告中作出下列阐述：

（1）任何方便识别的替代性用途的市场价值，如果更高；或者

（2）如果有需要，一份市场价值在业务停止时会大幅度降低的声明。

8. 负价值

当某一物业具有负价值时，该价值必须单独报告，并且不得用之抵消其他物业的正价值。

9. 位于多个国家中的物业

当物业位于多个国家中时，评估报告中必须单独列出在每个国家的物业，并且必须用与客户达成一致的一种或多种货币来报告该评估。

10. 合并其他评估

若会员在评估报告中合并了由另一评估师或公司准备的一项评估时，必须确认准备这些评估时遵循了本准则或在特殊情况下适用的其他准则。

11. 初步的评估意见

当遵循本准则的一份评估报告处于准备过程中时，在其完成之前，会员可能向客户提供初步的意见或一份评估报告或评估草案。这可以包括评估的金额，条件是该文件包含以下信息：

（1）这是一份草案，从属于最终完成的评估报告；

（2）提供的意见仅供客户内部使用；

（3）草案在任何情况下都不进行任何公开或披露。

如果未包含至关重要的事项，必须指出对这些事项的省略。

12. 公开声明

当评估报告的目的要求对其公开引用时，会员必须提供一份声明草案，以便在公布时包含此声明。

13. 对背离和特殊假设的公开引用

评估师必须确保在任何已公开文件中对评估报告的任何引用都

包含对任何背离或特殊假设的引用。

四、英国评估准则的应用

英国皇家特许测量师学会和税收评估学会的全部会员承办评估业务时，无论以个人身份进行，或从事于某个事务所，也无论该事务所是否受英国皇家特许测量师学会监管，均需遵守“红皮书”的要求。

鉴于“红皮书”的重要影响，许多非英国皇家特许测量师学会会员也参照“红皮书”执行评估业务。一些银行、上市公司、跨境投资者、政府、房地产投资基金、股权投资基金等委托方或评估报告使用者也以“红皮书”为标准判断评估业务的质量。

“红皮书”对国际范围内不动产评估业务的开展和评估准则的制定有较大影响，许多英联邦国家和地区都在执行或以此为蓝本制定了自己的评估准则。

五、英国评估准则经验借鉴

（一）发行模式及 2012 版的准则与《国际评估准则》2011 版保持一致的借鉴意义

英国皇家特许测量师学会于 2011 年发布的“红皮书”第七版同时适用于国际范围和英国范围，其所体现的是在统一的前提下，照顾到英国国内和国际范围的不动产评估的个别差异。2012 年版英国皇家特许测量师学会“红皮书”在准则部分与《国际评估准则》2011 版保持一致，为英国皇家特许测量师学会“红皮书”的进一步国际化和评估行业准则输出创造更为有利的条件。在我国已有不少企业走出去并进一步扩大的今天，很值得借鉴。多年的国际竞争实践已证明，行业准则的输出是获取竞争胜出的首要方略。

（二）与时俱进，不断根据经济社会发展需要改进英国皇家特许测量师学会“红皮书”的做法对我国评估准则体系建设的借鉴

根据不同时期的经济社会发展形势和需要不断改进“红皮书”的内容，使其与社会经济发展和评估需求相适应，从1974年至2012年3月，英国皇家特许测量师学会“红皮书”先后进行多次修改，并共发布了八版。从最初用于财务报表反映固定资产（主要是不动产）现值，到1990年复审，进而到1991年发布成为大多数书面报告的强制性规则，再到2003年以“只为评估业务规定准则，而不涉及评估技术”为原则进行“瘦身”，再到2009年为适应国际经济发展形势发布朝着国际评估标准化发展，再到2011发布第七版的适应国际和英国国内的不同情况，再到2012年与《国际评估准则》2011版中的准则保持一致。同时，为适应经济发展和知识经济时代而日益增长的企业并购评估业务和包括知识产权在内的无形资产评估发展的社会需要，英国皇家特许测量师学会已开始突破自评估专业创立时一直坚持的不动产评估范围，开始对企业价值和无形资产评估等新的评估业务领域拓展，在其2012年版“红皮书”中强调了进行企业资产评估或无形资产的资产评估成员必须记住他们要遵循《国际评估准则200》或《国际评估准则210》，同时也要遵循英国皇家特许测量师学会准则的其他的一般性要求。为适应市场需要，英国皇家特许测量师学会已经在纽约设立了重点专注于企业价值评估的办公室，在香港成立了企业价值评估委员会。目前，英国皇家特许测量师学会正在重点关注企业价值、无形资产和文化艺术品及古董评估三个领域的研究和市场拓展。2012年1月单独发布路径指南《企业价值与无形资产评估专业胜任能力的评估》，为在此领域内发展和培养英国皇家特许测量师学会会员做准备。2013年发布企业价值评估准则。英国皇家特许测量师学会还希望随着时间的推移，可以进一步发行与特定资产相关的指南。这些都是英国皇家特许测量师学会“红皮书”与时俱进的具体表现，值得我国评估行业准则体系建设借鉴和参考。

近些年，英国皇家特许测量师学会已先后多次与中评协接触和交流。2012 年 5 月 18 日，英国皇家特许测量师学会代表拜访中评协，就进一步加强双方合作事宜进行会谈。会谈期间，英国皇家特许测量师学会代表表示，中国资产评估协会在企业价值评估和无形资产评估领域在国际评估界一直处于领先地位，英国皇家特许测量师学会希望能够在这些领域得到中国资产评估协会的支持与帮助，探讨双方可以合作的项目。其提议也得到中国资产评估协会领导的认同和积极回应。会谈后，双方共同表达了加强全面交流与合作的意愿，并希望双方的合作既着眼于长期计划，又注重近期具体交流项目的实施。

（三）可对我国不动产评估准则的完善提供借鉴

英国皇家特许测量师学会“红皮书”是世界上应用最为广泛的不动产评估准则之一。从 1868 年算起，英国皇家特许测量师学会指导不动产评估已有一百四十多年的历史，其制定发布不动产评估准则已有近四十年历史。多年的理论研究和经验积累，使英国皇家特许测量师学会“红皮书”成为全球范围不同国家和地区都可借鉴的评估准则。

我国也能够借助英国皇家特许测量师学会“红皮书”建立和完善执业准则体系，在了解和结合中国行业现状的基础上，提供更细化的执业准则，推动中国逐步进入世界评估快车道。借鉴国外长达一百多年的执业经验及成熟的准则体系，将有助于进一步完善我国不动产评估准则。

第六章　中国资产评估对国际评估业发展的贡献

经过二十多年来的发展，中国资产评估行业已经成为国际资产评估业的一个重要组成部分，其本身的诞生与发展壮大就是对世界评估行业的重要贡献。中国资产评估行业注重行业标准建设，在准则体系结构和内容、准则制定机制等方面都作出了卓有成效的努力，对国际评估行业形成了积极影响，并填补了国际评估准则相关领域的空白。同时，中国资产评估业务致力于拓展评估领域，从而使资产评估行业更广泛、更全面地服务于社会经济发展。在行业标准建设和业务领域开拓的同时，中国资产评估行业为了保障评估行业健康有序发展，结合中国具体国情国策，形成了具有中国特色的执业质量监管制度，并且重视文化建设，对评估机构企业文化建设给予指导和支持。

第一节　丰富资产评估准则内容体系

中国资产评估准则体系为资产评估行业的发展提供了重要的规范保障。目前，中国资产评估准则体系已形成职业道德准则与专业准则并重，基本覆盖主要资产评估业务领域的体系格局。

一、科学的资产评估准则体系

中国资产评估准则体系在其创建过程中，借鉴国际经验，兼顾中国国情，从而呈现出鲜明的特点。在准则体系框架设计上，中国资产评估协会紧密结合中国国情，构建了以两项基本准则为龙头的四个层次的准则体系框架。其中，职业道德准则体现了评估师执业的道德标准。资产评估准则体系涵盖了企业价值、不动产、机器设备、无形资产等资产类型，体现了资产评估行业综合化发展的特点和中国评估市场的需求。同时，资产评估准则体系还强化了程序性准则的地位，体现了监管部门对评估执业的规范化要求。因此，中国的资产评估准则体系对于执业行为和职业道德的全方位规范，对评估执业质量的提高、行业专业形象的提升发挥着不可替代的作用。

国际评估准则是全球范围内影响最大的评估准则，许多国家和地区直接或者部分采用国际评估准则作为自身执业标准。中国评估准则与国际评估准则的关系，经历了从“借鉴为主”到“主动影响”的转变。2011 年发布的第九版国际评估准则作了重大改变，在准则结构、准则内容、准则风格方面融入了中国评估行业的意见。

二、填补空白的准则

中国评估准则中的许多准则项目填补了国际评估准则的空白。无形资产准则架构、金融不良资产评估准则、质量控制准则、职业道德准则、法律权属对象准则、实物期权准则的制定等，更是对丰富国际评估准则的贡献。

（一）无形资产评估准则框架

虽然与中国无形资产评估发展历史相比，国外无形资产评估的发展历史要早得多，但是由于历史原因，各国关于无形资产评估的研究及准则性文件的制定工作发展极不均衡。英国评估业传统上注重不动产评估，但是过去无形资产评估无论从理论上还是从实践上都未纳入到评估体系中，直到2012年才制定了无形资产评估指导意见。美国评估业则是较为综合的体系，不仅包括不动产评估，也包括机器设备、动产、珠宝艺术品、企业价值和无形资产评估等。美国评估师协会（ASA）早在二十世纪六十年代就设立了无形资产评估委员会，作为协会的专业委员会对无形资产评估工作进行指导。但由于无形资产评估与企业价值评估在评估方法、程序、理念上都存在很大的相似性，后改为企业价值评估委员会负责指导企业价值评估和无形资产评估。由此，美国《专业评估执业统一准则》中准则第9号——企业价值评估（Business Appraisal，Development）和准则第10号——企业价值评估报告（Business Appraisal Reporting）具体条文中虽然都是规范企业价值和无形资产评估的内容，但在体系上没有专门的无形资产评估准则。

国际评估准则委员会于2007年7月颁布国际评估指南第4号（GN4）——无形资产评估指南，2009年1月重新修订了GN4，并且制定了国际评估指南第16号（GN16）——财务报告目的的无形资产评估指南。2011版国际评估准则中，虽然保留了无形资产评估准则，但没有针对具体无形资产类型设计准则项目。

2001年财政部颁布《资产评估准则——无形资产》之后，中国系统地建立了无形资产评估准则体系的框架。对无形资产而言，首先，无形资产评估准则作为第二个层次的准则，统领整个无形资产相关评估准则；其次，专利、著作权、商标等无形资产的评估指导意见作为第四个层次的准则，形成对无形资产准则的具体补充。

中国无形资产评估准则体系框架结构清晰，层次安排合理，对于无形资产评估的共性问题制定了统一的准则，再根据不同类型无形资产的特殊情况分别制定评估指导意见，具体指导注册资产评估师的实际评估操作。就准则体系的分类细化而言，中国无形资产评估准则在国际上处于领先地位。

（二）金融不良资产评估准则

中国资产评估协会组织专家在规范金融不良资产评估理论和实践方面进行了深入的研究和探索，针对金融不良资产评估中存在的突出问题，于 2005 年 3 月发布了《金融不良资产评估指导意见（试行）》，对金融不良资产评估基本要求、评估对象界定、业务类型和价值类型选取、专业意见披露和合理使用等进行了明确规定。同时，将金融不良资产价值评估业务定义为注册资产评估师根据委托方的要求，对金融不良资产在基准日的价值进行分析、估算并形成专业意见的行为或过程；将价值分析业务定义为指注册资产评估师根据委托方的要求，对无法实施必要评估程序的金融不良资产在基准日的价值或价值可实现程度进行分析、估算并形成专业意见的行为或过程。通过对金融不良资产业务的分类，进一步规范了注册资产评估师执业行为，又较好地服务了中国的金融体制改革。

国际评估准则（IVS）、美国专业评估执业统一准则（USPAP）、英国评估指南（“红皮书”）等国际影响较大的准则均未单独根据金融不良资产的特点，单独制定相应的评估准则。

（三）质量控制准则

为了规范评估机构及其人员遵守各类专业准则和职业道德准则，出具恰当的评估报告，保护各方当事人的合法权益，中国资产评估协会非常有必要制定评估机构业务质量控制准则。质量控制准则对于健全评估准则体系，满足评估机构、市场经济发展的需求，监管和评估相关方对评估执业质量和风险防控的需要具有重要意义。

2009 年 12 月，《财政部关于推动评估机构做大做强做优的指导意见》要求评估机构完善内部治理结构，加强执业质量控制。要求评估机构建立并完善科学的股东及合伙人进退机制、激励约束机制、内部决策机制、利益分配机制等，不断改善和改进机构内部治理。2010 年，中国资产评估协会制定了《评估机构业务质量控制指南》。质量控制准则的制定在借鉴相关行业质量控制经验基础上，特别注重按照资产评估行业的法律法规、评估准则、规范性文件以及资产评估业务特点制定质量控制指南。比如质量控制责任的规定，涉及最高管理层、首席评估师、项目负责人、项目审核人员、项目团队成员、评估机构其他人员，在职业道德、人力资源、评估业务承接、评估业务计划、评估业务实施和报告等章节，都针对评估业务的具体情况提出要求，使其反映质量控制的过程、风险点和关键点。质量控制准则的发布对建立健全评估机构业务质量控制体系，保证机构管理工作和评估执业行为的合法性与合规性，切实提高评估执业质量，为评估机构做大做强做优及可持续发展提供坚实的规范基础和制度保障。

《评估机构业务质量控制指南》的发布与实施开启了建立健全评估机构业务质量控制体系的先河，创新性地将质量控制准则纳入评估准则体系，体现出资产评估行业对质量控制的高度重视，对促进评估机构做优做强做大、做专做精做特及评估行业可持续发展提供了坚实的规范基础和制度保障。

国际评估准则（IVS）、美国专业评估执业统一准则（USPAP）、英国评估指南（“红皮书”）等国际影响较大的准则对评估业务质量控制方面有所规定，但只是针对具体评估项目而设定，并没有单独针对评估机构的业务质量控制进行系统性规范。

（四）职业道德准则

资产评估执业行为的专业性很强，在遵守各种规范的同时又有一定的专业判断，因此资产评估师的执业质量固然依赖于执业水平，但同时也是与职业道德密不可分的。

中国资产评估准则体系从横向关系上划分可分为职业道德准则和业务准则两个部分，有职业道德和评估业务两项基本准则以及相应的具体准则分别规范职业道德和评估业务，对评估执业质量具有同等重要的作用。职业道德准则框架下包括基本准则和具体准则，体现出资产评估行业对职业道德的重视，使得职业道德准则的针对性较强，更有利于资产评估行业的规范发展。

国际评估准则（IVS）、美国专业评估执业统一准则（USPAP）、英国评估指南（“红皮书”）等国际影响较大的准则并未单独制定职业道德具体准则。

（五）法律权属对象准则

资产的价值与其法律权属状况有着密切关系，而经济体制改革初期，中国的资产产权状况的界定工作尚处于逐步推进的过程中，因此注册资产评估师在执业过程中应当尤为关注评估对象法律权属状况。2003 年，《注册资产评估师关注评估对象法律权属指导意见》出台，该准则的发布填补了国际上评估准则的空白。

（六）实物期权准则

随着信息技术市场经济的发展，出现了越来越多的创业公司，特别是高科技公司和网络公司。这些公司的价值更多地体现在作为一个发展基础或平台，蕴涵着丰富的发展机会和巨大的发展空间。对于这类公司及其有关资产的价值评估，传统的收益法和成本法很难奏效，而应用市场法又缺少近似的可比公司或可比资产，也难以得到可靠的评估结论。因此，其价值评估应该采用期权定价方法评估理论。

2011 年 12 月，中国资产评估协会研究制定《实物期权评估指导意见（试行）》是顺应评估实践的需要，具有重要的现实意义，也代表了中国价值评估的理论和实践开始进入国际先进行列。

中国评估准则建设的成果，体现了中国评估行业在准则建设方面的开拓探索精神，标志着在特定领域中国评估准则制定工作已经“领行”国际评估准则。

第二节 创新资产评估准则制定机制

在财政部的大力支持下，在中国资产评估协会的有力推动下，在评估行业同仁的共同努力下，中国资产评估行业建立了体现中国特色、具有国际视野的评估准则制定模式，积累了较为丰富的准则制定经验。在准则制定方式上，中国资产评估协会结合中国评估行业管理特点，提出了行业自律与行政管理相对接的准则制定思路。

一、科学的流程和严密的组织是准则制定的保障力量

财政部和中国资产评估协会分别成立了财政部资产评估准则委员会、中国资产评估准则技术委员会和准则咨询委员会。各委员会委员来自相关监管部门、评估委托方、评估报告使用者、研究单位、评估行业协会、评估执业人员与境外相关机构，代表面广、层次高。相关委员会按照准则发布程序从各个环节进行把关，保证了评估准则的科学性、权威性，使准则能够更好地维护社会公共利益，服务经济社会发展。

二、财政部是准则制定的领导力量

财政部以规范性文件形式发布了资产评估基本准则，授权中国资产评估协会制定并发布其他评估准则，确立了评估准则的权威地位。

三、中国资产评估协会是准则起草的主体力量

中国资产评估协会承担了资产评估基本准则大量前期起草工作，并根据财政部授权制定并发布其他评估准则。中国资产评估协会是中国资产评估准则的起草主体，在准则立项、撰写、修改、征求意见、审议等方面做了大量工作。

四、准则项目组是准则起草的基础力量

准则项目组一般由资深的评估师担任组长，由知识和经验丰富的专家组成，一般包括机构、院校、政府部门、协会等方面的专家。项目组在准则起草中发挥了核心作用。

五、监管各方是准则制定的协调力量

监管方参与准则制定通过三个途径：一是在日常与监管部门的沟通中反馈意见；二是监管方参与准则项目组；三是监管方的代表参与准则委员会对准则进行审议，提出修改意见。监管方参与准则制定，将监管意图反映在准则中，使事后监管前移，转变为事前控制。

六、报告使用方是准则制定的原动力量

使用报告的企业、专家提出对准则的需求，参与准则起草、反馈修改意见。同时，中国资产评估协会通过问卷调查等多种方式了解报告使用者的需求，在准则中最大程度地满足其合理需求。

七、地方协会是准则制定的支持力量

评估准则发布征求意见稿之后，地方协会组织征求当地评估机构和人员的意见，反馈给中国资产评估协会。通过反馈，完善了准则，同时也了解了评估师的要求。

中国资产评估准则制定机制是调动和协调各方力量的机制。经过严格的程序，汇集了各方的智慧，满足了各方需求，保证了准则的科学性和权威性。这种制定评估准则的机制和模式得到了国际评估界同行的赞许和借鉴。

第三节 拓展资产评估业务领域

中国资产评估是随着中国改革开放应运而生的，与其他国家的资产评估的发展存在着较大差异。经过二十多年的努力，中国资产评估已经形成了具有“中国特色”的资产评估，其主要表现为政府、行业协会、评估机构在业务领域拓展方面形成了合力。

一、政府主导决定市场，法定业务领域不断拓展

在发达国家，资产评估行业一般都经历了一个由自由发展逐步过渡到地区化、国际化的过程，也经历了一个从民间自律性管理到政府部门不断加强管理和干预的过程。中国国有经济的形成不同于发达国家，过去中国实行的是高度集权的计划经济，这种体制的运转以国家计划配置整个社会经济资源为特征，国有资产占整个社会总资源的比重极高，遍布国民经济各个领域和部门，国有企业提供了大多数公共产品和私人需求的产品。为了改善经济体制上的缺

陷，提高国有企业的运行效率，中国进行了经济体制改革，资产评估也应运而生。

随着市场经济体制的不断完善，国务院，财政部、国资委、证监会等政府部门，根据经济体制改革和社会发展管理的需要，充分信任、支持、运用资产评估行业，在相关的法律、行政法规和规章中做了一系列的制度安排，发挥资产评估的专业优势与功能，使得资产评估法定的业务领域不断拓展。

二、协会完善拓展市场，行业自律管理逐步完善

中国资产评估协会作为行业自律组织，始终重视市场建设工作，尤其在2004年分设之后，首次明确了市场建设在行业中的引领地位，把行业市场建设的理念树立为行业指导方针。

（一）完善现有市场

随着评估行业市场范围和层次的不断扩大和提高，市场建设越来越多地涉及到与相关部门政策和已发布文件的协调。协调工作的进展和效果对于评估行业市场建设有着重大的影响。通过协调沟通，对在市场建设中与现有政策法规中不协调的内容进行补充完善，作出落实，对现有政策法规中不适应评估行业市场建设的内容提出合理的意见和建议。借鉴吸收监管方的监管经验，通过协调平衡行业市场建设与监管要求，最终促进评估行业科学健康发展。

（二）拓展市场

以创新的理念开展理论研究，增强研究的前瞻性和系统性，加强评估行业专业基础建设等方面的理论研究，争取在市场培育、制度建设、评估基础理论等方面取得重大理论研究成果，为解决资产评估实践出现的新情况、新问题提供理论支撑，为行业拓展新的业

务领域提供专业技术支持，为行业科学发展夯实理论基础。组织行业专家进行重大课题攻关，解决评估行业长期未解决但亟待解决的重大理论问题，为行业的发展提供理论指引。

中国资产评估协会认真研究国家各项改革政策，了解政府及市场需求，寻求并培养新的评估业务增长点；研究经济走出危机后的全新评估市场趋势，根据自身专业特长，注重开辟高端业务、前沿业务、潜在业务领域，找准评估市场定位，体现评估服务价值，努力构建适应经济发展需求的资产评估市场体系。

三、机构延伸服务市场，业务类型呈现多元趋势

资产评估机构在做好法定业务的同时，依靠行业公信力与专业优势，努力满足社会改革和经济发展中出现的需求，并将评估业务范围向上下游延伸。

一是在做好传统业务评估前积极为客户提供预估咨询、方案制订等咨询服务，将服务链向上延伸。二是在做好传统业务评估后协助资产交接、资产处置、企业托管以及代理企业注销等咨询服务，将产业链向下延伸。三是在工作中注意挖掘新业务，积极开拓投资咨询等业务。

实践经验证明，中国资产评估行业不仅极大拓展了资产评估在经济发展中的参与领域，同时满足了中国社会经济发展的需求。中国资产评估的实践经验为国际资产评估行业在上述领域开展评估业务提供了借鉴经验，也为其他国家资产评估行业在其本国拓展业务领域提供了参考。

第四节　构建资产评估行业执业监管机制

中国资产评估行业执业监管主要包括执业质量检查与自律惩

戒。通过开展经常性的执业质量检查，把监管关口前移，可以及时发现注册资产评估师和资产评估机构在执业过程中存在的问题，帮助和指导其规范执业，通过对检查行为作出相应的规范，可以保证检查工作的公正，保障被检查机构和人员的合法权益，达到自律监管的目的和效果。执业监管对于加强行业自律监管，规范指导执业行为，促进执业质量的全面提高，促进行业科学发展有重要意义。

一、中国资产评估行业执业质量检查制度

2006 年，中国资产评估协会制定了《资产评估执业质量自律检查办法》，标志着执业质量检查制度的建立，行业日常监管机制从此确立。2010 年起，中国资产评估行业将行政监管与行业自律监管检查进行了有机的结合，取得了良好的效果。

（一）惩防并举，促进评估机构主动抓执业质量

资产评估行业已经形成了政府行政管理、行业协会自律管理、评估机构内部管理的三级管理机制。在这种管理体制下，评估机构对行业执业质量检查工作极为重视，检查工作对引导评估机构建立科学完备的内部质量控制体系，建立首席评估师管理制度，主动提高防范执业风险意识和提升执业质量有较大的帮助。

（二）职责清晰，统筹安排执业质量监管工作

按照相关规定，资产评估机构和注册资产评估师，都应当接受并配合资产评估协会组织开展的质量检查工作，具有证券评估业务资格的资产评估机构每 3 年内至少接受一次执业质量检查，其他资产评估机构应当按照每 5 年内至少接受一次质量检查。为提高检查效率，中国资产评估协会负责对具有证券评估业务资格的资产评估机构及其注册资产评估师进行质量检查。中国资产评估协会授权地

方协会对本辖区资产评估机构和注册资产评估师进行质量检查。

（三）执业质量为主，兼顾其他

自2007年开始，中国资产评估协会持续开展了执业质量检查工作，每年检查覆盖评估机构总数的20%以上。多年来的检查实践，使检查依据更加客观合理，检查方法更加优化丰富，检查工作形成了常态化、制度化，从而确立了资产评估行业自律检查的长效机制。2010年起，行业自律检查实现了与行政监管的有机结合。

执业质量检查的主要内容为资产评估机构和注册资产评估师遵守资产评估行业有关法律、法规、规章和制度的情况；资产评估机构和注册资产评估师遵守资产评估业务准则的情况；资产评估机构和注册资产评估师遵守资产评估职业道德准则的情况；资产评估机构内部质量管理和控制的情况；需要检查的其他内容；评估费用收取情况；资产评估机构持续满足设立条件和证券评估资格条件情况。

二、中国资产评估行业自律惩戒制度

2005年，中国资产评估协会制定了《资产评估执业行为自律惩戒办法（试行）》，标志着中国资产评估行业自律惩戒制度的建立。该办法是资产评估行业第一个自律惩戒文件，从资产评估执业质量和职业道德监管的角度，规定了对机构和评估师的违规行为进行惩戒的种类、条件、程序，改变了国有资产评估违规行为处罚办法的适用范围不能满足目前资产评估行业在自律监管中对违规问题处理需要的状况，体现了中国资产评估行业惩戒的特点。

（一）惩戒范围明确

注册资产评估师、资产评估机构有下列情形之一的，依据自律惩戒办法予以自律惩戒：违反资产评估行业有关法律、法规、规章和规范性文件有关规定；违反资产评估准则和执业规范；违反资产评估职业道德准则和执业纪律；违反中国资产评估协会章程规定，不履行相关义务；其他应予惩戒的违规行为。

（二）惩戒种类多样

对存在违规行为应予自律惩戒的注册资产评估师，应当根据情节轻重给予以下自律惩戒：警告；行业内通报批评；公开谴责；吊销注册资产评估师证书。对存在违规行为应予自律惩戒的资产评估机构，应当根据情节轻重给予以下自律惩戒：警告；限期整改；行业内通报批评；公开谴责。

（三）职责清晰

中国资产评估协会负责对全国范围内的注册资产评估师和资产评估机构的违规行为进行自律惩戒，并指导各省、自治区、直辖市、计划单列市资产评估协会的自律惩戒工作。中国资产评估协会直接办理注册资产评估师和资产评估机构涉及证券业务评估或具有重大影响的违规行为的自律惩戒。依据本办法的规定，中国资产评估协会授权地方协会对本辖区注册资产评估师和资产评估机构的违规行为进行自律惩戒。对注册资产评估师予以吊销注册资产评估师证书的自律惩戒，由中国资产评估协会作出。

（四）建立诚信档案

中国资产评估协会积极开展会员诚信档案工作，建设诚信体系。2006 年，中国资产评估协会发布实施了《中国资产评估协会会员诚信档案管理暂行办法》；2012 年，资产评估诚信档案查询系统成功开通，为中国资产评估行业发挥诚信道德作用、实现信息公开建立了重要的依托平台，使资产评估行业诚信建设迈上了新台阶。

(五) 效果明显

几年来的实践表明，行业自律惩戒起到了很好的警示和教育作用，提高了评估机构和评估师谨慎执业的意识，督促其提高执业质量。几年来，评估报告质量有了明显提高；评估质量的复核和控制越来越得到重视；评估准则的学习和执行力度逐步加强；评估基本方法的选用逐步趋向合理；评估工作底稿编制的规范性和完备性日趋完善。同时，社会公众通过自律惩戒了解了行业提高执业质量的决心，这在一定程度上提高了行业公信力。

就目前来看，国际上及各国家资产评估的行业组织尚未建立类似的规范注册资产评估师和资产评估机构执业质量检查和自律处罚机制。中国资产评估行业通过执业质量监管为规范注册资产评估师和资产评估机构的执业行为积累了较好的执业质量监管经验，这为国际及国家资产评估组织在行业管理方面提供了重要参考。

第五节　建设资产评估行业特色文化

经过二十多年的发展，资产评估行业结合专业特性，积极探索行业文化建设的途径和方式，组织开展了形式多样的行业文化建设活动，拓展并丰富了行业文化的内涵，扩大了行业的社会影响力。

一、中国资产评估协会积极营造行业文化氛围

(一) 体现执业特点

资产评估行业始终把诚信建设作为行业文化的核心。中国资产评估行业在发展过程中，始终坚持用准则规范执业、以制度约束行

为，不断加强诚信建设，塑造行业核心价值观。一是建立完善的职业道德准则，对资产评估专业服务涉及的职业道德理念进行了系统阐述，贯穿了“诚信为本、质量第一”的评估执业精神的要求，对规范资产评估师的职业道德、保证执业质量，增强行业公信力发挥了重要作用；二是建立诚信监督体系。中国资产评估协会积极开展会员诚信档案工作，建设诚信体系。

（二）融入后续教育

行业文化本质是一个长期的系统工程，是整个行业信仰的塑造过程，其内涵十分丰富，涉及思想、管理、业务、制度、道德、品质以及形象等多个方面，其范畴也很宽广，它不仅有文化的一般性，更具有行业文化的特殊性。为深化行业文化建设，中国资产评估协会在后续教育培训中，选树一批机构文化建设先进典型，适时召开行业文化建设工作经验交流会；在对机构负责人培训中，增加行业文化建设的内容或开展专题培训，以点带面，增强执行力，推动文化建设工作向纵深发展。

（三）树立学习典型

中国资产评估协会历年来多次举办形式多样的总结表彰活动，如组织评估行业全国十佳和优秀青年评估师评选表彰活动；开展“金牌会员”评比活动等。在这些评奖活动中，上百名会员获得“金牌会员”或“全国十佳青年评估师”荣誉称号。通过系列的宣传表彰活动，一方面营造蓬勃向上、积极进取的行业文化氛围，增强会员荣誉感，另一方面利用各种时机宣传并树立会员形象，扩大行业影响，提升评估声望。

中国资产评估协会结合行业深入开展创先争优活动，在《中国会计报》、《中国资产评估》等媒体策划专版，深度宣传行业先进事迹，表彰先进，树立典范，加强行业文化建设，用榜样激励评估事业发展。

（四）担负社会责任

中国资产评估协会重视会员和从业人员的个人成长，积极遴选、推荐评估行业的优秀人才参与到社会管理的各个层面：成为中央统战部“新的社会阶层人士统战工作联席会议”首批成员单位并组织多期行业代表人士培训班，提升会员参政议政能力；举办“评估行业人大代表、政协委员提高参政议政能力研讨班”，配合中央统战部，开展行业代表人士评价体系课题研究。近三年来，全国资产评估行业的人大代表、政协委员一共提交了200多件关系到国计民生、民主法制建设及评估行业发展的提案议案。

（五）培育和践行社会主义核心价值观

爱国主义教育是思想政治教育的重要内容。中国资产评估协会和地方协会重视爱国主义教育对行业青年的引领作用，多次举办活动宣扬社会主旋律。爱国主义教育的系列活动引导了行业青年树立正确理想、信念、人生观和价值观，是促进行业文化建设的基础思想工作。资产评估行业不仅开展“以人为本”的行业文化建设，同时努力践行“以人为本”的社会责任，多年来，在中评协和地方协会的组织下，资产评估行业以扶贫、捐助等实际行动回馈社会，体现了资产评估行业的爱心，展现了行业的凝聚力，以实际行动彰显了资产评估行业的精神风貌。中国资产评估协会非常重视女评估师工作。在2005年就成立了专门的女评估师工作委员会。妇女工作彰显了评估行业的优秀女性良好的职业素养和过硬的专业素质，集中体现了女评估师的职业风采。

二、评估机构探索符合自身特点的企业文化

“文化是企业的灵魂”。评估机构通过企业文化来凝聚、激励和

引导员工，使员工的思想、意志、精神都集中到评估事业发展上。评估机构在成长过程中，逐步认识到企业文化建设对实现企业可持续发展的重要性，不断根据自身经营所需的诚信、人合、创新等特点探索符合自身发展的企业文化。

评估机构把诚信放在企业文化建设的首位，以诚信铸品牌，将诚信渗透、凝结于企业的精神理念之中，进而化为企业的行为方式和员工的自觉行动。评估机构通过企业文化建设，加强职业道德教育，建立激励与约束机制，引导评估人员提升道德修养，坚定职业理想和信念，坚守评估专业精神，恪守职业道德，将职业道德体现在评估执业的全过程，以诚信赢得客户、赢得市场、赢得公众信任。

作为高端智力型专业企业，评估机构的“人合”重于“资合”。评估机构注重将以人为本的价值观念融入企业文化之中，通过制定机构发展战略，明确机构发展目标，注重完善人力资源培养与激励机制，为员工职业发展创造空间，努力使评估人员充分施展才华，实现自身价值。评估机构在注重评估人员的事业发展和福利待遇的同时，也注重对评估人员的人文关怀，根据评估机构实际情况，举办丰富多彩的文化、体育、娱乐活动，同时积极组织评估人员参加各级评估协会组织的相关活动，充实精神生活，增加评估机构凝聚力，营造和谐的企业文化氛围，也向社会彰显了评估机构的精神风貌，提高了行业向心力和员工的归属感。此外，评估机构还积极履行社会责任，开展社会公益活动，在“非典”、“东南亚海啸”、多次大地震等突发和灾难事件中捐款捐物，支持慈善、教育事业，扶贫济困，发挥专业优势积极参加有关部门组织的业务咨询等公益活动。

随着经济社会不断发展，经济行为和评估对象日益复杂多变，市场和客户对评估机构都提出了更高需求。在中国资产评估协会的倡导下，评估机构更加重视专业创新，注重将专业创新融入评估机构企业文化之中。近年来，大型评估机构都开始设立独立的研发部门，提升研发能力，创建学习型评估机构。这些评估机构的研究人员不仅致力于解决本机构在评估实践中遇到的热点难点问题，还积极参与各级评估协会组织的各项课题研究、专业交流等活动，注重专业研究成果共享，共同营造行业专业创新的良好氛围，促进了行业服务领域的不断拓展，彰显了评估机构企业文化专业性的特点，有助于评估机构实现可持续发展。

中国资产评估行业既重视注册资产评估师的个人发展，又重视资产评估机构的企业文化建设，为国际评估领域的企业文化建设积累了丰富的素材和宝贵的经验。

附录

国际评估准则理事会
历任主席（IVSC Chairmen）

国际评估准则理事会

INTERNATIONAL VALUATION STANDARDS COUNCIL

	任期	姓名	国籍
1	2012年10月27日至今	Sir David Tweedie 戴维·泰迪爵士	英国
2	2012年1—10月	Roel Campos 罗尔·坎波斯	美国
3	2009—2011年	Michel Prada 迈克尔·普拉达	法国

国际评估准则委员会（2008年更名为国际评估准则理事会）

INTERNATIONAL VALUATION STANDARDS COMMITTEE

	任期	姓名	国籍
1	2007—2008年	Elvin Fernandez 埃尔文·费尔南德斯	马来西亚
2	2005—2007年	Joseph Vella 约瑟夫·维拉	美国
3	2002—2005年	John Edge 约翰·埃居	英国
4	1999—2002年	Greg McNamara 格雷格·麦克纳马拉	澳大利亚
5	1996—1999年	Philippe Malaquin 菲利普·马拉奎恩	法国

国际资产评估准则委员会（1994年更名为国际评估准则委员会）

THE INTERNATIONAL ASSETS VALUATION STANDARDS COMMITTEE

	任期	姓名	国籍
1	1993—1996年	Lincoln North 林肯·诺思	加拿大
2	1990—1993年	Graeme Horsley 格瑞姆·霍斯利	新西兰
3	1987—1990年	Don Dorchester 唐·多切斯特	美国
4	1984—1987年	Norman Bowie 诺曼·鲍伊	英国
5	1981—1984年	Sir Idris Pearce 伊德瑞斯·皮尔斯爵士	英国

参考文献

1. 张文珠、刘萍：《资产评估行业在中国的创立》，中国资产评估协会，2006 年 6 月。

2. 中国资产评估协会：《资产评估与市场经济发展：2006 国际评估论坛中外嘉宾演讲文集》，经济科学出版社 2007 年版。

3. 中国资产评估协会：《借鉴与参考——国外资产评估行业考察研究报告》，中国财政经济出版社 2007 年版。

4. 中国资产评估协会：《中国资产评估准则体系发布会系列活动文集》，经济科学出版社 2008 年版。

5. 中国资产评估协会：《资产评估准则 2013》，中国财政经济出版社 2013 年版。

6. 刘萍：“我国的评估准则建设” [J]，《中国资产评估》，2012－08。

7. 刘萍：《第七届国际机器设备评估大会论文集》，经济科学出版社 2012 年版。

8. 韩立英：“中国资产评估准则及其与国际评估准则的比较”，《国有资产管理》，2011－12。

9. 国际评估准则理事会，中国资产评估协会译：《国际评估准则 2011》，经济科学出版社 2012 年版。

10. 赴美资产评估业考察团：“美国资产评估业考察报告”，《中国资产评估》，1996－02。

11. 中国资产评估协会组织翻译，美国审计总署应国会要求所做的报告（2003 年 5 月）:《监管计划：加强不动产评估业监管的机会》，经济科学出版社 2004 年版。

12. 中国资产评估协会，新兴市场经济国家评估准则国际化动向 [EB/OL]，http：//www. cas. org. cn/gjjl/ tszs/13026. htm，2004 - 12 - 17。

13. 中国资产评估协会，马来西亚测量师学会（ISM）[EB/OL]，http：//www. cas. org. cn/gjjl/ kcbg/16135. htm，2007 - 03 - 26。

14. 国霁："国际评估准则理事会发布新版《国际评估准则》征求意见稿"，《中国资产评估》，2010 - 07。

15. 中评协标准部，境外企业价值评估准则概览之一："美国专业评估执业统一准则"，《中国资产评估》，2004 - 08。

16. 李·哈克："美国评估准则体系与国际评估准则"，《中国资产评估》，2008 - 10。

17. 乔治·巴蒂斯库，"罗马尼亚资产评估准则的发展概况"，《中国资产评估》，2008 - 10。

18. 刘芳芳、尉京红，"我国资产评估准则与国际评估准则的比较"，《财会月刊》，2011 - 02。

19. 杨蓬："俄罗斯评估行业历史沿革与现状浅谈"，《中国资产评估》，2011 - 06。

20. 李哲："马来西亚不动产持有税税基评估制度介绍"，《中国资产评估》，2009 - 03。

21. The Appraisal Foundation, Uniform Standards of Professional Appraisal Practice 2012 - 2013 Edition。

22. The European Group of Valuers' Associations , European Valuation Standards 2012, Seventh Edition。

23. The Royal Institution of Chartered Surveyors, RICS Valuation - Professional Standards 2012 (the Red Book) Edition: 8th。

24. J. Wayne Moore, A History of Appraisal Theory and Practice

Looking Back from IAAO's 75th Year, 2009。

25. IAAO, Historical Publications of the IAAO, 2009。

26. (俄)Шипова Елена Викторовна," Оценка интеллектуальной собственности", Министерство образования Российской Федерации, Байкальский государственный университет экономики и права, Иркутск, Издательство БГУЭП, 2003 г。

27. Legal Research Board, Malaysian Valuation Standards [M], International Law Book Services, 2006。

28. Legal Research Board, Valuers, Appraisers and Estate Agents Act 1981 (Act 242) & Rules [M], International Law Book Services, 2009。

后 记

集全行业精英之力编撰，历时年余，反复斟酌，数易其稿，三部全面记录中国资产评估二十余年发展历程、真实反映中国资产评估协会成立二十年来推动行业建设的丰硕成果、客观凝聚中国资产评估理论建设与实践发展进程中的行业共识的系列著作：《中国资产评估理论与实践》、《中国资产评估制度与准则》、《中国资产评估国际交流与借鉴》终于付梓，为中国资产评估协会成立二十周年献上了一份厚礼。

组织编撰这样一套丛书，藉以系统总结中国资产评估二十余年的发展历程，向全社会展示资产评估在社会经济发展中的作用，彰显资产评估行业全体同仁持续推动行业建设的不懈努力。这套丛书是由中评协会长贺邦靖倡议，会长办公会议一致通过，责成协会秘书处负责组织编写。丛书由贺邦靖会长任主编，并主导编写组研究确定了编写大纲和三本书的基本框架，由我担任执行主编，负责丛书的工作进展、编写内容以及丛书总纂。

贺邦靖会长以及中评协副会长刘玉廷、贾谌、刘公勤、袁白薇、刘伟、王子林都亲自审阅了书稿，并提出了许多宝贵的意见和建议。

丛书由中评协李春满顾问具体统筹协调。在丛书编撰过程中，李春满顾问亲力亲为，以多年的经验和智慧指导各项工作有序开展，对丛书的编撰付出了极大的热情和精力。中评协秘书处专职副书记宋阳，副秘书长卞荣华、韩立英全程参与了丛书讨论、撰写和修改。

为做好丛书的编写工作，中评协采取了多项有力措施，全力推动丛书编写工作。第一，汇聚专家力量。中评协组成课题队伍，召集高等院校、大型评估机构、中评协和部分地方协会的专家开展编写工作。第二，注重交流研讨。中评协按照丛书编写的进度安排，数次举办汇报交流和专门的章节研讨，保证全面掌握丛书进展，并及时解决难点问题。第三，征集典型案例。中评协面向全行业征集评估典型案例和历史素材，充实丛书内容，形成丛书亮点。第四，统稿集思广益。在统稿阶段邀请行业专家，对丛书提出修改意见和建议。第五，审校严格把关。协会领导、统稿专家、章节负责人、校稿人等多个层次，对书稿进行整体质量把关。这一系列有效措施，保证了全书的统一和完整性。

在近两年的丛书编写过程中，编写组成员付出了大量的智慧和心血，收集、整理了大量的珍贵历史资料，研读了大量中外经济和评估方面的书籍，体现了评估人执着、严谨、负责的专业精神，展现了热爱行业、勇于奉献的精神风貌。同时，编写组成员也为能亲身参与这一行业盛事，加深了对行业的理解而深感自豪。在这里对编写组全体成员的辛勤工作表示感谢。

资产评估行业在中国改革开放的伟大进程中发展壮大，成为市场经济不可或缺的现代服务业。业界同仁筚路蓝缕，艰难困苦，玉汝于成，甘苦自知。其创业之艰难，道路之曲折，于《中国资产评估理论与实践》一书中可窥一斑。本书回顾总结资产评估的起源、发展，展望资产评估发展前景，系统描述了中国特色的评估体系，彰显了中国资产评估的特点，是评估行业二十年发展历程和成果的集合。

中评协始终坚持规范起步，制度先行。《中国资产评估制度与准则》将迄今规范中国资产评估行业的各种制度及具有中国特色与国际视野的资产评估准则蒐集汇编，并加以分析概述，是一项重要的基础建设工作，为今后资产评估行业建设与发展奠定制度基础。

中国资产评估行业之所以卓然屹立于世界评估界，迅速实现由学习借鉴到平等交流，直至在部分领域为世界评估界贡献经验，与中评协采取开放、进取的科学学习态度有着直接关系。《中国资产评估国际交流与借鉴》总结了中国资产评估行业国际交流与借鉴的发展历程和最新成果，是对中国资产评估国际交流的总结，也是对国际评估界的一大贡献。

近日，财政部部长楼继伟和主管领导刘红薇部长助理对资产评估工作给予充分肯定，明确指出资产评估是市场经济的基础工作，也是财政管理的基础工作，对默默耕耘在评估行业的仁人志士给予鼓励，期望评估行业在中国经济转型升级、财政深化改革的重大机遇中发挥更大的作用，这是对评估人数十年努力的肯定，也是对行业今后发展提出的更高要求，是激励行业发展的动力。

《中国资产评估国际交流与借鉴》的主要撰稿人有：韩立英、邵荣华、陈明海、姜楠、纪益成、崔劲、王淑珍、张志红、陈冠群。

参加讨论和编写的人员有：殷霞、代正英、崔新园、杨峰、韩艳、潘舒、靳双。

对本书审改的有：刘萍、俞明轩、杨志明。

在丛书的编写过程中，丛书大纲初稿由中联研究院起草，后经编委会团队集体编纂，北京、山西、大连、厦门等地方评估协会和各具有证券期货相关业务评估资格的资产评估机构为丛书提供了大量的典型案例和宝贵的原始资料，对本书的编写提供了有益帮助，在此一并表示感谢。

由于编写者水平所限，更由于中国资产评估行业仍处于不断发展变革时期，本套丛书仍存在许多不够完善、不够成熟之处，恳请广大读者批评指正。

中国资产评估协会副会长、秘书长
国际评估准则理事会管委会委员 刘 萍

二〇一三年八月八日